U.S. Nuclear Arms Control
Policy in the Post-Cold War Era

冷战后的
美国核军控政策

樊吉社　著

中国社会科学出版社

图书在版编目（CIP）数据

冷战后的美国核军控政策／樊吉社著．—北京：中国社会科学出版社，2022.11
（2025.6 重印）

ISBN 978 - 7 - 5227 - 0595 - 8

Ⅰ.①冷…　Ⅱ.①樊…　Ⅲ.①核军备控制—研究—美国　Ⅳ.①E817②D871.2

中国版本图书馆 CIP 数据核字（2022）第 142161 号

出 版 人	赵剑英
责任编辑	张　林
特约编辑	张冬梅
责任校对	李　莉
责任印制	戴　宽

出　　版	中国社会科学出版社
社　　址	北京鼓楼西大街甲 158 号
邮　　编	100720
网　　址	http://www.csspw.cn
发 行 部	010 - 84083685
门 市 部	010 - 84029450
经　　销	新华书店及其他书店

印　　刷	北京明恒达印务有限公司
装　　订	廊坊市广阳区广增装订厂
版　　次	2022 年 11 月第 1 版
印　　次	2025 年 6 月第 2 次印刷

开　　本	710×1000　1/16
印　　张	17.25
插　　页	2
字　　数	275 千字
定　　价	96.00 元

写在前面

1997 年 7 月进入中国社会科学院美国研究所工作后，我主要从事美国军控政策研究，并陆续在国内外主要学术期刊上发表了一些研究成果。这本书即为已发表部分论文的结集。

我对军控问题的探索始于美国的导弹防御政策。二十余年前，美国热衷于研究发展以及试验部署导弹防御系统，引发包括中国和俄罗斯在内的多国反对。美国为什么发展导弹防御能力？导弹拦截试验是否违背《反导条约》？如何区分战区导弹防御和国家导弹防御能力？国内政治如何影响美国导弹防御政策？这些问题成为我探究美国导弹防御政策的原动力。此后我的研究议题逐渐从导弹防御问题扩展到朝核问题、美俄军控互动、中美防扩散合作以及其他美国军控政策。在研究这些具体问题的过程中，我对美国国内政治如何影响其军控政策的研究兴趣越来越大，并以此为选题撰写了后来攻读博士学位期间的学位论文。与此同时，我也开始关注美国与国际军控机制、美国与核安全全球治理的关系等议题。

无论是美国自身的核与导弹政策，还是美国对外政策中的军控议题，军备控制既是具体的、可见的政策行为，又是特定国际格局和国家间关系状态的体现，因而兼具"实"和"虚"的双重特性。如果研究者不了解诸如美国安全战略的总体态势、总统政策偏好、国会权力分布、行政部门利益博弈等美国国内政治过程，以及美国对外关系的总体构想、大国关系的基本状态、主要国家双边和多边博弈等外交过程，对某个或者某些具体军控问题的研究和判断就容易失之偏颇。为了提升对具体军控问题的理解和认知，将军控问题置于美国外交政策的宏大背景之下和大国战略稳定关系的历史图景中进行研究，这既是必要的，也是恰当的。简言之，军控问题的研究如同一款拼图游戏，美国安全战略的总体态势、国内政治过程以及大国关系的基本状态是这个拼图的总体框架，每一个军控问题或者军控问题在某一特定历史时期的表现都在这个拼图中有与此对应的特定位置，找到这个准确的位置才能更恰当地理解军控问题在双边关系中的地位与分量，才能通过军控问题还原双边关系的局部状态。为此，我一方面继续研究美国外交政策中的军控问题，另一方面加强了对美俄和中美战略安全关系的研究。

这本论文集呈现的是过去二十余年中我发表在学术刊物上的部分作品，另一部分作品则因为具有较强的时效性已经没有收入的价值。除了这些较为严肃的学术性写作，在过去二十余年中我曾应邀撰写了百余篇与军控问题相关的中英文时评。那些评论类文字多数内容简短、切近当时正在发生的时政，当然，部分时评虽与当下事态密切相关但内容超越了具体问题。评论类文字因其属性和时效性，没有收入这本论文集。

回顾既往的研究成果，它们虽然未经事先规划，但将其汇总时仍可隐约看到其中的逻辑关联。为了阅读方便，这些文章被分成四个部分。第一部分为美国军控政策，包括美国与《全面禁止核试验条约》、美国与核安全全球治理、美国国会与军控政策、影响美国军控政策的若干因素、美国军控政策的调整与变革等内容。第二部分为美俄核关系，包括美俄《反导条约》博弈、冷战结束后美俄的军控互动以及从一个较为宏大的图景中考察美俄关系在后冷战时期的转型尝试等内容。第三部分为中美关系中的核问题，包括中美军控领域的合作与分歧，美国核政策调整与中国的政策应对、中美关系中的战略稳定问题等内容。第四部分为美国与朝核问题，包括美朝框架协议评析、朝核问题与中美战略共识、朝核僵局的根源与影响以及特朗普政府对朝政策等内容。

将这十五篇文章收入本书时，我对其进行了非常有限但必要的调整。这些调整并不是修改文章所陈述的事实或当时做出的判断，而是考虑到文章结构的逻辑关系以及读者可能关注文章中所引用的部分文献。为此，我调整了其中部分文章的标题，使之能够更好地呈现各部分之间的逻辑关系，同时校核了多数引证文献，确保其仍然可以回溯。对部分无法回溯的文献，我在修改时寻找了同样内容的其他文献来源，或者更新了同一文献的刊载平台。同时，我还尽量订正了个别讹误。重读以前的文章可以发现文字表达有很多稚嫩之处，文中所做的判断或者结论有明显粗糙或者武断之处，对于这些问题，我没有因其不足而进行修正，而是选择保留原状，以此留存学术成长的痕迹。

这本书得以付梓需要感谢很多人。第一，感谢曾经刊发这些文章的学术期刊和各位执行主编，一则感谢他们在我学术成长过程中的支持与帮助，二则感谢他们允我将这些文章结集出版。这些学术期刊分别是《美国研究》《当代亚太》《国际安全研究》《世界经济与政治》《太平洋学报》《欧洲研究》《人民论坛·学术前沿》《国际经济评论》《国际政治研究》《外交评论》《现代国际关系》。第二，感谢中国社会科学院大学管理学院的贺子皓和冯姜舒同学、经济学院的黄志伟同学、中国社会科学院研究生院博士研究生靳风和张金勇同学，感谢他们协助我核校了各篇文章的原始文稿与发表版本的不一致之处。中国社会科学院大学成立之后推行学业导师制，贺子皓、冯姜舒和黄志伟是首批本科生，学生与学业导师互选的过程中，我很幸运地成为他们的"学业导师"，与他们有不定期的来往和交流，他们协助校核了书稿。第三，特别要感谢中国社会科学院科研局和中国社会科学院哲学社会科学创新工程为本书出版提供了资助，感谢科研局金香老师在此过程中给予的无私帮助。第四，非常感谢中国社会科学院美国研究所学术委员会各位委员经认真审读之后支持这本书申请出版资助，感谢美国研究所郑秉文所长、吴白乙所长、倪峰所长、刘尊副所长、陈宪奎研究员、董玉齐先生等同事对我的支持和帮助。

这本书原拟在 2018 年年初出版，但因我承担了中国社会科学院美国研究所主办学术期刊《当代美国评论》的创刊工作，并兼任该刊执行主编，为确保该刊的正常运行、出版和推广，我在 2017—2018 年基本不可能抽出时间为出版这本书做前期准备工作，因而延宕至 2019 年期刊编校工作调整后方得以着手此项工作。

最后，特别感谢中国社会科学出版社的张林编审，她的专业素养和严谨的编校把关为本书增色生辉。当然，书中出现的任何错讹、疏漏之处概由本人负责，期待学界同人不吝赐教。

樊吉社

目　录

第二部分　美俄核关系

第三部分　中美关系中的核问题

第四部分　美国与朝核问题

第一部分

美国军控政策

第 一 章

美国与《全面禁止核试验条约》[*]

美国参议院在 1999 年 10 月 13 日以 51 票反对、48 票赞成的表决结果否决了批准《全面禁止核试验条约》（Comprehensive Nuclear-Test-Ban Treaty，简称 CTBT）的决议案，导致世界舆论一片哗然。

《全面禁止核试验条约》是 1996 年 9 月 10 日在联大以 158 票赞成、3 票反对（印度、不丹和利比亚）、5 票弃权（古巴、黎巴嫩、叙利亚、坦桑尼亚和毛里求斯）的压倒性多数票表决通过的一项禁止所有核试验爆炸的全球条约。条约规定，缔约国将做出有步骤、渐进的努力，在全球范围内裁减核武器，以求实现消除核武器、在严格和有效的国际监督下全面彻底核裁军的最终目标。所有缔约国承诺不进行任何核武器试验爆炸或任何其他核爆炸，并承诺不导致、鼓励或以任何方式参与任何核武器试验爆炸。条约生效的条件是：经签署国按照各自宪法程序批准后，条约将从所有 44 个裁军谈判会议成员国（包括五个核大国及印度、巴基斯坦、以色列等有核能力的国家）交存批准书之日起的第 180 天生效。美国是世界上核试验次数最多、拥有核武器最多的国家，也是全面核禁试条约的积极倡导者，美国批准条约对推进禁核进程至关重要。

第一节　美国拒批条约的原因

美国参议院表决结果引起强烈反响，遭到世界舆论的强烈谴责，不

* 此文原题为《美国参议院拒批〈全面禁止核试验条约〉的原因及影响》，原刊于《当代亚太》2000 年第 4 期。感谢《当代亚太》授权，收入本书时作者对原文做了适当调整。

论是国际组织还是有核国家或无核国家，不论是各国政要还是国际知名人士，均对此表示遗憾和严重关切。联合国秘书长安南在 10 月 14 日发表声明，对美国参议院拒绝批准《全面禁止核试验条约》的决定表示遗憾。欧盟特别首脑会议 16 日发表声明，对参议院的决定深表遗憾，声明认为这将向可能计划进行核试验的国家发出错误的信息。绿色和平组织雅典办事处 14 日也发表声明，谴责美参议院拒绝批准《全面禁止核试验条约》。拉美南方共同市场 22 日的声明认为，美国参议院的决定给国际社会带来了"极大不安"。

俄罗斯外交部新闻司司长拉赫马宁 14 日指出，俄罗斯对美国参议院拒绝批准美国先前所积极参与制定并首先签字的《全面禁止核试验条约》表示失望和严重关切，认为这项决定是"对核裁军和不扩散领域整套协议系统的沉重打击"，① 外交部部长伊万诺夫 16 日同美国国务卿奥尔布赖特进行电话交谈时表示，美参议院拒批条约的行动，将为世界裁军进程向前发展制造严重障碍。11 月 11 日俄罗斯联邦委员会（议会上院）通过致美国参议院呼吁书，指责美参议院拒绝批准《全面禁止核试验条约》是"对世界不扩散核武器进程的威胁"。日本政府发言人在 10 月 14 日指出，美国参议院拒绝批准条约将对世界核裁军、核不扩散造成难以估量的恶劣影响，令人极为忧虑。首相小渊惠三 15 日召见美国驻日大使，让他转交致克林顿总统的亲笔信，对美国方面的做法表示遗憾。外务大臣河野洋平也强烈要求美迅速采取措施。《朝日新闻》15 日的社论认为，不能由一个国家的政治原因来左右有多达 154 个国家参加的防止核扩散体制的存活；美国最早在条约上签字，参议院拒批条约的做法"只能让人说言行不一致"。在曾遭受原子弹轰炸的广岛和长崎，一些市民举行了抗议美国的示威游行。法、德等国对美参议院拒绝批准核禁试条约表示遗憾和失望。法国总统希拉克认为，美国参议院的决定将严重危及国际防止核扩散和裁军的努力。德国外长菲舍尔发表声明说："这是一个我们深为遗憾的错误信号。"

为了弥补参议院拒绝批准条约造成的恶劣影响，美国政府采取了一

---

① Ralph Dannheisser, "Senate Rejection of Test Ban Treaty Leaves Much Unresolved, October 14," *Washington File*, Embassy of the United States of American, October 15, 1999, p. 24.

些补救措施。克林顿总统 10 月 14 日在白宫记者招待会上表示，核禁试条约完全符合美国的利益，尽管参议院未能批准《全面禁止核试验条约》，但条约"仍然在参议院的日程上"，他决心继续争取参议院批准该条约，以使条约早日生效。他承诺，美国将继续坚持 1992 年开始执行的暂停核试验政策。克林顿总统严厉批评了共和党控制的参议院，说许多共和党参议员甚至在条约还没有得到辩论之前就表示反对，"这是最糟糕的党派政治"①。如果一个从事核试验次数最多、拥有核武器最多的国家仍然声称为了自身安全需要核试验，那么，这是向世界上其他国家透露什么样的信息呢？国务卿奥尔布赖特向美国驻各国使馆发电报，要求使馆人员向驻在国保证美国仍将继续其停止核试验的政策。

　　1999 年的多项民意调查显示，绝大多数美国公民支持参议院批准《全面禁止核试验条约》，但参议院的政客们却无视民意和世界和平与稳定，拒绝批约。其中的原因是多方面的，既与近年来美国两党政治斗争有关，也与美国国内"新孤立主义"抬头有关。

　　第一，国内的党派政治斗争是参议院拒绝批约的直接原因。自 1994 年以来，国会一直是共和党的天下，形成了较长时期的民主党的政府、共和党的国会的局面，两党斗争愈演愈烈，对总统性丑闻一案展开弹劾是两党斗争的极致，参议院拒批条约是"弹劾的续集"。从提出表决的时机来看，美国是最早签约的国家之一，1996 年 9 月克林顿总统签署条约，次年初提交由共和党控制的参议院表决，但参议院一直没有行动，将条约搁置两年后突然提出表决，是因为他们断定目前时机成熟，条约在参议院获得通过绝无可能，提出表决相当于否决民主党总统这项外交成就，不让民主党得分。从表决票数的比例来看，45 名民主党议员中有 44 人投了赞成票，只有 1 人投了弃权票；55 名共和党参议员中有 51 人投了反对票，4 名共和党参议员投了赞成票，参议院表决结果几乎是严格以党派划线的，距离条约获得批准所需的 2/3 多数票 67 票相去甚远。条约的赞成者和反对者在表决之前都承认，条约获得通过的可能性微乎其微。共和党刻意要给民主党总统克林顿制造难堪，克林顿在表决前有限的动员工

---

① "Press Conference by the President, October 14," *Washington File*, Embassy of the United States of American, October 15, 1999, pp. 7, 9.

作完全无济于事。

共和党提出了拒绝批准条约的两个理由：一是条约缺乏严格的核查机制，无法保证他国遵守条约；二是如果禁止核试验，就无法保证核武器的安全性和可靠性，影响美国的安全利益，美国仍需要进行核试验，签署条约将会削弱美国确保核武器可靠性与安全性的能力。前一个理由完全是未经研读条约文本而妄下的结论，条约对核查问题有相当详细的规定：在全球设立321个地面监测站，同时还可以利用水深、水温及空中取样等方式进行监测，一旦条约生效，完全可以保证有效的核查。后一个理由同样是托词，武器实验室领导、军界、数位前参谋长联席会议主席、32位美国诺贝尔物理学奖获得者和科学家认为，美国不需要再进行核试验就可以保证有一支"安全可靠的核力量"。目前美国政府每年拨款45亿美元，确保在不进行核试验的情况下仍能拥有占据绝对优势的核力量，并且自1992年以来一直通过电脑模拟和非核爆试验来改进核武器。

第二，美国国内近年来"新孤立主义"抬头是参议院拒绝批准条约的根本原因。美国国家安全事务顾问伯杰10月21日在纽约对外关系委员会发表演讲时批评了国会中的"新孤立主义"倾向。他认为"新孤立主义"的重要表现之一就是："凡是别人拥护的决议，我们就不加入"，"他们认为提高国际行为的标准毫无意义，因为规矩是可以破坏的，因为不可能（对这一条约的实施）进行完美的核查，因为不能指望别的国家信守诺言"。另外的表现还有：如果没有一个强大的敌人美国就不能成为一个强大的国家；数以亿计的美元用于防御，却不愿在防止大规模杀伤性武器扩散和制止地区冲突上花一分钱。① 换言之，"新孤立主义"就是极端民族主义，他们更注重加强美国自身的防务，维持或者加强美国优势，根本不考虑国际社会的和平与稳定。在对待核扩散的问题上有两种政策选择：一是努力削减核武库，增进信任，降低核危险，从而防止核扩散；二是努力加强美国自身的核优势，对抗核扩散。"新孤立主义者"更愿意选择后一种政策，比如，近年来国会积极支持在防务方面的拨款，增加

---

① "NSC's Berger on U. S. Power at Council on Foreign Relations—Internationalist Consensus Challenged by New Isolationism, October 21," *Washington File*, Embassy of the United States of American, October 22, 1999, pp. 15 – 17.

军费开支，考虑修改甚至退出维持战略稳定和促进战略武器削减的《反导条约》，研发甚至部署战区导弹防御系统和国家导弹防御系统。克林顿总统说，可以从拒绝支付联合国会费、外交经费严重不足、拒绝继续致力于销毁和保障俄罗斯的核原料中看到这种新孤立主义。① 共和党参议员阿伦·斯佩克特认为："我的一些同事的哲学是反对军备控制，他们只想为美国筑起堡垒。"②

第三，美国政府对批约的动员工作做得不够也是参议院拒绝批约的原因之一。克林顿总统呼吁参议院批准《全面禁止核试验条约》时说，如参议院不批约，美国将会失去制止核武器扩散的"领导地位"，"等于是向世界各国进行核武器试验大开绿灯"。但是，他并没有采取一些实际行动动员参议员，他认为要么参议院共和党议员不同意对条约表决，要么迫于舆论的压力批准条约，他没有将国内公众巨大的支持转化为参议员难以对抗的舆论压力。③ 克林顿总统的助手也承认，总统在批约问题上的工作做得不够。④ 当参议院多数党领袖洛特提出对条约表决的时候，克林顿总统显得有些手足无措。据参议员卢格称，当时白宫和国会之间信任度非常低，自弹劾案结束后，白宫和国会之间数月以来一直没有就条约——甚至与外交政策相关的其他问题——进行沟通。⑤ 克林顿总统直到10月13日下午5点，也就是表决前夕才给参议院多数党领袖洛特打电话谈论条约问题。

为了推动参议院批准条约，克林顿总统在电话中甚至向洛特表示参

① "Press Conference by the President, October 14," *Washington File*, Embassy of the United States of American, October 15, 1999, p. 7.

② Eric Schmit, "Why Clinton Plea on Pact Left Lott Unmoved," *The New York Times*, October 15, 1999.

③ Jay Branegan, John F. Dickerson, "Mutual Assured Destruction," *Time*, October 25, 1999, p. 51.

④ David E. Sanger, "New Isolationism Imperils U. S. Security, Clinton Says," *The New York Times*, October 15, 1999.

⑤ Kenneth T. Walsh, "Petty Politics, But Also A Real Disputes," *US News & World Report*, October 25, 1999, p. 25. 参议院多数党领袖洛特抱怨克林顿总统和他缺少沟通，他说，自7月中旬以来克林顿总统就一直没有给他打过电话，关于条约问题，克林顿直到表决前的一个半小时才给他通话。"Lott's View: It Was Not About Politics, It Was About the Substance," *The New York Times*, October 15, 1999.

议院可以给条约附加一些安全保障条款，如果未来需要，美国将准备退出条约，恢复核试验。看到条约在参议院获得通过十分困难，他又表示同意参议院推迟表决。参议院多数党领袖洛特向克林顿总统提出了推迟表决的两个条件：一是向参议院提出书面申请，二是承诺"除非在特殊情况下"，克林顿任期内不要求参议院再次表决。克林顿总统同意了第一个条件，但拒绝接受第二个条件，他认为，在今后一年半的时间里，国际形势变化莫测，拒绝讨论核禁试条约是"轻率的""具有潜在的破坏性"。1999 年由于轰炸南斯拉夫等问题，克林顿总统对批约的关注不够；共和党突然提出就批约问题进行表决，他可操作的时间非常有限，甚至连一些本来就支持军控的共和党参议员，如理查德·卢格（Richard Lugar）、萨德·柯克兰（Thad Cochran）等，都没有争取过来。① 在付诸表决不可能通过、参议院两党无法就推迟表决条约达成妥协的情况下，《全面禁止核试验条约》在参议院的命运自然不出意料。

第二节　美国拒批条约的影响

此次参议院拒绝批约是半个世纪以来美国首次拒绝接受一个军备控制条约，它对国际社会多年来防止核扩散的努力予以当头棒喝，使本来就很脆弱的核不扩散机制濒临崩溃。参议院此举造成的负面影响有以下几点。

第一，最直接的影响是延迟了《全面禁止核试验条约》的生效时间。美国是条约生效所规定的必须签署并批准条约的 44 个重要国家之一，拥有最先进的核武器技术和世界上最强大的核武库的美国却第一个拒绝批约，这是否透露出美国仍然可能进行核试验的危险信号？不仅无核国家更有理由拒绝签署并批准条约，甚至有理由进行核试验，而且有核国家

---

① 本人对国务院官员的访谈。据专家分析，51 个投反对票的参议员大致可以分成三类：第一类大约有 15 名参议员，包括多数党领袖特伦特·洛特、参议院外委会主席杰西·赫尔姆斯等死硬派，他们怀念冷战时代，认为所有军控条约都不利于美国在军备竞赛中保持第一的位置；第二类至少有 30 名参议员，他们认为对条约进行表决是挫败克林顿总统的最佳时机，他们并没有仔细考察条约，也不在意否决条约可能造成的影响，他们要给克林顿总统制造难堪；第三类大约有几名参议员，他们倾向于支持条约，但因为在表决前没有得到政府高层官员对条约的介绍，例如核查问题，他们投了反对票。后两类中参议员如果经过细致的动员工作本来是可以争取到他们对条约的支持。

也可能重新考虑自身的安全问题。也就是说，没有签署条约的国家，尤其像印度和巴基斯坦这样的国家，它们不会轻易签署条约，已经签署的国家有可能推迟批约。条约生效所必需的44国目前只有26个国家签署并批准了条约，条约生效本已困难重重，美国参议院拒批条约更是雪上加霜，条约近期生效的可能性很小。

第二，军备控制与裁军的进程可能停滞，甚至逆转。冷战结束初期，国际军备控制与裁军取得很大进展的前提是战略平衡与稳定，美国拒绝批准条约、发展导弹防御系统使这个前提受到威胁，各国的相对信任与安全感遭到破坏，军备控制与裁军进程有停滞的危险。尽管美国自1992年以来没有进行过核试验，但参议院拒绝批约相当于为其他试图进行核试验的国家开了绿灯。印巴核试验后，美国力图劝说两国签署条约，印度曾表示考虑签约，但目前参议院拒批条约，印巴立场会出现转变；即使印巴在美国压力下签署了条约，它们批准条约的时间也难以预期。正如新德里政策研究中心的布拉马·切兰尼所说："该说的说了，该做的做了，条约已经完了。为什么其他国家必须推进条约！条约见鬼去了，这已经不再是一个问题了，印度现在可以放心了。"①

第三，核不扩散体制面临挑战。防止核扩散的手段有多种，包括已经签订的国际军控条约、经济和政治手段，但现在从根本上防止核扩散的手段因美国参议院拒绝批准条约而短期内难以实施。2000年4月将召开《不扩散核武器条约》（Treaty on the Non-Proliferation of Nuclear Weapons，简称NPT）第六次审议大会，推动实现核裁军、防止核武器扩散与和平利用核能三大目标，美国参议院拒批条约将直接影响审议大会的成功。《不扩散核武器条约》在1995年无限期延长时，许多国家同意条约延长的条件就是核大国积极推动核裁军，有核国家承诺在1996年达成《全面禁止核试验条约》。《全面禁止核试验条约》是核不扩散机制的支柱，美国拒绝批约，无核国家对核不扩散体制的信心必然大大动摇。美俄第三阶段削减战略武器的谈判也因为美国发展导弹防御系统而停滞不前，核裁军前景一片暗淡；《禁止生产核武器用裂变材料条约》（Fissile

---

① Barbara Crossette, "Around the World, Dismay Over Senate Vote on Treaty," *The New York Times*, October 15, 1999.

Material Cut-off Treaty，简称 FMCT，又称"禁产公约"）谈判难以启动，核武器扩散的风险显著增加，核不扩散机制面临严重挑战。

对于《全面禁止核试验条约》的前景，正如克林顿总统所说，条约是符合美国安全利益的，如果经过"更加公正、更加彻底"的辩论，条约将得到绝大多数美国人的支持，最终必将被参议院批准。目前克林顿总统已经指定前参谋长联席会议主席沙利卡斯维利将军领导一个特别行动小组探索使条约为参议院接受的办法；副总统戈尔也表示，如果他当选总统，他将首先考虑条约的批准问题；拒批条约之后，参议院多数党领袖洛特表示，对条约进行修正之后，"我们会重新考虑（批约）"①。美国最终会批准条约，批约的前提很可能是增加一些安全保障条件，这也是美国一贯的做法。

---

① Robert G. Kaiser and Walter Pincus, "GOP Senators Back Nuclear Test Ban," *The Washington Post*, October 15, 1999.

第二章

美国与核安全全球治理[*]

 2009 年 4 月 5 日，奥巴马总统访问捷克期间在布拉格发表演讲，提出构建一个没有核武器的世界，并誓言在四年内加强对全球范围内核材料的安全保护，倡议举办核安全峰会（Nuclear Security Summit）。① 核安保（Nuclear Security）并非新概念。冷战期间，有核国家重视核武器的有效性、可靠性和安全性，发展民用核能的无核国家则重视核反应堆设计、建设和运营安全，核材料的安保问题或者核设施遭受蓄意破坏的风险并没有引起普遍重视。冷战结束后，核安保问题逐渐进入欧美和俄罗斯等个别国家的外交议程，各国就此展开了有限的合作。

 奥巴马总统在布拉格的演讲及此后的几次核安全峰会将核安全提升到国际社会的议程之上，核安全被塑造成各国普遍关注的话题。中文语境下的核安全包含了两个概念，一个是核安保（Nuclear Security），另一个是核安全（Nuclear Safety）。前一个概念是指对涉及核材料、其他放射性物质及其附属设施的盗窃、蓄意破坏、非授权进入、非法转移和其他

---

 * 此文原题为《核安全全球治理：历史、现实与挑战》，原刊于《国际安全研究》2015 年第 2 期。感谢《国际安全研究》授权，收入本书时作者对原文做了适当调整。
 ① Barack Obama, "Remarks by President Barack Obama in Prague as Delivered," Prague, Czech Republic, April 5, 2009, https://obamawhitehouse. archives. gov/the-press-office/re-marks-president-barack-obama-prague-delivered. 根据 Nuclear Security 对应的内容和习惯译法，Nuclear Security Summit 应翻译成 "核安保峰会"；2010 年 4 月首届峰会举办前后，无论是在我国官方文献还是媒体报道中，Nuclear Security Summit 均被翻译成 "核安全峰会"。本章在一般意义上提到核安全的部分使用我国官方的译法，但明确述及 "核安保" 内容的部分仍然使用 "核安保" 表述。

恶意行为的防范、探测和响应。① 后一个概念通常是指在核设施的设计、建造、运行和退役期间，为保护人员、社会和环境免受可能的放射性危害所采取的技术和组织上的综合措施。虽然 2012 年韩国首尔核安全峰会期间，核安全（Nuclear Safety）也成为关注议题，但本章所使用的核安全主要是传统意义上的核安保。无论是核材料和其他放射性物质的失窃、非法转移，还是对核设施的蓄意破坏、非授权进入或者恶意行为，均可能构成跨越国界的安全危害，因而需要全球治理。本章所讨论的核安全全球治理包括国际原子能机构（International Atomic Energy Agency，简称 IAEA）的建立和加强核安全监管体系建设、与核安全密切相关的国际公约的签署和履行、核安全意识的培育、具有全球治理意义的双边和多边机制构建及相应的国际合作等。

对于国内学界，核安全属于新的研究课题，而对核安全全球治理的关注相对更少。最近几年陆续有一些与核安全治理相关的评论和论文刊发于报纸或者学术期刊，这些文献多专论核安全全球治理的某一方面，诸如核安全峰会、核恐怖主义、核走私、核事故等，② 但对核安全全球治理进行系统、细致梳理、分析的研究仍然较为欠缺。本章将梳理核安全威胁认知的演变过程与全球治理的必要性，分析核安全全球治理所经历的三个时期（冷战时期、冷战结束初期和"9·11"恐怖袭击之后）及期

---

① IAEA Director General Report，"Nuclear Security-Measures to Protect Against Nuclear Terrorism: Progress Report and Nuclear Security Plan for 2006 – 2009," IAEA General Conference（49）/17, September 23, 2005. http://www.iaea.org/About/Policy/GC/GC49/Documents/gc49 – 17. pdf.

② 研究核安全的主要著作，可参见中国国际战略研究基金会主编《应对核恐怖主义——非国家行为体的核扩散与核安全》，社会科学文献出版社 2012 年版。研究核安全的主要学术论文，可参见樊吉社《核安全与防扩散：挑战与应对》，《美国问题研究》2010 年第 1 期；王仲春《核安全峰会：寻求应对核恐怖主义威胁的共同行动》，《当代世界》2010 年第 5 期；夏立平《论国际核安全体系的构建与巩固》，《现代国际关系》2012 年第 10 期；高望来《全球核走私态势及其治理》，《国际论坛》2014 年第 4 期；江峡《国际核走私与国际核安全合作》，《江汉论坛》2012 年第 8 期；赵洲《论核事故风险及其全球治理》，《世界经济与政治》2011 年第 8 期。研究核安全的报纸评论类的主要文章，可参见沈丁立《合作打造核安全国际体系》，《人民日报》2014 年 3 月 27 日；徐光裕《为全球核治理指明新路径》，《解放军报》2014 年 3 月 30 日；苏晓晖《世界需要核安全新体系》，《人民日报》（海外版）2014 年 3 月 26 日；李博雅、张晓东、王骁波《核安全，全球治理的重要内容》，《人民日报》2014 年 3 月 17 日；韩冰《全球核治理指明新方向》，《新华每日电讯》2014 年 3 月 27 日。

间的制度建设，评估核安全全球治理迄今所取得的成就以及未来面临的挑战。

第一节　美国与核安全威胁认知

核安全所涉及的内容本应包括核武器、[①] 军用核材料、民用核材料以及相关核设施。一般而言，核弹头大致处于生产、运输、存储、部署、整修或者拆解等几种状态。无论处于何种状态，核弹头都有可能成为恐怖分子的目标。[②] 因此，核武器也应该属于核安保关注的范围，但核武器被拥核国视为"禁脔"，没有任何一个拥核国家愿意让其他国家知晓其核武器能力和状况。不仅如此，各国同样不愿意讨论军用核材料、海军动力用核材料的安保问题，因此，本章所关注的核安全主要是民用核材料以及相关核设施。

国际社会对核安全风险的认知经历了一个漫长的演变过程，它包含了核安全风险关注主体和核安全风险关注对象的发展演变。简言之，核安全风险的关注主体最早是美国，然后是其他有核国家以及拥有核材料、核技术的国家，最后是美国和其他拥有核材料、核技术的国家将核安全议题塑造成所有国家共同关注的安全议题。就核安全风险的关注对象而言，最初主要关注有核国家隐秘的核攻击，然后关注无核国家以发展民用核能的名义从事核扩散，最终是兼顾国家行为体的核扩散和非国家行为体即恐怖组织的核恐怖行为。核安全风险关注主体和关注对象的演变直接影响核安全全球治理参与国家的数量、核安全全球治理的力度和效果。

冷战期间，美国较早意识到核安全风险，但关注对象主要是国家，认为某个拥有核武器的国家可能以隐秘的方式将核武器运入美国并发动攻击。美国目前已经解密的档案表明，美国曾经在1951—1952年评估了

---

① 谷口富裕、安妮塔·尼尔松：《热点、弱点：在不断变化的世界中加强核保安？》，《国际原子能机构通报》2004年第1期。

② 有关核武器的安全风险，详见中国国际战略研究基金会主编《应对核恐怖主义——非国家行为体的核扩散与核安全》，社会科学文献出版社2012年版，第36—41页。

苏联将核武器秘密运入美国发动攻击的可能性，包括伪装飞机和商船运入核武器、以外交豁免为掩护将核武器偷偷运入美国等。[①] 1964 年，中国进行核试验之后，美国将关注重点转向中国。[②] 美国不仅有相关的情报评估，而且有具体的侦察行动。解密的联邦调查局档案表明，从 1951 年中期开始，联邦调查局怀疑有核武器被放置在纽约，为此展开了针对苏联和华约成员国使领馆人员和馆舍的情报行动，此行动规模很大，持续一年之久，[③] 紧张程度不亚于"9·11"恐怖袭击之后。除了对苏联和中国的关注，美国也开始关注其他涉核的、类似当下被定义为恐怖主义的行动。1974 年 4 月的一份《国家安全决策备忘录》（National Security Decision Memorandum）重视评估核设施被挟持、钚材料污染、其他涉核武装攻击；特别要求加强保障监督（Safeguard）。备忘录还要求，改善核材料控制和衡算程序，加强实物保护措施，将适用于许可证的具体措施应用于免于许可证的核活动。[④]

冷战结束后，核安全风险开始引起各国关注。苏联解体前夕，美国国会两党资深议员萨姆·纳恩（Sam Nunn）和理查德·卢格意识到一旦苏联这个核超级大国解体，其所拥有的核武器失控诱发的核安全风险，特别是核武器、核材料和核技术扩散的危险，因而倡议向苏联提供紧急援助，以防止核武器、核材料被窃取、被出售或者被使用。虽然两位议员并没有特别指明这种风险主要涉及国家行为体的核扩散行为，还是非国家行为体的核扩散行为，但他们倡议从源头上防控核武器、核材料和核技术扩散，客观上有效防范了国家行为体和非国家行为体的涉核扩散

---

① National Intelligence Estimate 31, "Soviet Capabilities for Clandestine Attack against the US with Weapons of Mass Destruction and the Vulnerability of the US to Such Attack," August 30, 1951, http: //www2. gwu. edu/~nsarchiv/nukevault/ebb267/01. pdf.

② National Intelligence Estimate No. 4 – 68, "The Clandestine Introduction of Weapons of Mass Destruction into the US," June 18, 1968, http: //www2. gwu. edu/~nsarchiv/nukevault/ebb267/02b. pdf.

③ Anna Merlan, "In 1951, the FBI Thought the Soviets Might Be Hiding an Atomic Bomb Somewhere in New York City," July 22, 2014, http: //blogs. villagevoice. com/runninscared/2014/07/in_1951_the_fbi_thought_the_soviets_might_be_hiding_an_atomic_bomb_somewhere_in_new_york_city. php.

④ National Security Council, "National Security Decision Memorandum 254," April 27, 1974, http: //www. gwu. edu/~nsarchiv/nukevault/ebb267/05. pdf.

行为和结果。1991 年年底，《1991 年降低苏联核威胁法》（Soviet Nuclear Threat Reduction Act of 1991）在国会获得通过，并经总统签署生效。自此，美国向新独立的独联体国家提供帮助，加速销毁战略武器，提高独联体国家核武器和核材料的保护、控制和衡算等。① 美国与俄罗斯、乌克兰、哈萨克斯坦和白俄罗斯等国的核安保合作持续进行了二十多年，取得了巨大的成就，有效地防止了核武器或者核材料落入不法分子之手，这种合作因而成为冷战结束后防扩散领域最成功的案例。此后，类似国家间有关核安保的合作扩展到其他国家。

核安全真正引发世界各国关注则始于"9·11"恐怖主义袭击事件。"基地"组织发动"9·11"恐怖袭击的手段和所产生的影响导致美国开始高度重视恐怖分子获取核武器、核材料攻击美国的可能性。布什总统在 2002 年的《国情咨文》中宣称，美国在阿富汗发现了美国核电反应堆和供水设施的示意图、制造化学武器的详细说明、美国城市的监控图、美国和世界各国地标建筑的详细描述，而那些试图获得大规模杀伤性武器的国家有可能向恐怖分子提供大规模杀伤性武器。② 在 2002 年 6 月的西点军校讲话中，布什总统将"极端主义和技术"的危险结合视为美国面临的最严重威胁。③ 防范核武器、核材料、核技术落入恐怖分子之手，遏阻伊朗和朝鲜发展核武器，成为美国过去十多年的外交重心之一，不仅如此，美国还成功地将其关注的核安全议题塑造成国际社会共同关注的安全议题。

冷战结束后，核安全风险的确呈现增强趋势。首先，恐怖组织有制造核恐怖的意愿。1995 年 11 月，车臣叛乱分子将 70 磅高放射性材料铯 -137 放到莫斯科的一个公园，试图制造核恐怖事件。④ 本·拉登领导

---

① 详见樊吉社《从合作到对抗：美俄军控十年的历史考察与思考（1991—2000）》，《欧洲研究》2002 年第 5 期。

② George W. Bush, "Address before a Joint Session of the Congress on the State of the Union," January 29, 2002, http：//www. presidency. ucsb. edu/ws/? pid = 29644.

③ "President Bush Delivers Graduation Speech at West Point, United States Military Academy," West Point, New York, June 1, 2002, http：//georgewbush-whitehouse. archives. gov/news/releases/2002/06/20020601 - 3. html.

④ "First Annual Report to the President and the Congress of the Advisory Panel to Assess Domestic Response Capabilities for Terrorism Involving Weapons of Mass Destruction," p. 19, http：// www. rand. org/content/dam/rand/www/external/nsrd/terrpanel/terror. pdf.

下的"基地"组织不仅公开声称获取大规模杀伤性武器是一项宗教任务，而且也曾经在 20 世纪 90 年代试图购买或者通过其他方式获取高浓铀，并且试图招募核科学家。[①] 美国中央情报局在 2001 年拦截到的信息表明，"基地"组织成员曾吹嘘拉登正在策划对美国发起"广岛"式袭击。[②] 其次，当前世界上核材料的存量巨大，并且存在安保隐患。根据裂变材料国际小组的估计，截至 2013 年 1 月，全球高浓铀（有核武器国家的高浓铀富集度达到了武器级）的存量仍然高达 1390 吨；全球分离钚的存量约为 490 吨，其中约有 260 吨属于民用保管。截至 2013 年 11 月，拥有 1 公斤以上高浓铀的国家仍有 30 个；另外 27 个国家曾经拥有的高浓铀已经被转移走；68 个国家和地区仍然拥有使用高浓铀或者低浓铀燃料的研究反应堆。[③] 如果没有对核材料的保护、控制和衡算（Material Protection, Control and Accounting, MPC&A），如此巨量的核材料因为存放在多个国家、多个地点，它们非常可能成为恐怖组织的目标。如果恐怖组织获得了核材料，它们将有能力制造出粗糙的核武器或者"脏弹"，从而获得制造核恐怖的能力和手段。国际原子能机构事故和非法交易数据库（IAEA Incident and Trafficking Database）的统计数据同样说明，核材料失窃的风险始终存在。截至 2013 年 12 月 31 日，该数据库收录了参与国报告的、已经确认的 2477 起核材料或者其他放射性材料的失窃、丢失或者未经授权的活动和事件，其中 424 起涉及未经授权拥有或者相关的犯罪活动，664 起涉及失窃或者丢失，1337 起涉及未经授权的活动或者事件。这些事件中，有 16 起已经确认涉及未经授权拥有高浓铀或者钚材料，并试图出售这些核材料或者进行跨境走私。[④] 最后，出于能源安全考虑和温室气

---

① Rolf Mowatt-Larssen, "Al Qaeda's Religious Justification of Nuclear Terrorism," *Working Paper*, Belfer Center for Science and International Affairs, Harvard Kennedy School, November 12, 2010.

② David Albright, Kathryn Buehler and Holly Higgins, "Bin Laden and the Bomb," *Bulletin of the Atomic Scientists*, Vol. 58, No. 1（January/February 2002）, p. 23.

③ 相关统计数字见裂变材料国际小组官网：http：//www. fissilematerials. org，以及该小组的第七份年度报告：Seventh Annual Report of the International Panel on Fissile Materials, "Global Fissile Material Report 2013：Increasing Transparency of Nuclear Warhead and Fissile Material Stocks as a Step toward Disarmament," http：//ipfmlibrary. org/gfmr13. pdf。

④ "IAEA Incident and Trafficking Database：Incidents of Nuclear and Other Radioactive Material out of Regulatory Control," http：//www-ns. iaea. org/downloads/security/itdb-fact-sheet. pdf。

体减排需要，不少发展中国家致力于发展核电，这可能进一步导致核安全风险。

虽然加强核安全是国家的责任，但国际合作和全球治理不可或缺。在全球化得到广泛深入发展的今天，与核有关的事故，无论是因为天灾，还是因为人祸，其影响都将超越一国或一个地区，甚或具有全球范围的政治、经济影响。未来，如果恐怖分子袭击核电站，其影响必然不限于一国。不仅如此，如果恐怖分子成功"就地取材"窃取核材料，制造粗糙的核装置或者放射性散布装置，并引爆这些装置，它所产生的经济和政治影响必然波及国际经贸、人员往来频密的各国。恐怖分子如果试图跨境制造核恐怖，必然利用那些口岸管控比较薄弱的国家或者地区，如果各国之间没有有效的出口管制合作、情报共享和探测协调，核恐怖将难以防控。因而，有关核安全的有效治理必须是全球治理。

第二节　美国与冷战时期的核安全全球治理

核武器爆炸的威力激发了各国对核武器和核材料进行管控的动力，垄断核武器的美国不可能接受国际社会对其核武器的任何管控。随后几年，苏联、英国和法国相继研制出核武器，美国核武器垄断地位被打破，管控核武器更无可能。国际社会有关核的管控努力转向核材料，此即核安全全球治理的缘起。

冷战期间的核安全全球治理主要体现为对和平利用核能的管理，加强对核材料、核技术转移的控制，防范无核国家通过发展民用核能来发展核武器。这期间的制度建设包括成立国际原子能机构，谈判达成《不扩散核武器条约》（NPT）确立国际原子能机构的国际法律地位，谈判达成《核材料实物保护公约》（Convention on the Physical Protection of Nuclear Material，简称 CPPNM），建立桑戈委员会（Zangger Committee，简称 ZAC）和核供应国集团（Nuclear Suppliers Group，NSG）等多边机制规范核设备与核材料的转让等。

美国在 1946 年 6 月提出巴鲁克计划，旨在保持美国核垄断并防止核扩散，其中包括提议设立国际原子能开发局，掌管或控制各国发展和使用原子能的一切活动，但遭到了苏联的强烈反对。几年后，美国的核垄断地位被打破，管控核武器更无可能，国际社会的努力开始转向管理核能的开发与利用。

1953年12月，美国总统艾森豪威尔在联合国大会发表了著名的演说"原子能为和平"（Atoms for Peace），提出成立国际原子能机构，要求各国向该机构捐献核材料，原子能机构制定将核能用于和平目的（农业、医疗、发电等）的措施。[①] 艾森豪威尔的演说最终催生了国际原子能机构。美苏以及其他生产核材料的国家就国际原子能机构的章程进行了长时间的谈判，谈判的关键是该机构对置于其支配下的核材料的控制权以及该机构有无权力视察非军用材料的双边或者多边协定。[②] 各方最终于1956年10月达成妥协，通过了国际原子能机构《规约》（IAEA Statue），次年《规约》生效，国际原子能机构宣告成立。

国际原子能机构是核安全全球治理的最初制度性安排。根据《规约》，国际原子能机构有三个工作支柱：一是保障与核查，根据与各国缔结的法律协定核实各国核材料和核活动只用于和平目的，并对此保障视察；二是安全与安保，包括制订安全标准、安全规范以及安全导则，帮助成员国适用这些标准、规范和导则；三是科学与技术，包括对卫生、农业、能源、环境和其他领域中的核应用提供技术和研究支持。[③] 国际原子能机构初期的保障监督体系仅限于研究堆和实验堆，后来逐步扩展到所有反应堆以及后处理厂和燃料制造厂。一直到20世纪60年代末，通常都是从事民用核能利用的国家自行决定核交易或者核活动是否接受国际原子能机构的保障监督，而这一时期美苏两个核大国曾经向很多国家出口了浓缩铀。

《不扩散核武器条约》的签署增加了国际原子能机构的授权，强化了对核交易和核活动的管控。该条约1968年谈判成功、开放签署并于1970

---

① "Atoms for Peace Speech," Address by Mr. Dwight D. Eisenhower, President of the United States of America, to the 470th Plenary Meeting of the United Nations General Assembly, December 8, 1953. http：//www.iaea.org/about/history/atoms-for-peace-speech.

② 伯特兰·戈德史密特（Bertrand Goldschmidt）：《国际原子能机构诞生之际》，《国际原子能机构通报》48/1，2006年9月，第6—10页。

③ "The Statute of the IAEA," http：//www.iaea.org/node/9642.

年生效。条约第三条明确规定："每个无核武器的缔约国承诺接受按照国际原子能机构规约及该机构的保障制度与该机构谈判缔结的协定中所规定的各项保障措施，其目的专为核查本国根据本条约所承担的义务的履行情况，以防止将核能从和平用途转用于核武器或其他核爆炸装置。"①《不扩散核武器条约》三个支柱（防扩散、和平利用核能与核裁军）是处理当前国际核问题的重要依托，其中防扩散与促进和平利用核能成为国际原子能机构的重要使命，这也恰好与国际原子能机构《规约》中所规定的三个工作支柱相对应。此后，所有民用核能的合作都少不了国际原子能机构的参与，该机构在推进核能民用的同时，通过核查、视察等保障监督措施防范民用核设施和核材料转为军用或者其他用途。过去几十年中所有涉及核扩散的案例中，包括伊拉克、朝鲜、伊朗、叙利亚等，国际原子能机构始终是国际社会依托的重要力量。如果国际原子能机构发现民用核设施或者核材料转为其他非民用用途，它将发出警告，甚至提交联合国安理会。

进一步强化核物项管控的多边机制也在 20 世纪 70 年代形成，此即"桑戈委员会"和"核供应国集团"。根据《不扩散核武器条约》条款，如果条约成员国向无核国家提供原料、裂变材料，或者提供用于处理、使用、生产裂变材料的设备、原料，均将接受国际原子能机构的保障监督。1971—1974 年，在瑞士教授克劳德·桑戈（Claude Zangger）的主持下，15 个核供应国在维也纳举行了一系列非正式会议，起草这样一个会触发国际原子能机构保障监督的"清单"。② 1974 年，参会代表就"触发清单"达成共识，该清单设定了出口的三个标准：保证这些物项不用于爆炸目的、接受国际原子能机构的保障监督、进口国再出口必须接受同样的保障监督条款。起草这个"触发清单"的委员会被称为"桑戈委员会"。委员会"触发清单"由 A、B 两个备忘录和一个附件组成。备忘录对原材料和特种裂变材料以及为加工、使用或生产特种裂变材料而设计或制造的设备或材料出口作了界定，并规定出口"触发清单"上

---

① "Treaty on the Non-Proliferation of Nuclear Weapons," http：//www.state.gov/t/isn/trty/16281.htm.

② "Zangger Committee," http：//www.nti.org/treaties-and-regimes/zangger-committee-zac/.

的项目须接受国际原子能机构的保障监督。该委员会的决定和"触发清单"对成员国没有法律约束力,只是对各国制定核出口政策起指导作用。1974 年以后,该委员会根据情况变化,数次评估、更新和补充了清单内容。

桑戈委员会的出口管制措施仅仅适用于不是《不扩散核武器条约》成员国的无核武器国家,核供应国集团的成立则进一步将相应的管控措施扩大到所有无核武器国家。20 世纪 70 年代初,由于石油输出国组织提高油价,很多国家开始发展核电,而法国和德国进一步开放市场,输出铀浓缩和后处理等敏感设备,核技术和核材料进一步扩散的风险加大,与此同时,印度于 1974 年进行了所谓的"和平核试爆"。这些事态促使美国协调其他几个核出口国加强对敏感物项的管控。1975 年 11 月,几个核供应国在伦敦成立"核供应国集团",又称"伦敦俱乐部"。这个组织经过讨论,形成了对敏感物项出口的"转让准则"和"触发清单",严格限制敏感核物项及与核相关的两用品和技术的出口,并要求核物项及其两用品的出口应该有全面保障监督(Comprehensive Safeguards)措施、实物保护措施等。[①]

冷战结束前,另外一项加强核安保的制度建设是《核材料实物保护公约》。该公约于 1980 年 3 月开放签署,并于 1987 年生效。这是民用核材料实物保护领域中唯一的国际法文书。公约的主旨是保护核材料在国际运输中的安保,防止未经政府批准或者授权的集团或个人获取、使用或扩散核材料,并在追回和保护丢失或被窃的核材料、惩处或引渡被控罪犯方面加强国际合作,对公约范围内的犯罪建立普遍管辖权,防止核武器扩散。[②]

冷战期间涉及核设备、核材料、核技术、核两用品的所有制度建设与当前明确针对核安保的国际努力和国际制度建设有一定区别。首先,这些机构的建立和制度的形成都具有鲜明的防扩散特点。美国最先拥有

---

① "Nuclear Suppliers Group," http://www.nti.org/treaties-and-regimes/nuclear-suppliers-group-nsg/.

② "Convention on the Physical Protection of Nuclear Material," http://www.iaea.org/sites/default/files/infcirc274.pdf.

核武器后，希望通过建立类似巴鲁克计划这样的国际制度，防止其他国家发展核武器，维持其核垄断地位。随后，美国、苏联和英国等国拥核后又试图限制其他国家获得核武器，谈判缔结《部分禁止核试验条约》（Partial Test Ban Treaty，简称 PTBT，全称为《禁止在大气层、外层空间和水下进行核武器试验条约》）即有此种意图。国际原子能机构的成立意在促进和平利用核能，但更重要的任务是防范其他国家通过和平利用核能发展核武器。《不扩散核武器条约》赋予国际原子能机构更大授权，监管从事和平利用核能的国家，防范这些"无核国家"秘密发展核武器。桑戈委员会和核供应国集团所确立的"转让准则"和"触发清单"从源头上限制涉敏感核物项出口和转移，并强化了监管力度。冷战时期有核国家在防范核扩散方面存在基本共识，通过这些制度构建限制了"核俱乐部"的扩大，其防范对象主要是国家而不是非国家行为体。其次，核安全在冷战时期并非重大问题。冷战时期的两极对抗结构决定了美苏对各自阵营的有效管控，遏制了多数国家的核扩散冲动。即使冷战时期曾经出现过类似当前"恐怖袭击"之类的活动，但均与核无关。恐怖组织或者恐怖分子欠缺涉核的恐怖意愿或者行动。冷战时期，唯一具有鲜明核安保内涵的条约是《核材料实物保护公约》。美国虽然曾经关注过核安保问题，但都属于偶发的、零星的，恐怖组织或者恐怖分子并不是国际制度建设的关注对象；在其他国家，核安保同样并不是重大问题。冷战期间曾经出现的三里岛核事故和切尔诺贝利核电站事故，的确引起了对核安全的重视，但更多的是对核反应堆本身运营安全的重视，并不涉及核材料、其他放射性物质及其附属设施的盗窃、蓄意破坏、非授权进入、非法转移和其他恶意行为。更重要的是，核能力与核资产是任何拥有此能力的国家"皇冠上的明珠"，相应的安保防范措施比较严格，一般的个体很难从事盗窃、破坏等行动。最后，冷战时期核安全全球治理仍属于小众问题，所有的制度建设都着眼于从源头上防控核设备、核材料、核技术及其两用品的无序、无保障监督出口，其初衷是防范核扩散和协调核出口竞争。核出口国是这一时期核安全全球治理的主角，其他国家更多是被防范和限制的对象。即便如此，这些制度的建设仍然对后来的核安全治理做出了贡献，涉核设备、材料和技术的出口管控不断得到强化。

　　虽然冷战时期的核安全全球治理具有鲜明的防扩散特点，但这些早期的制度构建为后来在全球范围内提升核安全奠定了基础。实际上，这些机制和条约是防范核恐怖主义的早期壁垒。

第三节 美国与冷战结束初期的
核安全全球治理

冷战结束后的两类事态推动了核安全全球治理在两个方向上的强化：一是海湾战争后在对伊拉克的视察、对朝鲜和南非核活动的核实过程中，国际原子能机构获得了经验和教训。这三个事件推动国际原子能机构强化保障监督能力，[1] 推动多边出口管制机制加强对涉核物项出口的管控。二是苏联解体构成的核设施、核材料、核技术失控风险，这推动国家间展开实质性合作，加强核安保。

首先，国际原子能机构不断强化保障监督措施和手段。《不扩散核武器条约》赋予国际原子能机构保障监督核能和平利用的权力，并要求缔约国与国际原子能机构签署保障监督协定。[2] 1972 年，国际原子能机构根据《不扩散核武器条约》的要求通过了一份有关国际原子能机构与各国之间缔结保障监督协定的结构和内容的文件（INFCIRC/153）。[3] 无论是《不扩散核武器条约》规定还是国际原子能机构有关保障监督的要求，理论上条约的无核武器缔约国均应该将其所有核设施、核材料、核活动进行申报并纳入保障监督的范围。国际原子能机构默认所有缔约国会如实申报所有核设施、核材料、核活动，因而仅对申报的核设施、核材料进行保障监督。

海湾战争结束后，国际原子能机构对伊拉克进行视察，发现伊拉克曾经实施过一项生产核武器用浓缩铀的秘密计划，这意味着伊

---

① Pierre Goldschmidt, "The IAEA Safeguards System Moves into the 21st Century," *IAEA Bulletin*, Vol. 41 - 4, December 1999, p. s - 1.

② Jan Priest, "IAEA Safeguards and the NPT: Examining Interconnections," *IAEA Bulletin*, Vol. 37 - 1, March 1995, pp. 2 - 13.

③ "The Structure and Content of Agreements between the Agency and States Required in Connection With the Treaty on the Non-Proliferation of Nuclear Weapons," INFCIRC/153, June, 1972. http://www.iaea.org/Publications/Documents/Infcircs/Others/infcirc153.pdf.

拉克并没有将其所有核材料置于保障监督之下。随后，国际原子能机构对朝鲜提交的报告进行核实时，发现朝鲜提交的材料信息完整性值得质疑。[1] 同一时期，国际原子能机构在核实南非非常复杂的核活动时，曾经面临很大困难，但得到了南非的充分合作。这三个事件推动国际原子能机构强化全面保障监督规定。1992 年，国际原子能机构理事会确认了全面保障监督的范围不限于当事国已申报的核材料，而是包括应受保障监督的所有核材料；当国际原子能机构为履行保障监督协定所赋予的责任而需要更多信息时，它有权对该国领土内，或在其控制下的人和场所进行特别视察；国际原子能机构有权与联合国安理会保持接触，以强制执行保障监督协定等。[2] 强化保障监督体系的努力在 1995 年《不扩散核武器条约》审议和延长大会上得到了重申；1996 年，国际原子能机构开始执行全面保障监督所规定的措施。1997 年 5 月，有关保障监督的《附加议定书》（Additional Protocol）获得国际原子能机构理事会核准并发布。《附加议定书》扩大了国际原子能机构保障监督的范围和权限，包括接触所有燃料循环有关的信息、有关的核设施、相关的研发信息、敏感技术制造与出口的信息，以及相关场所的准入权力、对已申报场所外的环境进行取样等。[3]

国际原子能机构加强保障监督体系的同时，多边出口管制机制也强化了涉核物项的出口管制。桑戈委员会根据技术的进步和形势变化评估、更新、补充了其"触发清单"，强化了对涉核物项的出口管制规则，其中三次比较重要的修改都发生在 20 世纪 90 年代。1990 年 2 月，桑戈委员会澄清了气体扩散法与同位素分离工厂设备的关系；1994 年，进一步澄清了铀浓缩部分，修改了"主冷却剂泵"的条目，同一年就批量非核用途的源材料（source material）所应采用的保障监督程序达成谅解；1996

---

① Pierre Goldschmidt, "The Increasing Risk of Nuclear Proliferation: Lessons Learned," *IAEA Bulletin*, Vol. 45 - 2, December 2003, pp. 24 - 25.

② Pierre Goldschmidt, "The IAEA Safeguards System Moves into the 21st Century," *IAEA Bulletin*, Vol. 41 - 4, December 1999, p. s - 20.

③ "Model Protocol Additional to the Agreement (s) between State (s) and the International Atomic Energy Agency for the Application of Safeguards," (INFCIRC/540). https://www.iaea.org/publications/documents/infcircs/model-protocol-additional-agreements-between-states-and.

年，澄清了不太敏感的"触发清单"条目。① 委员会成员国还同意交换有关向非《不扩散核武器条约》成员国进行实际出口或者发放出口许可的信息。在1999年和2000年的会议中，委员会也更新了"触发清单"。

同一时期，核供应国集团强化了核材料和技术的出口管制措施，新增了两用品出口管制措施。② 1990年《不扩散核武器条约》审议大会上，审议条约第三条的委员会提出了强化核材料和技术出口的推荐意见，包括成员国改善措施、防范核技术转用于发展核武器、成员国协调一些条约未限制但可能导致扩散的材料出口、无核国家接受国际原子能机构全面保障监督作为出口或者转让核材料及核技术的前提条件等。核供应国集团很快做出响应，于1992年将全面保障监督作为出口的前提条件。海湾战争结束后，国际原子能机构发现伊拉克曾经致力于获取核供应国集团"转让准则"之外的两用物项用于核武器项目，这推动核供应国集团起草两用物项的"准则"。1992年，核供应国集团建立了涉核两用设备、材料和技术的"转让规则"和"触发清单"，进一步防范涉核两用设备、材料和技术的非和平利用。不仅如此，核供应国集团还将无核国家接受国际原子能机构全面保障监督作为出口"触发清单"上两用物项的前提。

除了国际原子能机构、桑戈委员会和核供应国集团这些制度建设外，美俄在20世纪90年代展开了具有实质意义的核安保双边合作。如前所述，冷战结束之初，美国致力于防范独联体国家的核武器、核材料被窃取、被出售或者被使用，《1991年降低苏联核威胁法》后来得到布什总统和克林顿总统的鼎力支持，成为一项持续多年的合作削减威胁项目（Cooperative Threat Reduction Program，CTR）。美国向俄罗斯和其他独联体国家提供的援助涵盖了材料保护、控制和衡算项目、对核弹头的保护、对武器级材料及其设施的保护、对民用核设施的安全升级、协助这些国家建立核安保体系等，③ 具体内容包括：美国协助俄罗斯将核弹头运输到拆解核弹头的地点或者强化存放地点的安保、协助俄罗斯将武器级高浓铀

---

① "Zangger Committee," http：//www. nti. org/treaties-and-regimes/zangger-committee-zac/.

② "Nuclear Suppliers Group," http：//www. nti. org/treaties-and-regimes/nuclear-suppliers-group-nsg/.

③ 参见美国能源部国家核安全局网页和防务威胁降低局网页：http：//nnsa. energy. gov/category/related-topics/mpca；http：//www. dtra. mil/Missions/Nunn-Lugar/GlobalCooperationInitiative. aspx.

运送到裂变材料处置点、升级俄罗斯核武器存储地点的安保体系、培训独联体国家的技术人员以加强核安保、协助独联体国家回收以前出口的浓缩铀、建立科学技术中心以帮助独联体国家的核科学家从研制核武器转为发展民用和商用技术、协助独联体国家加强边境管控等。[①] 美国与独联体国家之间的多重合作有效防范了核材料的流失、核科学家的流失乃至核武器的失窃。

冷战结束后的第一个十年，无论是以美国为代表的西方还是整个国际社会，核心的关切是横向核扩散，亦即核武器、核材料、核技术及其两用品向无核国家的扩散，而国际原子能机构在伊拉克和朝鲜的发现与遭遇强化了这种认知。因此，国际原子能机构强化了保障监督，推动通过了《附加议定书》；桑戈委员会根据形势变化不断评估、更新、补充其"触发清单"，强化对涉核物项的出口管制规则；核供应国集团则新增对两用品的"转让准则"和"触发清单"。所有这些努力都是针对国家行为体，对核恐怖主义的担忧并没有提升到国际议程。

第四节　美国与反恐时代的核安全全球治理

对于核安全的全球治理，"9·11"恐怖袭击事件是分水岭。如果说此前的核安全全球治理重在防范国家行为体获取核材料、核技术，甚或核两用品以发展核武器，此后的重点转向防范恐怖分子或者恐怖组织制造核恐怖。"9·11"恐怖袭击之后核安全全球治理呈现加速发展的趋势，这主要体现为：国际社会日益形成核安全共识、全球性制度建设加速、多边合作不断加强。

国际社会核安全共识的形成是一个渐进的过程，它与核安全威胁的发展演变大致同步，这主要体现为联合国安理会陆续通过的几个与核安全问题密切相关的决议和核安全峰会。"9·11"恐怖袭击事件发生后，联合国安理会迅速通过第 1373 号决议（UNSC Resolution 1373），该决议内容包括：冻结协助、资助和参与恐怖行为的个人和实体的各类资产；

---

① 详见中国国际战略研究基金会主编《应对核恐怖主义——非国家行为体的核扩散与核安全》，社会科学文献出版社 2012 年版，第 59—61 页。

为恐怖活动提供协助、资助定为犯罪；将恐怖行为定为重罪；各国就反对恐怖主义展开各种合作等。这个决议呼吁各国就恐怖主义组织拥有大规模杀伤性武器所造成的威胁展开情报交流、加强合作以防范恐怖主义非法运送核、化学、生物和其他潜在致命材料。① 这个决议针对的是一般意义上的恐怖主义行动，触及核恐怖主义威胁，但重视程度并不高。2003 年 10 月，卡迪尔·汗核走私网络浮出水面，国际社会对地下核黑市的关注大大提升，次年 4 月，联合国安理会通过第 1540 号决议（UNSC Resolution 1540）。这项决议专门针对非国家行为体可能涉足大规模杀伤性武器这一威胁，决议"严重关注非法贩运核生化武器及其运载工具和相关材料所造成的威胁"；"确认需要进一步协调国家、次区域、区域和国际各层面的努力，以便加强全球对这一严重挑战及其对国际安全的威胁做出的反应"。决议明确要求各国"对生产、使用、储存或运输中的"核物项加强衡算和安保、制定并保持有效的实物保护措施、加强边境管控和执法努力等，敦促各国建立有效的国内管控措施。② 这项决议对强化核安全国际共识意义重大，它首次要求联合国成员国采取执法行动应对大规模杀伤性武器的扩散，并要求各国提交执行该决议的报告。

五年后，联合国安理会再度通过决议，响应奥巴马政府提出的无核世界目标和核安全峰会倡议，并细化对各国加强核安保的要求。2009 年 9 月 24 日通过的联合国安理会第 1887 号决议（UNSC Resolution 1887）表示"严重关切核恐怖主义的威胁，并确认所有国家都须采取有效措施，防止恐怖分子获得核材料或核技术援助"。决议"吁请"会员国分享核安保最佳做法，以改进安保标准和核安保措施，减少民用核设施中高浓铀的使用，提高各国全境探测、慑止和阻止非法贩运核材料的能力，采取一切国家措施，防止扩散融资和运输，加强出口管制，确保敏感材料的安保并控制无形技术转让的渠道。③

----

① "联合国安全理事会第 1373（2001）号决议"，S/RES/1373（2001），2001 年 9 月 28 日，http：//www.un.org/chinese/aboutun/prinorgs/sc/sres/01/s1373.htm。

② "联合国安全理事会第 1540（2004）号决议"，S/RES/1540（2004），2004 年 4 月 28 日，http：//www.un.org/chinese/aboutun/prinorgs/sc/sres/04/s1540.htm。

③ "联合国安全理事会第 1887（2009）号决议"，S/RES/1887（2009），2009 年 9 月 24 日，http：//www.un.org/chinese/aboutun/prinorgs/sc/sres/09/s1887.htm。

核安全峰会对于凝聚国际核安全共识的意义重大。奥巴马总统在 2009 年 4 月的布拉格演讲中称,核恐怖主义是全球安全最迫切和最极端的威胁,誓言在四年内强化全球核材料的安保,美国将在 2010 年主办全球核安全峰会。① 迄今核安全峰会已经分别于 2010 年 4 月在美国华盛顿、2012 年 3 月在韩国首尔、2014 年 3 月在荷兰海牙举办三次,第四次峰会于 2016 年在美国举办。核安全峰会对核安全全球治理的意义是多重的。

第一,核安全峰会凝聚了国际社会有关强化核安保、防范核恐怖主义的国际共识。对于美国提议的核安全峰会,各国都给予了积极响应。47 个国家和 3 个国际组织的代表参加了 2010 年 4 月的华盛顿核安全峰会;53 个国家和 4 个国际组织的 58 名代表参加了 2012 年 3 月的首尔核安全峰会;53 个国家和 4 个国际组织的 58 名代表参加了 2014 年 3 月的海牙核安全峰会。自 1945 年联合国成立大会以来,尚未有如此规模的国家首脑齐聚一堂共商国际核安保问题。三次核安全峰会的与会者多为国家首脑,这足以说明各国对核安保问题的重视。各国在第一次核安全峰会期间讨论了核恐怖主义的严重性和迫切性,并发布了公报,承诺加强核安保和减少核恐怖主义威胁。② 第二,核安全峰会的召开成功地将加强核安保、反对核恐怖主义提升到国际议程。冷战结束后的十多年间,核安保问题主要是美国关注的话题,相应的合作也主要在美国与其他相关国家之间展开,核安全峰会成功地提升了核安保问题在国际议程上的优先地位。由于各国国情不同,对核恐怖威胁的判断各异,各项政策的轻重缓急有别,加强核材料安保、防范反击核恐怖之于美国是头等大事,但未必是其他国家的头等大事。但是,通过倡议并举办核安全峰会,各国国家领导人的参与和承诺有助于提升核安保问题在各国国内议程上的地位,相应的人力、物力、财力投入随之增加,客观上有助于加强各国自身的核材料安保。第三,核安全峰会不但强化了现有的国际规范,而且突出了国际合作的必要性。核安全峰会并非要创设新的国际制度以加

① "Remarks by President Barack Obama in Prague as Delivered," Prague, Czech Republic, April 5, 2009, https://obamawhitehouse.archives.gov/the-press-office/remarks-president-barack-obama-prague-delivered.

② "Communiqué of the Washington Nuclear Security Summit," April 13, 2010, http://www.nss2016.org/past-summits/2010.

强核材料安保,而是敦促各国执行现有的国际规约和联合国决议。三次核安全峰会的公报均明确要求各国加入并遵守现存核安保条约和机制,提升对国际原子能机构的支持,敦促各国就核安保问题强化各类合作。第四,核安全峰会的举办推动了一些单边、双边和多边加强核安保的承诺、协议与合作。第一次峰会期间,美俄更新了处理武器级钚材料的协议;墨西哥、加拿大和美国则宣布将协同国际原子能机构转化墨西哥的研究反应堆,使之从使用高浓铀转为使用低浓铀;加拿大宣布将其拥有的高浓铀归还美国;乌克兰则宣布将使用高浓铀的研究堆转换为使用低浓铀的反应堆;峰会之前,美国曾协助智利将高浓铀移出。类似的单边承诺和双边以及多边合作在首尔和海牙峰会上也多有体现,峰会期间的各种承诺似乎起到了一个加强核安保的示范作用,对于推动其他国家加强核安保具有积极意义。

在"9·11"事件之后,核安全全球治理的制度建设得到显著加强,这不仅包括修订和强化原有相关制度,还包括创设新的制度安排。国际原子能机构是全球核安全治理的核心机构,它在核安保方面的作用获得了更大支持,机构本身的能力也得到了显著提升。国际原子能机构《规约》最初并没有述及该机构在核安保方面的作用,因此各成员国不愿意为此提供经费,但各国对核恐怖主义的担忧改变了这种状况。在 2013 年7 月国际原子能机构关于核安保的会议上,与会各国部长级代表确认了国际原子能机构在强化"全球核安全框架"以及协调国际相关合作活动中的"核心作用"。[1] 国际原子能机构中的安全和安保部门以前主要关注核安全问题,现在将"核安保办公室"独立出来,专门负责核安保问题。过去的十年中,国际原子能机构用于核安保的预算基本呈现持续增长趋势,2010 年后则有较大幅度的增加。显然,国际原子能机构作为核安保核心国际组织的作用不断增强。[2]

各国对《核材料实物保护公约》进行了修订。公约原本仅适用于国

---

① "International Conference on Nuclear Security: Enhancing Global Efforts—Ministerial Declaration," July 1, 2013, http://www-pub.iaea.org/MTCD/Meetings/PDFplus/2013/cn203/cn203Ministerial Declaration.pdf.

② Trevor Findlay, "Discussion Paper: The IAEA's Nuclear Security Role," June 2013, https://www.nti.org/media/pdfs/IAEA_Nuclear_Security_Role_3.pdf.

际运输中的核材料，2005 年成员国修订了公约，扩大了公约的适用范围。2005 年 7 月通过的《核材料实物保护公约》修订案增加了核设施，并且将国内使用、存储和运输的材料也列入公约适用范围。公约要求各国在追回和保护丢失或被窃的核材料、在惩治或引渡相关犯罪人员领域加强国际合作，减轻或尽量减少蓄意破坏所造成的放射性后果。修正案是国际社会努力提高核材料和核设施实物保护里程碑式的制度建设。[①]

　　国际社会加强核安保的另一个举措是达成《制止核恐怖主义行为国际公约》（The International Convention for the Suppression of Acts of Nuclear Terrorism，简称 ICSANT）。2005 年 4 月，联合国大会通过了这个公约，公约明确指向非国家行为体，将非国家行为体非法持有或者使用核材料、核设施都视为犯罪行为，各国应采取包括立法在内的必要措施，确保涉恐行为受到严惩。公约还规定了收缴或者以其他方式获得放射性材料、装置或核设施后的处置办法。[②]

　　除了上述制度建设，"9·11"事件之后，各国为加强核安保展开的双边或者多边合作显著增多。第一，美国主导的"合作削减威胁"项目得到扩展。2004 年，美国创立了全球威胁削减倡议（Global Threat Reduction Initiative，GTRI）和国际核材料保护和控制（International Nuclear Materials Protection and Control，INMPC）项目，将加强核安保的努力拓展到更多国家。第二，与"合作削减威胁"项目相对应的多国合作机制也在"9·11"事件之后得以建立，这就是八国集团防止大规模杀伤性武器和材料扩散全球伙伴关系（G-8 Global Partnership against the Spread of Weapons and Materials of Mass Destruction，G-8 Global Partnership）。这个多边机制建立于 2002 年在加拿大召开的八国峰会期间，八国承诺在此后十年将募集 200 亿美元用于防扩散、裁军、反恐和核安保问题。[③] 这个多

---

① "Convention on the Physical Protection of Nuclear Material（CPPNM）and Amendment thereto," http：//www-ns. iaea. org/security/cppnm. asp.

② "International Convention for the Suppression of Acts of Nuclear Terrorism," http：//legal. un. org/avl/ha/icsant/icsant. html.

③ Alan P. Larson, "G-8 Global Partnership against the Spread of Weapons and Materials of Mass Destruction," Testimony before the House International Relations Committee, Washington, DC, July 25, 2002. http：//2001-2009. state. gov/e/rm/2002/12190. htm.

边机制的成员国随后不断增加，项目覆盖的范围也相应地得到扩展。第三，美俄之间也建立了新的核安保机制。2006 年 10 月，美俄建立了"打击核恐怖主义全球倡议"（Global Initiative to Combat Nuclear Terrorism, GICNT），随后很多国家加入了这个倡议。这个倡议的初衷是防范核恐怖主义并共享防扩散信息，后来逐渐演变成如何应对核恐怖主义事件。第四，另外一个着眼于在核安保事件发生后采取应对措施的是"扩散安全倡议"（Proliferation Security Initiative，PSI）。该倡议最初由美国于 2003 年 5 月发起，这是一项旨在拦截通过海陆空方式扩散大规模杀伤性武器及其运载工具和相关材料的倡议。① 这个倡议的成员不断增加，成员国认可拦截原则声明，并参与相关的会议、研讨以及演习。

第五节　美国与核安全全球治理：成就与挑战

如前所述，核安保问题超越国界、可能跨越地区，甚至影响全球，因而核安全的治理必然是全球治理。各国核危险评估的发展、核安全意识的养成是一个演进的过程，与危险评估、核安全意识培育同步的是核安全全球治理水平的逐步提高。冷战时期，核安全全球治理主要关注核材料扩散、核材料运输安保，主要防范对象是无核国家；现在的核安全全球治理基本实现了全面覆盖，不仅仅是核材料、核设施、核技术，还包括国内立法，将涉核非法活动入罪，主要防范对象是恐怖组织。毫无疑问，经过多年努力，全球治理在核安全问题上所取得的成就不亚于气候变暖、消除贫困等其他议题。核安全全球治理的成就体现在多个方面：

第一，全球核安全意识逐渐强化。核安全最初仅是美欧等个别发达国家关注的核心议题，冷战期间一直到冷战结束之初皆如此。"9·11"恐怖袭击唤醒了各国的核安保意识。迄今比较重要的、涉及核安保的联合国安理会决议都是在"9·11"恐怖袭击发生之后获得通过的，这本身说明了各国对核安保问题的重视以及核安全意识的强化。2010 年迄今的三次核安全峰会得到了大多数拥有核材料或者拥有核材料生产能力国家

---

① 有关该倡议的详细分析，参见顾国良《美国"防扩散安全倡议"评析》，《美国研究》2004 年第 3 期。

的支持，五十多个国家的政府首脑参加峰会本身就说明了各国核安全意识的提高。也只有各国在核安保问题上形成了国际共识，有关核安全的全球治理才能够获得各国的认可和支持，国际合作才有可能。实际上，全球核安全意识逐渐强化的过程是一个核安全议题的"重塑"过程。冷战期间没有多少国家认为核安全问题与自身安全相关，绝大多数国家只是在发展民用核能的时候需要根据国际条约、国际原子能机构《规约》履行相应的国际责任和义务。冷战结束之初，也仅仅是美欧等发达国家认为独联体国家存在核材料、核技术向无核国家和非国家行为体扩散的风险，因而美欧与独联体国家展开较为实质性的国家间核安全合作。"9·11"事件之后，防范核恐怖主义成为强化核安全的核心理由，没有任何国家会认为核恐怖主义具有任何合法性，因而，各国至少从道义上要表现出支持国际社会强化核安全的努力和行动。概言之，核安全意识的强化实质上是核安全议题获得国际合法性的过程，这对于核安全全球治理至关重要。

第二，核安全全球治理的制度建设取得了显著成就。核安全全球治理的制度建设包括成立专门机构、通过具有约束力的国际规则或者国际法、制订虽不具有法律约束力但可以让各国遵照执行的规则等。国际原子能机构成立最初的目的是促进各国发展民用核能，《不扩散核武器条约》获得通过后，该机构成为条约的执行机构，履行保障监督的责任。现在，国际原子能机构在与核安保相关的人员、经费和职能上都得到了拓展。未来，国际原子能机构在强化核安保方面的核心作用有望继续加强。过去六十多年中，国际社会有关核安保的条约制度建设有了长足进展。《不扩散核武器条约》成为最核心的国际条约，《核材料实物保护公约》则明确指向核安保，修订后的《核材料实物保护公约》扩大了覆盖范围。《制止核恐怖主义行为国际公约》明确将防范对象界定为非国家行为体。涉核的制度建设响应了核安全威胁评估，逐步明确防范对象，扩大覆盖范围，并将涉核非法活动视为犯罪行为。国际原子能机构制订的各项与核安全有关的准则、导则有助于各国共享核安全最佳做法，强化核安保。这些核安全全球治理的制度建设，特别是国际条约，在国际上具有合法性和权威性，各国必须遵守；另一部分制度建设，特别是联合国安理会决议，虽然并不具有较强的法律约束力，但各国如不遵照执行，则可能面临来自主要大国和国际社会的舆论压力。核安全全球治理的制度建设也许对那些执意发展核武器的国家效用不大,对恐怖组织、恐怖分子则甚至没有任何约束力,但无论是执意发展核武器的国家还是恐怖组织、恐怖分子,除非自力更生,它们如欲涉足核扩散或者核恐怖,则需要通过种种手段从拥有核材料、核设施和核技术的国家获取帮助,而核安全全球治理制度建设的核心目的在于从"源头"或者"前端"上防范"流氓国家"和恐怖组织、恐怖分子的这些尝试和努力。不仅如此,诸多与核安全密切相关的国际条约还推动各国在核扩散、核恐怖的"末端"上展开合作,打击核扩散和核恐怖行为,从而加强核安全。

第三,核安全相关的制度或机制建设及努力在双边和多边等国际合作中体现得更为明显。这些制度或者机制未必对所有国家有约束力,但客观上对核安全全球治理起到了不可或缺的辅助作用。首先,各国建立了管控核物项出口的多边机制,特别是桑戈委员会和核供应国集团。这两个多边机制吸纳了多数具有核材料、核技术、核设施出口能力的国家。这两个机制的"转让准则"和"触发清单"随着形势和技术的变化不断更新,对于防范涉核物项落入不法分子之手至关重要。双边国际合作主要体现为冷战结束后美国通过"合作削减威胁"项目展开与独联体国家的核安保合作,这些项目持续多年,并拓展到其他地区,有效防范了核材料、核技术以及核专家的流失。其次,八国集团建立了防止大规模杀伤性武器和材料扩散全球伙伴关系,美国提出了打击核恐怖主义全球倡议和扩散安全倡议。前述国际条约确立宏观原则,这些双边和多边机制则从源头上强化核安保,并做好一旦核安保出现问题后的应对准备。最后,其他的国际合作还包括了情报共享,反核恐怖主义的联合演训、拦截等。这些双边和多边核安全合作并不禁止民用核能合作,但防范民用核能合作可能包含的核安全风险,无核国家或主动或被动地接受这些规则,从而减少了核扩散和核恐怖的可能性。在实践中,这些双边和多边合作虽然合法性和权威性远不如国际条约和国际制度,但已经为广大从事核活动的国家所接受,它对核安全全球治理的价值和意义不容低估。

经过数十年,特别是最近十年的国际努力,核安全全球治理成就显著,但仍面临不少挑战。

第一,有效减少当前核材料的存量并管理未来的核材料增量将是一个很大的挑战。各国无法消除恐怖组织制造核恐怖的意愿，因此核安全全球治理的关键是减少核材料存量，减少存放地点，并控制核材料增量。如前所述，目前全球分离钚和高浓铀的存量依然惊人，仍有很多国家运营使用高浓铀的反应堆。稀释现有高浓铀的进度缓慢，核反应堆堆芯转换同样是一个漫长过程。不仅如此，由于很多国家希望通过发展核电化解能源安全和气候变暖挑战，这将增加核材料存放地点；另外，一些国家还有意建立独立的燃料循环能力，这将增加全球的核材料存量。因此加强核安保，推进核安全全球治理依然任重道远。

第二，虽然国际社会已经达成了多个与核安保相关的国际公约，建立并完善了核安全全球治理能力，但归根到底，核安保是国家的责任，有赖于每一个国家的努力与合作。各国能否履行核安保国际法律文书规定的义务，能否全面执行联合国安理会的有关决议，能否建立国内的核安保法律框架，这些问题并没有确定的答案。目前仍然有不少国家尚未签署并批准《核材料实物保护公约》及其修订案以及《制止核恐怖主义国际公约》，仍未按照国际原子能机构《附加议定书》的范本与该机构签署协议。虽然国际社会核安全共识不断加强，但各国国情不同，挑战不同，能力有别，这些国家能否从源头上加强对核材料的管控依然是一个问题。不仅如此，任何一个国家强化核安全意识，培育核安全文化，加强核安保机制建设，都是一个较长的过程，核安全全球治理绝非一日之功。

第三，国家责任和国际义务、国际合作仍然面临平衡的挑战。加强核安保既需要国家履行其责任，同样需要国际合作。对很多发展中国家而言，发展核电和加强核安保存在资源竞争，有限的资金和资源如何分配，这些国家如何平衡发展核电和加强核安保的关系至关重要。同样，每个国家发展程度不同，发展中国家在加强核安保方面不仅需要发达国家提供人员培训、情报共享，还可能需要资金和技术支持，发达国家能否在不附加政治条件的前提下与发展中国家展开合作仍有待观察。加强核安保需要进一步强化核物项的出口管制，这在客观上将对很多发展中国家发展核电形成约束，进而影响这些国家在核安全全球治理方面的意愿。加强核安保还需要国际原子能机构发挥更重要的作用，毕竟核安全峰会这种模式并不具有可持续性。2016 年之后，各国如何就强化国际原子能机构达成新的共识，如何提供更多的资金和技术支持，仍然有很多疑问。加强核安保需要国际原子能机构更强有力的保障监督措施，更具有"侵入性"的视察，这在某种程度上需要多数国家提供必要的协调与合作，而国际原子能机构的发展历程表明，各国在这方面的合作并不理想。另外，核安全全球治理的发展历程同样表明，相关大国的通力合作对于在全球范围内加强核安保至关重要。但核安全议题并非存在于真空之中，各主要国家在核安全问题上进行合作的意愿必然受到其他政治因素的影响，这也是未来进一步强化核安全、有效防范核扩散和核恐怖可能面临的重要挑战。

概言之，核安全全球治理虽已经取得了很大成就，但同样面临着严峻的挑战，各国仍然需要重视核安保问题，仍然需要更多的国际合作和协调。唯此，核恐怖这种可能，虽未必能够彻底消除，但有望将其降至最低。

第 三 章

美国国会与军控政策

冷战结束以来，美国的军控与不扩散政策历经跌宕起伏。1972年签署的《反导条约》明确禁止发展或者部署具备覆盖全国能力的导弹防御系统，冷战结束后，共和党主导的国会积极推动国家导弹防御系统，并经过近10年的再次争论，最终美国决定发展并部署国家导弹防御系统，并直接导致维系国际军控和裁军的重要基石——《反导条约》的废弃。世界各国历经多年谈判达成的《全面禁止核试验条约》在美国国会遭到冷遇，1999年10月13日美国参议院拒绝批准该条约。经历国会多年的搁置之后，《禁止化学武器公约》（Convention on the Prohibition of the Development，Production，Stockpiling and Use of Chemical Weapons and on Their Destruction，简称 Chemical Weapons Convention 或 CWC，全称《关于禁止发展、生产、储存和使用化学武器及销毁此种武器的公约》）在1997年4月勉强通过并附带将独立的军备控制与裁军署（简称军控署）合并到国务院，从而大大削弱了军控在美国外交政策中的地位。由于国会积极推动发展并部署国家导弹防御系统，以及该政策与削减战略武器条约的关联，冷战后美俄签署的《第二阶段削减战略武器条约》未能生效即寿终正寝。《不扩散核武器条约》得以在1995年无限期延长，这样一个国际军控领域的唯一亮点也因美国大幅调整其核政策而遭遇严峻挑战。美国军控和不扩散政策的变化与其外部安全环境变化以及由此种变化而引发的安全政策调整一脉相承，而在这种政策变迁的背后可以明显感觉到国会影响的大幅度加强。因此，要理解美国军控与不扩散政策的变迁，对国会影响的研究必不可少。本章拟从国会影响的变迁、国会影响军控政策的手段以及影响后果几个方面探讨国会对美国军控政策的影响。

第一节 国会与美国军控：影响的变迁

一般而言，国会并不直接指定美国的军控与不扩散政策，军控条约的谈判、武器系统的配置、军控政策执行都是行政部门负责的领域，但国会可以通过各种正式和非正式的手段将其政策偏好注入政策之中，并影响军控政策的实施。也存在非常例外的情况，诸如最初在美俄之间实施后来推及到独联体国家的"合作削减威胁"项目，就是由国会议员积极推动并主导的。回顾过去国会在军控政策中的作用，大致可以看到这种影响变化的三个阶段。

第二次世界大战结束到20世纪60年代末，国会更多地认同行政部门在军控和不扩散问题上的主导权，同行政部门的合作较多。这种状况的主要原因包括：首先，在外交政策方面，国会与行政部门之间的信任度较大，总统几乎拥有"帝王般"的权力，当然具体到军控和不扩散政策也不例外。冷战初期，行政部门几乎垄断了军控和不扩散政策的制订与执行。其次，国会本身的制度安排也决定了只有较少的委员会和较少的议员介入军控和不扩散问题。有关武器的研究开发、试验、评估、采购和部署受到参众两院军事委员会、拨款委员会的监管，与他国的谈判则受到参议院外交委员会和众议院国际关系委员会的影响，同时两院的军事委员会也有相当发言权。多数情况下行政部门在重大的军控和不扩散政策上要与资深议员、党派领袖以及委员会主席进行沟通，而这种沟通几乎等同于国会与行政部门之间必要咨商。由于当时国会架构中资深议员的权力很大，几乎可以代表整个委员会，资历浅的议员很难挑战委员会主席的权力，因此行政部门同资深议员进行磋商就能减少同国会中多种声音打交道的麻烦。在当时，国会对军控政策影响主要体现为批准军控和不扩散条约。国会也曾经扮演过积极的作用，例如，国会曾经积极推动军备控制与裁军署的成立、支持签署《部分禁止核试验条约》和《不扩散核武器条约》。国会在军控和不扩散问题上影响不大的另一个原因是国会获取信息的能力有限，行政部门在军控和不扩散问题上更有权威。

20世纪60年代末以及整个70年代属于过渡时期，国会逐渐伸张在军控问题上的发言权，造成这种转变的背景是越南战争。首先，越南战争极大地损害了行政部门和立法部门之间的信任，这场战争"使国会得以在国家安全决策过程中发挥更大的作用……国会不仅就越战问题与政府分庭抗礼，甚至敢于就其他安全问题与政府唱对台戏"①。1969 年 8 月，国会就是否在美国部署反弹道导弹系统进行了激烈辩论，这是国会伸张其发言权的标志性事件。游说反对部署反导系统的汤姆·霍尔斯特德精确地概括了当时的气氛："反导系统的辩论带来了某些永久性的变化。很大程度上公众开始介入国家安全决策。国会作为橡皮图章的时代可能一去不返了。"② 随后的水门事件则进一步使得行政部门的形象受到损害，立法部门和行政部门的信任遭到重大危机，国会不再可能任由总统完全主导外交与安全政策。其次，国会在 70 年代的内部改革让更多的委员会和议员获得了在军控问题上的发言权。尽管超过半数以上的国会委员会在外交和安全问题上拥有发言权，但真正在军控和不扩散问题上发挥重要作用的有八个，它们分别是：参议院的外交委员会和众议院的国际关系委员会，参众两院的军事委员会、拨款委员会和情报委员会（参众两院的情报委员会分别成立于 1976 年和 1977 年）。改革之前，参议院外交委员会曾经在军控和不扩散问题上影响最大，因为它拥有批准军控和不扩散条约的权力，但经过改革之后，其重要性已经不如军事委员会和拨款委员会。改革的另一个后果是权力逐步从资深委员会主席向小组委员会主席下放，行政部门不再能通过与资深议员咨商来解决行政部门与立法部门之间的分歧。另外，新近当选的年轻议员的成长背景是越南战争和水门事件，他们更倾向于挑战行政部门的政策，也更敢于挑战资深议员的观点并借此塑造自己的形象。造成国会在军控和不扩散问题上积极主动的第三个原因是国会具备了更强的信息获取能力。总审计署（General Accounting Office）和国会研究处的加强可以让国会议员获得更好的政策分析，1969—1978 年，国会研究处的人员增加了 50%。国会还于 1972

---

① 约翰·纽豪斯：《核时代的战争与和平》，军事科学院外国军事研究部译，军事科学出版社 1989 年版，第 386 页。

② Alan Platt，"Congress and Arms Control: A Historical Perspective, 1969 - 1976," in Alan Platt and Lawrence D. Weiler edited, *Congress and Arms Control*, Boulder: Westview Press, 1978, p. 2.

年创立技术评估局（Office of Technology Assessment, OTA），该局主要为国会提供技术支持。1974年成立了国会预算局（Congressional Budget Office, CBO）。不仅如此，外部智力支持也得到了加强，诸如军控协会、美国科学家联盟、争取可生存世界理事会、国防信息中心等重要的智囊机构、学术界以及利益集团为促进其政策倾向，向国会议员提供大量的政策分析或者技术分析。此外，在20世纪70年代，分配给参议员和众议员以及相关委员会的助手也大幅增加，这些助手大都是某个专门领域的专家，他们的作用不可低估。这样，到70年代末，国会议员不仅具备了在军控和不扩散问题上同行政部门分庭抗礼的意愿，而且也具备了相应的能力。这一时期，国会参与了《美苏限制进攻性战略武器条约》（Treaty Between The United States of America and The Union of Soviet Socialist Republics on the Limitation of Strategic Offensive Arms，简称SALT II，又称《第二阶段限制战略武器条约》）的谈判，召集过很多的听证，并通过了很多议案。尽管如此，由于尼克松总统的任期内，军控和安全问题上的决策过程非同寻常，尼克松和善于秘密外交的总统国家安全事务助理基辛格极力将国务院等官僚机构排除在外，国会更不可能真正影响军控和不扩散政策。

20世纪70年代末之后，国会为美国的每一项军控和不扩散政策打上印记。经过70年代国会的改革，国会议员获得了更强的智力支持，对安全问题更加敏感，并且乐于在此类问题上施加自己的影响。经过多年对军控和不扩散问题的关注，一些议员几乎成了相关领域的专家，他们的能力得到了其他议员的认可，他们的政策立场能够影响那些犹豫不决的议员。另外，进入80年代以后，行政部门提出的不少军控、不扩散政策引起了较大争议，国会更有意愿介入这些争议问题并施加自己的影响。可以说，70年代末之后，国会在每一项军控和不扩散政策上都试图打上自己的印记。虽然此后国会对军控和不扩散政策的影响并不是恒定的，但其影响的增强是无可置疑的。国会通过各种正式和非正式的手段对美国的军控和不扩散政策施加影响。

第二节　国会与美国军控政策：
影响的手段

美国的军控和不扩散政策多数是由行政部门倡导、制定并执行的，虽然国会无法起到主导作用，但国会拥有很多影响政策的手段。国会影响美国军控和不扩散政策的正式手段来源于宪法，宪法赋予国会在外交政策方面的权力包括：提供共同防御、提供并维持一支海军力量、界定并惩罚公海上的海盗和抢劫行为、宣战和控制同外国的商务往来、供养并维持军队、为政府制定规章并为海军和陆军制定条例、参议院对所有的条约提出建议及同意、批准条约和大使的任命、批准政府支出和内阁级官员。国会在外交政策方面拥有的、宪法所赋予的宽泛权力决定了在具体涉及军控和不扩散问题所采取的正式手段，这些手段包括：

第一是批准军控和不扩散条约。美国宪法第二节授权总统："根据参议院之意见并取得同意，有权缔结条约，惟需由该院出席议员三分之二之赞同"。[①] 因此条约的权力实际上是由总统和参议院分享的，总统缔结的条约需要参议院三分之二多数的通过。这是参议院一项传统的权力，多数情况下条约都能够在参议院获得通过。参议院对条约的审议可以产生三种结果：批准条约，搁置或者否决条约，以谅解、保留条款或者修正案的形式修改条约。在美国的军控和不扩散政策史上，军控和不扩散条约的命运多种多样。诸如《部分禁止核试验条约》《不扩散核武器条约》等具有广泛共识的条约都能够在参议院获得通过；有一些条约经过妥协和讨价还价涉险通过，例如《禁止化学武器公约》，条约通过的代价是将军备控制与裁军署合并到国务院；另外一些条约则或被否决或因为通过的希望不大而被撤回，例如《第二阶段限制战略武器条约》因为苏联入侵阿富汗之后国家安全环境发生的变化导致该条约在参议院通过的希望非常渺茫，卡特政府撤回了该条约，而《全面禁止核试验条约》则于 1999 年 10 月 13 日在参议院遭到否决。条约缔结之后送交参议院批准只是国会在军控和不扩散条约问题上影响美国政策的最后手段。一般而

---

① 汉密尔顿、杰伊、麦迪逊：《联邦党人文集》，商务印书馆 1995 年版，第 326 页。

言，一旦条约达成，参议院将面临要么批准要么否决的选择，如果否决一个经过长期谈判达成的条约，必将对多边或者双边关系产生非常严重的消极影响。行政部门在谈判条约的时候也不会轻易谈成一个参议院不容易通过的条约，因此参议院在条约问题上的影响实际上贯穿条约的谈判过程。行政部门在谈判条约的时候必然要考虑该条约能否在参议院获得支持，国会中对某项条约的政策倾向是行政部门谈判条约的时候要考虑的因素之一。国会还可以通过立法为条约设定前提，或者强行要求参与谈判。例如，国会不满行政部门在谈判《美苏限制进攻性战略武器的某些措施的临时协定》（Interim Agreement Between the United States of America and the Union of Soviet Socialist Republics on Certain Measures with Respect to the Limitation of Strategic Offensive Arms，简称SALT I，又称《第一阶段限制战略武器条约》）的时候不与国会进行充分的沟通，在通过该条约的时候，同时通过了杰克逊修正案，该修正案明确规定，在未来关于限制战略武器条约的谈判中不可使美国洲际战略力量的水平低于苏联的限额。这项原则在后来的《第二阶段限制战略武器条约》的谈判中得到了贯彻。① 国会还参与了不少军控和不扩散条约的谈判。1977 年，国会的一些议员被任命为第二阶段限制战略武器谈判顾问，参加了日内瓦的谈判。虽然参议院在军控和不扩散条约的批约问题上权力较大，但这种权力随着时间的推移正逐步被架空，行政部门为了规避某项协议在国会遭遇麻烦，往往采取"行政协定"的方式确定美国对某项军控或者不扩散义务的承诺。这类行政协定远远超出了正式的多边或者双边军控和不扩散条约。国会在条约问题上的另一权力是条约的修改或者废除需要国会的批准。这项权力是有争议的，在 20 世纪 90 年代有关《反导条约》的分歧就是因为权力的界定比较模糊，而行政部门和立法部门充分利用的这种模糊界限分别做出有利于自己的解释。

　　第二是拨付款项。国会最大的权力体现在钱袋子上，由于国会负责批准总统的各项预算，因此国会可以通过增加或者减少拨款来鼓励或者

① Alan Platt, "Congress and Arms Control: A Historical Perspective, 1969 – 1976," in Alan Platt and Lawrence D. Weiler edited, *Congress and Arms Control*, Boulder: Westview Press, 1978, pp. 10 – 11.

阻挠某种武器系统的发展、某个条约的履行。70 年代之前，由于信息不足，导致国会在国防预算方面几乎无所作为。有关哪种武器系统需要发展、哪种武器系统需要削减，应该通过哪些军控形式最大限度地保卫美国的安全利益，在这些问题上，国会根本不可能同拥有无数专家的行政部门相抗衡。1974 年国会预算委员会成立之前，大约不到 50 人处理国防预算。参议院 15 个常设委员会中，武装委员会人员规模排在第 14 位，众议院武装委员会处于 20 个委员会中的第 13 位，参议院外交委员会指派一个人处理有关战略军控问题。每个议院 24 人不到的职员规模远不足以处理军事政策立法问题。① 1974 年之后，国会通过《预算法》，加强了对拨款的控制。一般而言，防务相关的预算首先要获得相关委员会的授权，然后才是拨款。与军控和不扩散问题直接相关的委员会是两院的军事委员会和拨款委员会。军事委员会在军控问题上的作用是逐步扩大的，以前该委员会主要关注军事建设的授权，主要的预算问题都是通过拨款委员会完成的。但现在军事委员会逐步将其触角伸到国防相关的各个领域，成为防务问题上的领头羊。拨款委员会当中的能源和水利开发小组委员会负责核弹头相关的拨款，也直接关系到军控政策形成。军事委员会在军控和不扩散问题上权力增大的原因之一是一些影响较大的委员会主席的出现。在 80 年代中期，后来成为克林顿政府国防部长的阿斯平成为众议院军事委员会主席，后来倡导"合作削减威胁"项目的纳恩成为参议院军事委员会主席。两人在军控和不扩散问题上立场鲜明，积极利用各种手段促进他们对军控和不扩散问题的政策倾向。里根总统为了发展星球大战计划，需要对《反导条约》的条款进行广义解释以避免该计划违背条约内容，当时纳恩为主席的军事委员会积极行动，通过国防预算的授权法阻止里根总统对条约进行广义解释。同样在导弹防御问题上，1992 年 7 月参议院军事委员会修正了 1991 年导弹防御法，将布什总统用于星球大战计划的预算大幅削减 11 亿美元，并将部署一个初始反导系统的时间从 1996 年调整到 2002 年，重新确立了国防部的采购标准，从而延

---

① Thomas A. Dine, "Potics of the Purse," in Alan Platt and Lawrence D. Weiler edited, *Congress and Arms Control*, Boulder: Westview Press, 1978, pp. 65 – 66.

缓反导系统的发展。①

　　第三是批准军控与不扩散相关的内阁成员的任命。根据宪法，总统有权提名重要阁员，而这些阁员要想在行政部门行使权力必须经由参议院的批准，负责军控与不扩散问题的重要阁员也不例外。参议院可以通过这项权力批准或者否决总统提名的重要阁员，这在很大程度上表达了国会对某个阁员政策偏好的认可或者否定。在 1999 年 4 月 1 日军控署正式并入国务院之前，军控署主要负责军控和不扩散政策制定，军控署署长提名需经参议院批准；军控署并入国务院之后，负责军控和不扩散问题的副国务卿和助理国务卿也需要参议院的批准。参议院往往通过批准总统的提名影响美国的军控与不扩散政策。1977 年卡特总统提名的军控署署长兼 SALT II 的谈判大使保罗·沃恩克曾经在参议院就其提名进行的听证会上遭遇"寒流"。卡特总统提名并大力支持这位积极主张进行军备控制的沃恩克，甚至亲自在国会为沃恩克的提名进行游说。参议院中的自由派和温和派都支持沃恩克，参议院外交委员会也支持他。同样，参议院中的保守派和部分温和派则强烈反对他的提名，甚至没有权力就沃恩克提名进行听证的参议院军事委员会也要求举行听证。有关他提名的听证会进行了多次，在听证会上沃恩克受到百般诘问，最终有关他作为军控署署长的提名以 70 票赞成、29 票反对获得通过，他作为 SALT II 谈判大使的提名仅仅以 58 票赞成、40 票反对的微弱优势获得通过，这同时预示了他主导谈成的 SALT II 在参议院的命运不佳。② 尽管沃恩克就任后积极修复同国会的关系，定时就谈判进展同国会进行沟通，但仍然无法修补一些委员会对他的嫌恶，尤其是参议院军控小组委员会主席杰克逊参议员对他的偏见始终无法消除。沃恩克在其职位上工作不到两年就请求辞职，这与行政部门期望 SALT II 能够在参议院顺利通过不无关系。③ 在克林顿政府负责不扩散事务的助理国务卿罗伯特·艾因霍恩的提名也

　　① *Stubborn Things: A Decade of Facts about Ballistic Missile Defense*, A Report by Senator Thad Cochran, September 2000, p. 6, https://www.hsdl.org/? view&did = 437971.

　　② Duncan L. Clarke, *Politics of Arms Control: The Role and Effectiveness of the U. S. Arms Control and Disarmament Agency*, London: The Free Press, 1979, pp. 182 – 185.

　　③ Duncan L. Clarke, *Politics of Arms Control: The Role and Effectiveness of the U. S. Arms Control and Disarmament Agency*, London: The Free Press, 1979, p. 222.

遭遇了较多波折。

第四是改变行政部门的结构，增加或者减少负责军控和不扩散问题的部门或者人员。这包括创建或者取消某个行政部门。例如，国会曾经积极推动成立了军控署，因为在当时国会认为需要强化军控政策，借此促进美国的安全利益。同样，冷战结束后，由于苏联解体，美国在冷战时期面临的主要敌人消失，不少保守派国会议员开始质疑是否有必要继续推动军备控制，是否有必要重新调整负责外交事务的政府结构。结果是，军控署、新闻署和国际开发署都成为裁减的目标，经过同行政部门的讨价还价，军控署被并入国务院。军控署作为一个独立的声音消失，军控问题成为从属于其他外交问题的事务。1983 年国会还推动成立了作战试验和评估处长办公室，意在确保国防部从事新武器作战试验是合理的。国会还可以增加军控和不扩散问题的决策者。1990 年，国会通过立法规定，如果国会的欧洲安全与合作委员成员不被纳入有关欧洲常规武器会谈的美国代表团，将禁止行政部门为欧安会属下的任何会议活动提供经费。为了监管军控条约的谈判不致损害美国安全利益，国会还曾直接介入军控谈判，例如在 1977 年国会的部分议员被任命为 SALT II 的谈判顾问，赴日内瓦了解谈判的进展，甚至谈判当中具体的条款，会见苏联的谈判代表，表达国会议员的关切。

除了这些影响美国军控和不扩散政策的直接手段，国会还通过一些间接的手段对军控与不扩散政策产生影响。这些手段虽然不如那些直接的手段效果显而易见，但其重要性也不可小觑。这些间接手段包括：1. 获取信息，了解军控政策的形成进程并影响这个进程。这主要是向行政部门致函要求了解某项政策相关的一些信息、要求分享中央情报局的非公开情报，要求行政部门就某个问题向国会提供报告。国会向行政部门要求的报告多种多样，有的是要求在实施某项政策之前通知国会，有的是要求行政部门定期提供报告，有的是就某个问题提交报告。这些要求往往对行政部门构成相当压力，迫使行政部门在决策的时候必须考虑如何向国会交代。2. 塑造公众舆论。在这方面国会可用手段比较多，可以通过国会听证、向行政部门要求的报告、在国会发表演讲、为报纸撰写文章、接受电视媒体采访等方式塑造公众对某个军控问题的认识，吸引媒体的关注，将某个军控或不扩散问题包装成事关重大的议题，迫使行政部门进行澄清。3. 充分利用程序影响政策。

第三节 国会对美国军控政策的影响

当国会具备了影响美国军控和不扩散政策的意愿并具有影响手段之后，美国每项军控和不扩散政策均可能打上国会的印记。通过这些影响手段，国会能够对美国的军控和不扩散政策产生以下影响。

对军控和不扩散问题在美国外交政策中的分量产生影响。这种影响既包括增加军控和不扩散政策的重要性，也包括减少或者降低军控和不扩散政策在美国外交政策中的比重。最为明显的例子是军控署的命运。在军控署成立之前，美国主要通过一些非正式小组来处理面临的军控和不扩散问题，只在1955年3月19日到1958年2月间，艾森豪威尔总统曾经任命哈罗德·史塔生负责军控问题，但后来因为国务卿杜勒斯和史塔生的矛盾导致史塔生辞职，此后直到军控署成立，一直没有专门的机构或者人员负责军控政策。史塔生辞职后，国会的若干议员曾经质疑美国的裁军努力是否有效，而且多数批评是针对美国的机构性的缺失，其中参议院外交委员会裁军小组委员会主席参议员休伯特·汉弗莱的批评尤其引人注目。1959年秋发生的一件事情更是表明非正式小组在处理军控和不扩散问题上的缺陷。波士顿律师查尔斯·库利奇受命组织一批人评估美国的裁军政策，最后提交的这份库利奇报告被参议员汉弗莱评价为"毫无用处，国务院必须从头开始形成一项政策，而这距离同其他国家的高层会谈只有数天时间"[1]。因此，国会不少议员认为应该适当提高军控政策的重要性并且有必要成立一个主管军控事务的机构。汉弗莱和约翰·肯尼迪都是当时积极推动此事的著名参议员。1960年1月众议员查尔斯·贝内特提出了建立国家和平署的议案，同样的议案在参议院也由参议员汉弗莱提出，很多议员提出类似议案并表示支持这一动议。肯尼迪就任总统后继续其建立主管军控事务机构的努力，并得到了汉弗莱等议员的支持合作。1961年参议院外交委员会的一份报

---

① Duncan L. Clarke, *Politics of Arms Control: The Role and Effectiveness of the U. S. Arms Control and Disarmament Agency*, London: The Free Press, 1979, pp. 12 – 14.

告认为："美国有关控制和削减军备的准备远远不够。"① 20 世纪 50 年代末和 60 年代初的国际形势发展也让很多国会议员认识到实施军备控制的重要性，军控署终于在 1961 年 9 月 26 日正式成立。军控署从事军控问题的研究、准备并处理美国同其他国家的军控和裁军谈判、参与多边国际军控和裁军论坛，协调各部门之间的政策，的确很大程度上使美国的政策更加明确、更加协调一致。

与军控署成立相对应的是该署的合并。最初裁撤军控署的倡议是由国务院的一份报告提出的，但因为当时民主党控制国会，这项提议遭到了广泛的反对。1994 年中期选举之后，共和党控制了国会，军控署的裁撤问题成为国会共和党的重要议题。参议院外交委员会主席赫尔姆斯认为，冷战时期美国的外交机构设置过于庞杂，不能适应新形势的需要，因此提出改革外交机构的倡议，并认为冷战结束后的重点应该是防止大规模杀伤性武器的扩散，而不是军备控制；苏联解体后，美国没有必要再进行军备控制。赫尔姆斯利用其外交委员会主席的权力将《禁止化学武器公约》的批准以及《第二阶段削减战略武器条约》的批准当成筹码，迫使政府执行重组计划。1995 年 12 月，国会通过立法要求解散军控署、新闻署和国际开发署，但遭到总统否决；参议员赫尔姆斯同民主党参议员凯利谈判妥协，同意五年内削减国务院和三个署的预算 17 亿美元。这项妥协在两院的联合委员会中转变为 1996—1997 财年国务院拨款法的修正案，明确要求总统要裁减一个部门。军控署因为规模小、人员少、预算少而容易成为裁减对象。军控署的命运因为《禁止化学武器公约》生效日期的临近而更加麻烦。1997 年重新当选外交委员会主席的赫尔姆斯再次提出外交机构重组的问题，并声称在总统提交机构重组方案之前，他不会考虑《禁止化学武器公约》的批准问题。根据《禁止化学武器公约》的生效规定，匈牙利在 1996 年 10 月批准条约后，《禁止化学武器公约》的生效时间将是 1997 年 4 月 29 日。克林顿总统希望在公约生效之前批准条约，以成为禁止化学武器条约组织的成员，因此时间非常紧迫。最后，克林顿总统协同多数党领袖洛

---

① Duncan L. Clarke, *Politics of Arms Control: The Role and Effectiveness of the U. S. Arms Control and Disarmament Agency*, London: The Free Press, 1979, p. 16.

特和少数党领袖达斯勒迫使赫尔姆斯采取行动，付出的代价是同意在两年内进行外交机构重组，其中军控署将合并到国务院。至此，军控署的命运已定，直到1999年4月1日作为独立机构正式消失。① 军控署合并到国务院后，人员、预算、规模上的缩小和地位的降低导致军控和不扩散问题容易湮没在国务院众多的外交事务当中，军控的重要性受到极大削弱。

国会还可以通过种种手段对美国的军事力量结构产生重要影响。任何一项武器系统的研究、开发、试验、评估、采购、部署都需要经费，而经费来源于每个财政年度的预算，这些行政部门提出的预算都需要经过国会的批准，国会通过控制钱包来影响美国的军事力量结构。有关武器费用的支出主要受到参众两院军事委员会和拨款委员会的影响。军事委员会主要负责各项武器费用的授权，然后由拨款委员会提供拨款。另外，预算委员会负责为每年的防务支出确定一个限额。20世纪70年代国会改革之前，国会基本上没有专业能力挑战行政部门提出的国防预算，但此后通过创建技术评估局和国会预算局，国会相关委员会就可以得到立场中立的深度武器系统分析，借此辨别哪些武器研发、试验、评估、采购和部署是必要的，哪些是可以削减或者限制的。例如，1970年，参议院通过了布鲁克决议（Brooke Resolution），要求停止多弹头分导再入运载工具的试验。80年代，国会取消了海军和陆军发展新一代战术核导弹的计划，阻止发展反卫星武器，限制MX导弹的部署，迫使空军发展侏儒导弹。90年代，导弹防御系统的发展过程是一个更好的例证。克林顿总统主张发展战区导弹防御系统而不主张发展国家导弹防御系统，但共和党在1994年中期选举控制参众两院后，积极推动国家导弹防御系统的研发以及未来的部署，拨款就成为一种非常有效的、加速导弹防御系统研发并进而为部署作准备的手段。在1996财年，克林顿向国会提出的国防预算中用于国家导弹防御系统的费用是3.71亿美元，而国会最终拨付的达到了7.46亿美元，呈现出101%的增幅；1997财年提出的相关预算是5.08亿美元，而最终拨款是8.33亿美元，有64%的增加；1998财年的

① 有关军控署的裁撤详见 Ralph G. Carter, ed., *Contemporary Cases in U. S. Foreign Policy: From Terrorism to Trade*, Washington DC: Congressional Quarterly Inc., 2002, pp. 109 – 130。

拨款则比预算增加了94%；1999财年也有81%的增幅。① 通过拨款，国会当中主张发展导弹防御系统的多数议员基本上达到了推动行政部门加速发展其不愿意发展的武器系统。

国会还可以确保其政策偏好在美国军控和不扩散政策中得到体现。如果国会认为行政部门进行的军控谈判有可能规避国会的监管，它可能通过立法或者通过决议案的方式使国会介入军控谈判，也可以为军控谈判设定某种前提。例如国会在批准《第一阶段限制战略武器条约》的同时通过的杰克逊修正案就明确规定，在未来关于限制战略武器条约的谈判中不可使美国洲际战略力量的水平低于苏联的限额。国会还曾介入第二个限制战略武器条约的谈判。对于军控条约，如果国会认为当前的军控条约有利于美国的国家安全，它可以阻止行政部门破坏或者规避条约。1987年，当里根政府为了发展星球大战计划，要求广义解释《反导条约》条款的时候，军事委员会在国防授权法中明确限制空军从事的相关试验不得违背《反导条约》的狭义解释。1993年国会修改了《1991年导弹防御法》，强调美国要信守《反导条约》，并督促行政部门同俄罗斯谈判澄清反弹道导弹系统与战区导弹防御系统之间的区别。而1995年之后，参议院的共和党议员则进行种种努力，反对克林顿加强《反导条约》的努力，并要求任何对条约的修改必须交付国会批准，意在废除该条约。

国会还可以通过种种手段强化不扩散政策。防止大规模杀伤性武器扩散在国会基本上存在共识，通过倡导不扩散政策、立法、修正案、拨款等形式，国会推动美国的不扩散政策逐步得到加强。由于国会不少议员非常关切南亚的扩散危险，共和党议员拉里·普雷斯勒曾在1985年提出了普雷斯勒修正案，要求总统在向巴基斯坦提供援助之前必须向国会证实该国并不拥有任何核设施。这项政策得到了实施，并的确影响到了美国对巴基斯坦的军事援助。布什总统就任后，由于显然巴基斯坦正从事相关的核活动，总统无法向国会证明巴基斯坦没有核设施，因此也就无法向巴基斯坦提供军事援助。20世纪90年代，国会一度怀疑俄罗斯和伊朗之间从事较为频繁的核合作而行政部门迟迟不采取行动遏制这种核

---

① *Stubborn Things：A Decade of Facts about Ballistic Missile Defense*，A Report by Senator Thad Cochran，September 2000，p. 6，https：//www. hsdl. org/？ view&did =437971.

能力的扩散,所以在2000年年初通过了《2000年伊朗不扩散法》,要求总统定期向国会提交报告,了解哪些个人或团体向伊朗提供了违禁物品,并据此要求政府对相关个人或团体实施制裁。这些措施都是旨在推动国会认为不愿意采取行动的行政部门,同时国会为了强化美国的不扩散政策,曾经在1991年苏联解体前后推动"合作削减威胁"项目,该项目最后成为美国持续时间最久、获得支持最为广泛的不扩散政策,这就是《纳恩–卢格法》。

第 四 章

影响美国军控政策的若干因素*

冷战是美苏两个超级大国以及它们分别为首的两大国际集团之间既非战争亦非和平的对抗和竞争状态。它不但包括传统的大国利益冲突，也包括强烈的意识形态竞争，贯穿冷战始终的则是史无前例的核军备竞赛，以及两国为了避免兵戎相见而进行的裁军和军备控制，①甚至可以说两国陷入了一个先发展军备然后裁减军备的怪圈。美苏进行军备控制和裁军是为了维护战略稳定和平衡，以此达到三个根本目标，即：减小美苏爆发一场核战争的风险，降低为备战付出的成本，减少战争一旦爆发而造成的损失。②冷战时期美国实施军控和裁军的对象是明确的，两党在对外政策领域基本上保持了一致，美苏均接受彼此易受攻击并以第二次打击为基础的"确保相互摧毁"威慑理论。

冷战结束后，国际安全环境的变化推动美国对军控和裁军政策的调整，影响并促成这种调整的因素是多种多样的，本章将考察三个主要因素，即国际格局的结构性变化，党派政治对军控政策的深度介入以及国内对军控和裁军问题的辩论。

---

　* 此文原题为《影响冷战后美国军控政策的若干因素》，原刊于《世界经济与政治》2001年第 9 期。感谢《世界经济与政治》授权，收入本书时作者对原文做了适当调整。

　① 时殷弘：《新趋势·新格局·新规范》，法律出版社 1999 年版，第 223—232 页。

　② Kerry M. Kartchner, "The Objectives of Arms Control," Jeffrey A. Larsen and Gregory J. Rattray, eds., *Arms Control Toward the 21st Century*, London：Lynne Rienner Publishers, 1996, pp. 24 – 27.

第一节 国际格局的结构性变化

国家安全政策直接指向一国所面临的安全威胁。换言之，一国面临什么样的威胁它就要制定与威胁相称、能够对付这些威胁的政策，美国为确保国家安全制定的军控政策也不例外。国际格局是影响其安全环境的根本因素，它直接决定国家对威胁来源的评估。冷战时期美苏对抗的两极格局决定了美国对威胁的评估有如下特点：苏联是美国的唯一威胁来源，只有苏联具备同美国全面对抗的能力，而且美苏之间存在爆发一场全面战争的可能；战争的模式和对抗烈度也是清楚的，美苏之间将可能由发生在欧洲的一场局部冲突升级为核战争。由于威胁来源单一，军备控制和裁军主要在美苏两国之间展开。虽然美苏都力图寻求战略优势，但两国在避免爆发一场毁灭性战争、限制军备竞赛的规模的问题上具有共识，并通过多年的摩擦逐渐建立了比较成熟的军控机制，包括限制或彻底消除某一类武器系统，限制核试验的方式，建立热线和常设的对话机制，各自加强对核武器的控制，控制各自阵营的成员在发展战略武器方面的意图。双方的行为具有可预测性，两国之间的危机基本能够控制，无论是裁减还是限制都是力图实现战略平衡和稳定。因此，冷战时期美苏之间的裁军和军控主要以双边对等限制、削减进攻性战略武器为主，甚至还通过 1987 年的《中导条约》（Treaty Between the United States of America and the Union of Soviet Socialist Republics on the Elimination of Their Intermediate-Range and Shorter-Range Missile，简称 Intermediate-Range Nuclear Forces Treaty 或 INF Treaty，全称为《美苏关于消除两国中程导弹和中短程导弹的条约》）销毁了一类武器，双方还通过缔结《反导条约》限制防御性武器系统的发展。同时由于各自对盟国提供核保护，美苏阵营之内的其他国家获取核武器的意愿比较低，两大阵营之外的国家由于技术能力及安全需求等方面的原因获取核武器的意图有限，因而大规模杀伤性武器横向扩散的问题并不严重，不扩散问题主要限于防止核武器扩散。

苏联的解体宣告了美苏全面对抗格局的终结，美国面临的国际安全环境以及美国赖以制定安全战略的基本因素都发生了巨大变化。两极格局的解体缔造了一超多强的国际安全环境，美国认为它所面临的威胁来源产生了重大变化。首先，冷战结束标志着冷战时期存在的、来自苏联的单一威胁已经消失，苏联/俄罗斯对欧洲发动直接的大规模进攻并进而将美国拖入一场全面战争的可能性几乎不存在了。但是，即使经过实施《美苏关于削减和限制进攻性战略武器条约》（Treaty Between the United States of America and the Union of Soviet Socialist Republics on the Reduction and Limitation of Strategic Offensive Arms，简称 START Ⅰ，又称《第一阶段削减战略武器条约》）后，苏联之后的俄罗斯仍然拥有 6000 件战略武器，仍然具备摧毁美国的能力，作为美国重大威胁之一的俄罗斯仍然不容忽视。[①] 而且，俄罗斯国内政治状况、美俄关系的现状及发展趋势在冷战结束后跌宕起伏，美国难以对此持乐观态度。基于对来自俄罗斯的威胁评估，美国的军控政策是仍继续双边深度裁减战略武器，比如继续谈判并签署《第二阶段削减战略武器条约》，并通过合作削减威胁的措施来降低俄罗斯的威胁。其次，两极格局瓦解后，美国认为它所面临的威胁更加多样化：冷战时期被压抑的地区矛盾被释放出来，某些国家为了获取地区军事优势可能寻求获得大规模杀伤性武器；原来具有技术能力的国家也不会放弃研发努力；苏联解体后出现了更多拥有核武器的国家，如乌克兰、白俄罗斯、哈萨克斯坦等，这些国家对核武器、核材料以及核技术的控制可能放松。已经扩散以及可能扩散的大规模杀伤性武器及其技术将对美国的安全利益构成日益严重的威胁，苏联解体后美国的威胁不是减少了，而是增加了，控制大规模杀伤性武器及其技术的扩散成为头等重要的大事。冷战后的这些新威胁不同于冷战时期来自苏联的威胁，它们具有不可预测和不可控制的特点。美国认为它同这些国家之间没有热线联系，缺乏常设的安全对话机制，这些国家对战争收益和成本的估计不同于西方国家，它们的领导人完全可能采取不理智的行动，不计成本发起对美国前沿驻军甚至本土的攻击。能够对美国安全利益构成威胁的国家就是被贴上"流氓国家"或者说是"胡作非为国家"标签的伊朗、伊拉克、朝鲜、利比亚等国。冷战结束之际爆发的海湾战争以及伊拉克

---

① George Bush, *National Security Strategy of the United States*, New York：Brassey's, Inc., 1991, p.4.

在战争中使用导弹更强化了这种认识。基于这种考虑，美国在冷战后调整了军控政策的优先顺序，从冷战时期集中关注限制和削减战略武器调整为首要关注大规模杀伤性武器及其技术的扩散，更加关注扩散造成的威胁，更加侧重防止扩散，甚至主张反扩散，同时与俄罗斯谈判战略武器削减。

不仅如此，冷战后一超多强的国际格局也决定了美国在解决一些全球性和地区性安全问题时需要其他国家的参与和合作，以最大限度地确保其广泛的安全利益不受损害。因此，美国同时还在军控领域支持多边机制的建立和扩大，比如推动《禁止化学武器公约》的达成，推动国际社会实现《不扩散核武器条约》的无限期延长，促成《全面禁止核试验条约》。换言之，多边军控机制在美国军控政策中的分量增加，形成了双边为主、多边为辅的结构。

国际格局的结构性变化从宏观上影响美国总的安全战略，从微观上影响美国采取的具体的军控政策。例如，从冷战后美国的导弹防御政策中就可以看到这种影响产生的作用。

冷战结束后，美国减缓了发展导弹防御系统的速度，降低了拟议中的导弹防御系统的规模。布什政府曾经将里根政府的"战略防御倡议"调整为"全球防护有限打击系统"，由发展针对苏联数以千计的导弹进攻改为发展对付有限导弹打击的导弹防御系统。克林顿当选总统后对推行了10年之久的"战略防御倡议"进行全面审查，最终将战略防御倡议局改为弹道导弹防御局，此举被认为是宣告"星球大战时代"的结束。1993年中央情报局的弹道导弹威胁评估报告认为，在15年内，伊朗、伊拉克、朝鲜和利比亚具备发展针对美国大陆的远程战略导弹的政治意愿，除利比亚之外，它们也有这种技术能力，但它们似乎没有发展的需要；这些国家发展中短程导弹就能够满足其安全需要。[①] 1993—1995年，美国用于导弹防御研究和开发的经费一直在递减，用于国家导弹防御系统的费用降幅较大，用于战区导弹防御系统的费用自1991年以

---

① "Prospects for the Worldwide Development of Ballistic Missile Threats, 1993" (Declassified November 1993), Joseph Cirincione and Frank von Hippel eds., *The Last Fifteen Minutes—Ballistic Missile Defense in Perspective*, Washington, D. C.: Coalition to Reduce Nuclear Dangers, 1996, appendix B.

来逐年递增。① 由此可以看出,美国当时认为威胁主要来源于中短程导弹,并将更多的精力投注到战区导弹防御系统的研发。1996 年的导弹威胁评估大致得出了与 1993 年报告基本一致的结论,只不过认为朝鲜正在发展的"大埔洞－2"号的射程能够达到阿拉斯加以及美国在太平洋上的领土,但 15 年内朝鲜仍不可能获得技术能力发展并部署能够攻击美国本土的远程战略导弹。② 正是这些被保守共和党议员攻击为"过度乐观"的评估报告,才使得克林顿能够对付来自国会共和党的压力,在国家导弹防御系统研发并部署的问题上没有采取过激行动。但是 1998 年 7 月公布的《拉姆斯菲尔德报告》改变了美国的政策,报告认为,公开或者潜在的敌对国家正在合作获取能够携带核生化弹头的弹道导弹,它们对美国本土、海外驻军及美国盟友构成的威胁不断增长;美国同这些国家虽然没有发生冲突,但这些国家的前景难以预料;这些国家的导弹虽然比不上美国的准确和可靠,但在 5 年内,如果这些国家决定获得弹道导弹,它们就能够具备对美国造成重大损害的能力;美国情报部门及时而准确地评估导弹威胁的能力正在衰减;美国面临的弹道导弹威胁比情报部门预料的更为广泛、更加成熟、发展更为迅速。③ 这个报告出台后,自 1995 年以来国会共和党一直积极推动的《国家导弹防御法》终于在两院获得通过,促使克林顿政府采取行动,减少、慑止和防御导弹威胁。这就是美国近年来在导弹防御政策上采取咄咄逼人政策的原因之一。

第二节 美国国内党派政治的影响

冷战时期,由于存在苏联这样一个能够对美国构成全面挑战的敌人,

① Joseph Cirincione and Frank von Hippel eds. , *The Last Fifteen Minutes—Ballistic Missile Defense in Perspective*, Washington, D. C. : Coalition to Reduce Nuclear Dangers, 1996, p. 50.

② Richard N. Cooper, "Emerging Missile Threats to North America During the Next 15 Years," (Written statement made by Richard Cooper for the hearing of the House National Security Committee, 28th Feb. 1996), Joseph Cirincione and Frank von Hippel eds. , *The Last Fifteen Minutes—Ballistic Missile Defense in Perspective*, Washington, D. C. : Coalition to Reduce Nuclear Dangers, 1996, appendix B.

③ "Executive Summary of the Report of the Commission to Assess the Ballistic Missile Threat to the United States," July 15, 1998, https: //fas. org/irp/threat/bm-threat. htm.

国会两党在对外政策方面基本上能够保持一致，总统在外交政策和防务问题上的政策比较容易得到国会两党的支持，对少数党总统同样如此，分歧主要体现在国内问题上。总的来看，少数党总统的外交政策在国会取得支持的概率也高于国内政策。这主要得益于冷战时期美苏关系的紧张状态和面临的核威胁，国会两党存在共识——美国需要在世界舞台上用一个声音说话，总统是美国外交政策的代言人。

冷战后两党在对外政策上的一致开始动摇，国会对少数党总统的外交和防务政策的支持下降，这与党派政治影响的上升密切相关。国会对总统的外交和防务政策的投票更多以党派划线，跨党派的投票在冷战后明显减少，① 这在克林顿总统政府的军控政策上表现得十分明显。

外交事务本来是总统的职责范围，但冷战结束后国会充分利用其权力介入外交，尤其军控事务，国会介入军控事务的方式多种多样。第一种是塑造公众舆论进而影响政府在军控问题上的政策，国会多数党领袖公开反对政府的军控政策，极大地影响了其他议员和公众舆论对总统军控政策的支持。第二种是在批准条约的程序上，多数党控制的委员会阻止军控条约进入国会表决，阻挠行政决议的通过，对多边或双边军控条约附加单边保留条款或者发表改变条约法律效力的声明。第三种是在拨付用于实施军控条约或协议的款项方面采取同行政部门相左的政策。第四种是通过立法变更行政部门的职能或权限。② 在克林顿任期内，共和党保守派代表人物杰西·赫尔姆斯在 1995 年夏提出将军控署并入国务院以节省开支，起初遭到总统拒绝。后来，他利用职权停止召集外交委员会会议，致使 30 名大使的任命和 400 名外交官的提升得不到批准，十几个国际条约和协议被搁置，③ 最终白宫做出妥协，军控署并入国务院。尽管军控署在 1961 年成立时并非国务院的一个局也不是完全独立的政府机构

---

① Richard Fleisher, Jon R. Bond, Glen S. Krutz, Stephen Hanna, "The Demise of the Two Presidencies," *American Politics Quarterly*, Jan. 2000, pp. 3 – 25.

② Jennifer E. Sims, "The Arms Control Process: The U. S. Domestic Context," Jeffrey A. Larsen and Gregory J. Rattray, eds., *Arms Control Toward the 21st Century*, London: Lynne Rienner Publishers, 1996, pp. 65 – 66.

③ 王缉思：《高处不胜寒：冷战后美国的全球战略和世界地位》，世界知识出版社 1999 年版，第 102 页。

（因为署长要接受国务卿的指导）①，但它的确促进了军控和裁军的进展并在美苏裁军和军控谈判中扮演了积极的角色，实现了军控问题的制度化。军控署并入国务院后，军控问题成为外交问题中的一部分，缺少独立的代言人，容易成为各种政策协调的牺牲品。

　　克林顿就任之初，白宫和国会的关系并不紧张，这主要与克林顿在外交事务上采取的偏向保守派的立场有关。1994 年国会中期选举后，共和党成为参众两院的多数党，形成了长时期的民主党总统同共和党控制的国会对峙的局面。为了党派利益，共和党同克林顿总统较量的领域主要是防务政策。对于国会中的党派政治倾向，国家安全事务顾问伯杰曾在 1999 年 10 月 21 日在纽约对外关系委员会发表的演讲中指出，国会中的保守派议员属于"新孤立主义"，其重要表现之一就是，"凡是别人拥护的决议，我们就不加入"，不相信别的国家能够信守诺言。他们认为，如果没有一个强大的敌人美国就不能成为一个强大的国家；愿意花数以亿计的美元用于防御，却不愿在防止大规模杀伤性武器扩散和制止地区冲突上花一分钱。② 他们更注重加强美国自身的防务，维持或者加强美国优势，根本不考虑国际社会的和平与稳定。一般来说，在对待大规模杀伤性武器扩散的问题上有两种政策选择：一是努力削减核武库，增进信任，降低核危险，从而防止核扩散；二是努力加强美国自身的核优势，反扩散。换言之，是采取多边主义的手段还是单边主义的手段解决扩散问题。"新孤立主义者"更愿意选择后一种政策，比如，提出修改甚至退出维持战略稳定和促进战略武器削减的《反导条约》，强力支持研发部署导弹防御系统。克林顿总统说，可以从拒绝支付联合国会费、外交经费严重不足、拒绝继续致力于销毁并保障俄罗斯的核武器及核原料问题上看到这种新孤立主义。③ 共和党参议员阿伦·斯佩克特认为，"我的一些

　　①　Duncan L. Clarke, *Politics of Arms Control: The Role and Effectiveness of the U. S. Arms Control and Disarmament Agency*, London: The Free Press, 1979, p. 209.

　　②　"NSC's Berger on U. S. Power at Council on Foreign Relations—Internationalist Consensus Challenged by New Isolationism, October 21," *Washington File*, October 22, 1999, pp. 15 – 17.

　　③　"Press Conference by the President, October 14," *Washington File*, October 15, 1999, p. 7.

同事的哲学是反对军备控制，他们只想为美国筑起堡垒"①。

　　另外，一向保守的共和党派别构成的变化加强了党派政治的作用。共和党内温和派力量下降，强硬派力量上升。一些重要的温和派参议员如威廉·科恩（William Cohen）在 1996 年就退出了参议院，罗伯特·多尔（Robert Dole）也在 1996 年离开了参议院。相反，一些重要的委员会均为保守派共和党参议员控制，如参议院外交委员会、情报委员会、武装力量委员会（Armed Force Committee，又译"军事委员会"）。由于共和党在涉及外交和防务问题上的投票基本上以党派划线，少数党总统难以在军控问题上争取到跨党派的支持。

　　国内政治因素在军控政策上影响日益上升的典型例证是 1997 年 4 月《禁止化学武器公约》以 74 对 26 票在参议院艰难获得批准和 1999 年 10 月 13 日参议院拒绝批准《全面禁止核试验条约》。以参议院拒绝批准《全面禁止核试验条约》为例。从提出表决的时机来看，美国是最早签约的国家之一，1996 年 9 月克林顿总统签署条约，次年初提交参议院表决，但参议院两年来一直没有对它采取任何行动。共和党控制的参议院将条约搁置两年后突然提出表决，是因为他们断定目前时机成熟，克林顿可操作的时间非常有限，条约在参议院获得通过绝无可能，提出表决相当于否决民主党总统这项外交成就，不让民主党得分。从表决票数的比例来看，45 名民主党议员中有 44 人投了赞成票，只有 1 人投了弃权票；55 名共和党参议员中有 51 人投了反对票，4 名共和党议员投了赞成票，甚至连一些本来就支持军控的共和党参议员也没有支持批约，参议院表决结果几乎严格以党派划线。为了推动参议院批准条约，克林顿总统甚至表示参议院可以给条约附加一些安全保障条款，如果未来需要，美国将准备退出条约，恢复核试验。但共和党刻意要给民主党总统克林顿制造难堪，克林顿在表决前的动员工作完全无济于事。②

　　冷战后党派政治深度介入军控事务，尽管两党均从更好促进美国安

---

　　①　Eric Schmit, "Why Clinton Plea on Pact Left Lott Unmoved," *The New York Times*, October 15, 1999.

　　②　樊吉社：《美国参议院拒批〈全面禁止核试验条约〉的原因及影响》，《当代亚太》2000 年第 4 期。

全的角度对军控问题做出支持或反对的决定，但军控问题更容易在党派政治斗争中成为牺牲品，[①] 从而延迟美国签署的双边或多边条约的批准、影响已有条约的执行、阻碍新条约的谈判。党派政治在军控问题上的影响所产生的结果很自然地被国际社会解读为美国的政策立场，它必将对其他国家在军控和裁军问题上的政策产生负面影响。如何解决这个问题将是未来美国军控政策能否顺利得到贯彻的关键之一。

第三节　美国国内对军控和裁军问题的讨论及其影响

冷战时期，美苏之间实施军备控制对于战略平衡和稳定、防止全面对抗、防止美苏滑向灾难性的核战争起到了非常重要的作用，这也是美苏两大集团能够长时期维持"冷和平"的关键之一。核时代保持战略稳定的基础是各自的战略武器能够确保相互摧毁，即使对方发动第一次打击，自身在第一次打击中生存下来的战略武器仍具有报复能力，能给对方造成难以接受的伤害。"确保相互摧毁"理论是美苏两国能够展开裁军和军控谈判的基础。正是基于这种战略理论，双方才能够达成《第一阶段限制战略武器条约》和《第二阶段限制战略武器条约》，才能达成《反导条约》限制发展导弹防御系统、达成《中导条约》销毁中程和中短程导弹，并谈判削减战略武器条约。

冷战结束之初，军控和裁军曾经进入一个"黄金时期"，不仅美国和俄罗斯仅用一年时间就达成了《第二阶段削减战略武器条约》，而且双方都提出了单边的倡议，有效降低了核危险。但随后美国国内对军控、裁军和不扩散问题展开了激烈的讨论。冷战结束了，美国在享受冷战"和平红利"的同时，是否也要接受"冷战遗产"——冷战时期的军控是否有必要在冷战后继续下去，军控能否促进美国的安全？

美国国内对冷战时期的军控和裁军政策的质疑是多方面的。

---

① 例如，在《国家导弹防御法》提出之初，它完全是党派斗争的筹码，但后来却直接影响到美国的导弹防御政策。Eric Schmitt, "Missile Defenses Leave Fantasy Behind," *The New York Times*, March 21, 1999.

　　第一，苏联作为冷战时期唯一对手消失引发的辩论。冷战时期美苏
军控是为了遏制对抗升级，维持战略平衡。苏联解体后，俄罗斯面临种
种国内政治、经济和社会问题，事实上已经没有能力同美国对抗。布什
总统也认为，即使俄罗斯国内的改革逆转，它也不可能重新崛起成为能
够同美国分庭抗礼的对手。① 现在面对一个羸弱的俄罗斯，美国是否可以
独自行事而无须顾及战略平衡？不实施军控和裁军岂不是能够更好地促
进美国安全？冷战结束后，美俄实施双边军控的同时，多边军控也不断
加强。参与军控的国家增多之后，需要照顾各国的安全关切，谈判持续
的时间更长，达成协议的难度更大，美国要实现其军控目标更难。美国
国内相当一部分政客主张"单干"，不希望与其他国家合作。苏联解体
后，美国同俄罗斯就削减战略武器的谈判一直在进行，而且通过两个削
减战略武器条约，双方已经大规模削减了冷战时期部署的核弹头，但其
他三个核国家由于种种原因仍然没有加入削减战略武器的进程，美国国
内有人质疑美俄双边裁减战略武器的必要性。

　　第二，美国有人对不扩散机制的有效性产生怀疑。他们认为大规模
杀伤性武器及其技术的扩散是无法控制的；传统的不扩散机制无法有效
地防止扩散；那些决心要发展大规模杀伤性武器的国家是无法通过政治、
经济和外交手段去制止的，美国奉行的"确保相互摧毁"的威慑战略并
不能慑止这些国家获取大规模杀伤性武器的努力。② 由于苏联解体，技术
人员存在外流的危险，而且核国家以及具备生产核材料能力的国家并不
能有效地控制敏感材料的出口，伊拉克和朝鲜通过秘密手段发展大规模
杀伤性武器已经证明了这一点。另外，伊拉克和朝鲜同样是《不扩散核
武器条约》的签约国，但它们并没有遵守相应的条款，而且不接受或者
消极抵抗国际原子能机构的核查。他们主张，对于这些国家可能对美国
构成的威胁，美国应该予以关注，仅仅通过传统的军控和裁军政策并不
能解决这种威胁。

---

① George Bush, *National Security Strategy of the United States*, New York: Brassey's, Inc.,
1991, p. 4.

② Leonard Spector, "Neo-Nonproliferation," *Survival*, Vol. 37/No. 1, Spring 1995, pp. 69 –
77.

第三，关注战略武器削减对美国安全产生的影响。冷战结束后，美国已经通过同俄罗斯达成的两个削减战略武器条约大规模削减了核武器，而且还拟通过同俄罗斯的谈判继续削减战略武器，而且美国已经签署了《全面禁止核试验条约》，并积极推动"禁止生产核武器用裂变材料条约"的谈判，核武器在美国安全战略中的作用正呈下降趋势。[①] 现在美国更多依靠常规军事力量，重点发展远程打击力量，而美国的潜在敌人不会停止获取大规模杀伤性武器的努力，并威胁美国的安全利益，如果常规武器不能对付这些威胁，美国就需要寻求新的手段。[②] 美国多年来将更多人力物力投注到战区和战略导弹防御能力的研发，是不是应该放弃冷战时期的"确保相互摧毁"理论，发展并部署导弹防御系统？

第四，质疑"确保相互摧毁"理论的有效性。他们认为，"确保相互摧毁"理论是冷战时代的产物，苏联解体了，这种理论的使命也应随之终结；"确保相互摧毁"理论增加了美国遭受意外和未经授权的导弹打击的危险；它不能有效地对付导弹向"胡作非为"国家扩散后对美国安全利益构成的威胁；这种理论让美国人民容易遭受导弹打击是不合乎逻辑的，它不是增进安全而是加剧危险。更何况美国已经具备了放弃这种战略的经济、技术条件，有必要保持"进攻性威慑"（Offensive Deterrence）的同时发展"防御性威慑"（Defensive Deterrence），即建立攻防兼备的安全战略，确保美国的绝对安全。他们认为，美国现在要解决的不仅是防止扩散，还应该考虑如何解决大规模杀伤性武器扩散后美国所面临的威胁。也就是说，发展导弹防御系统对付扩散已经造成的威胁，以军事手段为主，辅以政治、经济和外交手段对付已经出现的和将要出现的扩散。

美国国内对这些问题的讨论并没有结束，但这些讨论已经对美国的导弹防御政策产生了深远影响。美国要部署导弹防御系统就必须修改或

---

① 如美国的核武器系统不再针对俄罗斯或其他国家，重型轰炸机不再处于预警状态；只有少数导弹潜艇处于预警状态；美国不要去考虑新型的核弹头；美国地面部队中不再拥有核武器；美国海军不再在海上部署战术核武器；战术核武器和战略核武器都在大量削减。Forrest Waller, "Strategic Offensive Arms Control," Jeffrey A. Larsen and Gregory J. Rattray, eds., *Arms Control Toward the 21st Century*, London: Lynne Rienner Publishers, 1996, pp. 109 – 110.

② Bates Gill, "Coping With a New Era in U. S. —China Strategic Nuclear Relations Through Confidence-Building and Strategic Stability," Article Presented to the Third Sino-U. S. Conference on Arms Control, Disarmament and Non-proliferation, Beijing, September 13 – 15, 2000, p. 3.

者放弃《反导条约》，因为该条约明确限制发展具备全国防御能力的导弹防御系统。从美国在《反导条约》问题上的政策可以清楚地看到这些讨论投射在军控领域的影响。

冷战时期和冷战结束之初，美国基本上信守该条约，并在历次美苏/美俄军控和裁军谈判中强调该条约对战略稳定的重要意义。随着美国国内对军控问题讨论的深入，主张发展国家导弹防御系统的观点甚嚣尘上，修改或者放弃《反导条约》成为美国的迫切要求。1999年初，克林顿总统向叶利钦总统致函表示修改《反导条约》，但俄罗斯坚决反对。美国在修约问题上采取了软硬兼施的政策，包括国防部长和副国防部长在内的高级官员在不同场合表示，如果俄罗斯拒绝修改，美国将选择退出条约。此外，国会中的共和党自1995年以来一直寻求就部署国家导弹防御系统立法、国防部按照计划进行导弹拦截试验，试图造成事实上对《反导条约》的违背。除了这些强硬姿态外，美国也不断安抚俄罗斯，表示在导弹防御问题上同俄罗斯进行有限度的合作、保证导弹防御系统不损害俄罗斯的战略威慑能力、美俄合作建立导弹发射预警系统数据交换中心等，这些安抚措施旨在换取俄罗斯在修约问题上妥协。小布什就任总统后，美国在《反导条约》问题上的政策日益咄咄逼人。

《反导条约》是冷战时期美苏实行军控和裁军、维持战略平衡和稳定的基础，如果修改或者放弃了《反导条约》，放松了对发展导弹防御系统的限制，条约维持战略平衡的宗旨将丧失其实际意义。如果美俄在修改《反导条约》的问题上无法达成妥协，数十年来的裁军和军控努力有可能毁于一旦。

第四节　结语

当然，影响美国冷战军控和裁军政策的因素并不仅仅是以上三个方面，其他因素同样也产生了不同程度的影响，例如，经济因素。在克林顿政府决定是否部署国家导弹防御政策的四个要素中，费用是考虑最少的一个因素。其他影响军控政策的因素还有军工综合体的推动，波音、洛克西德－马丁公司等军火生产商为了争取政府的订货合同也不遗余力地游说国会支持国家导弹防御系统。本章探讨的三个因素从宏观上影响到美国军控政策走向，是根本性的因素。

　　冷战结束后，国际社会实行军控和裁军的努力曾一度取得重大进展，如《不扩散核武器条约》的无限期延长、《全面禁止核试验条约》的达成、东南亚和非洲无核区的建立，军控形势似乎比较乐观。但是，由于近年来美国在军控问题上采取的一些消极政策，冷战时期建立起来的、冷战后逐步巩固和加强的军控机制正面临危险，可以说国际军控和裁军正处于十字路口，是用多边主义的方式解决各国合理的安全关切，促进国际社会的共同安全，还是采取单边主义的方式寻求绝对安全？军控和裁军向何处去决定的不是短期问题，而是新世纪国际社会将面临怎样一个安全环境的大问题，也许正如一位军控专家所言，真正对军控的挑战不是在冷战时期，而是在冷战结束之后。①

---

　　① James J. Wirtz, "Is Arms Control Succeeding?" Jeffrey A. Larsen and Gregory J. Rattray, eds. , *Arms Control Toward the 21st Century*, London：Lynne Rienner Publishers, 1996, pp. 160 – 165.

第 五 章

美国军控政策的调整与变革*

　　布什就任总统以来，美国军控政策发生了重大变化，并引发了国内学界的一些思考。① 美国学术界及政界人士通过发表文章或者讲话阐释这些调整和变化的原因、内容及方向，或者对调整本身做出评判。② 国内一些学术期刊也刊载了一些相关文章，探讨了国际不扩散机制的一些变化、国际军控的发展趋向、布什政府军控与不扩散政策的调整、美国核战略的演变与调整以及推动美国军控政策调整的一些因素等。③

　　本章试图考察美国军控政策在冷战结束后的重大调整，探究调整的根源及此种调整与美国整个安全政策变化的关联。本章将探讨如下几个问题：冷战结束前后美国在军控政策上的制度建设、美国推动军控制度建设的原因及贡献、布什政府军控政策重大调整的内容、调整的原因，以及新安全环境下的美国军控政策。

---

　　* 此文原题为《美国军控政策的调整与变革：从制度建设到志愿者同盟》，原刊于《美国研究》2006 年第 4 期。感谢《美国研究》授权，收入本书时作者对原文做了适当调整。

　　① 本章提到的军控包含不扩散及裁军，个别地方为了突出不扩散问题也将军控与不扩散并用。

　　② 这些学术文章或者官员讲话散见于《外交》、《国家利益》、国会听证的证词、《今日军控》、《美国外交政策议程》等，此不一一列举。

　　③ 这些文章散见于《现代国际关系》《国际问题研究》《战略与管理》《世界经济与政治》《世界经济与政治论坛》等刊物。

第一节 冷战结束前后美国推动
军控制度建设

国际军控机制的建设始于20世纪50年代末60年代初期，到20世纪90年代末逐渐趋于完善。最初主要关注核扩散，旨在防止有核国家的横向扩散，后来逐渐将生化武器、常规武器以及大规模杀伤性武器运载工具也纳入军备控制的范畴，同时重视有核国家的纵向扩散，防止有核国家武器系统质量的提高和数量的增加。整个国际军控机制的建设主要是在冷战背景下由美苏两大集团主导的，这些军控制度具体表现为一些重要的条约、协定、议定书，特别是美苏（后来美俄）之间的双边协议，①以此来限制武器系统研发、试验、生产、部署、使用或者转让。就参与程度和有效期限而言，国际军控机制大致分为三种类型：全球性机制、多边机制和双边机制。

所谓的全球性机制实质上也是一种限制或者消除某种武器系统的多边安排，之所以将其定义为"全球性"，是因为这类机制对武器系统的限制基本获得了国际共识，所有国家有义务加入并遵守这些多边安排。全球性机制主要针对核、生、化武器，它通常设有一些实体性机构用于保障该机制的执行。②1925年在日内瓦召开的禁止化学武器的国际会议谈判达成了《日内瓦议定书》，将细菌武器列为禁止对象。1971年12月16日，第26届联合国大会正式通过《禁止生物武器公约》，公约弥补了《日内瓦议定书》的缺陷，但仍然没有解决有效核查问题，目前各国正在谈判核查议定书，以期进一步有效禁止生物武器的研发、生产、储存及使用。《日内瓦议定书》是禁止化学武器的单项法律机制，但存在不少缺陷。1969年，设在日内瓦的裁军谈判委员会开始全面禁止化学武器公约

---

① John Tirman, "Accounting for the Past in the Future of Multilateral Arms Control," http://www.ssrc.org/programs/gsc/publications.

② "Strengthening International Regimes for Arms Control and Disarmament," Background note prepared by the United Nations Department for Disarmament Affairs, 2004 Parliamentary Hearing at the United Nations "From Disarmament to Lasting Peace: Defining the Parliamentary Role", New York, October 19–20, 2004.

的谈判。1990 年美苏签署《美苏关于销毁和不生产化学武器及促进多边禁止化学武器公约的措施的协定》有力地推动了禁止化学武器公约的谈判,1992 年 3 月《禁止化学武器公约》谈判终告结束,公约于 1993 年 1 月开放签署,1997 年 4 月 29 日生效,无限期有效。为落实条约要求,设立了"禁止化学武器组织"。虽然不能说美国在禁止生物和化学武器公约的谈判中发挥了主导作用,但美国对生化武器的政策立场对类似国际机制的成败至关重要。例如,布什政府对《禁止生物武器公约》[Convention on the Prohibition of the Development, Production and Stockpiling of Bacteriological (Biological) and Toxin Weapons and on their Destruction,简称 Biological Weapons Convention 或 BWC,全称为《禁止细菌(生物)及毒素武器的发展、生产及储存以及销毁这类武器的公约》]核查议定书谈判的政策立场极大程度上延迟了议定书的达成。

美国在确立禁止核武器扩散的国际机制中所发挥的作用至关重要,甚至无可替代。美国最早于 1946 年 6 月提出了保持美国核垄断和防止核扩散的"巴鲁克计划",但遭到苏联的强烈反对而未获成功。1953 年 12 月,美国总统艾森豪威尔在第八届联合国大会上提议成立一个"致力于和平利用原子能"的国际机构,这就是后来的国际原子能机构(简称 IAEA)。它主要以从事和平利用核能的国际合作及防核扩散为目的,对成员国的和平核活动实施保障监督。1958 年 8 月,艾森豪威尔总统提出谈判一项禁止核试验的协定并建立国际管制体系。同年 10 月,美、苏、英三国在日内瓦正式启动谈判并暂时中止核试验。谈判历经波折,终于在古巴导弹危机之后达成了《部分禁止核试验条约》。1963 年 10 月生效的这份条约迄今已有 176 个国家签署。《全面禁止核试验条约》的谈判最初也是由美国倡议的,该条约的谈判长达近 20 年,于 1996 年 9 月在联大通过,迄今有 172 个国家签署。条约还设立了"全面禁止核试验条约组织",负责监督条约的执行并审议遵守情况。不仅如此,美国还曾于 1959 年 10 月倡导了《南极条约》(Antarctic Treaty)的谈判。《不扩散核武器条约》是国际社会防核扩散的重要里程碑,也是国际防核扩散机制的基石。这个条约最初由美苏推动谈判达成,并于 1968 年签署、1970 年生效,迄今有 188 个成员国。《不扩散核武器条约》极大程度上限制了核俱乐部的扩大。条约签署后,国际原子能机构成为条约的保障监督和核查机构，曾经应联合国安理会委托对伊拉克核武器生产能力进行调查，并承担拉美无核区的特别视察职能。

目前存在的若干多边军控和防扩散机制几乎涵盖了大规模杀伤性武器的各个方面，美国在确立这些多边军控安排中所发挥的作用同样不容低估。下文所提到的多边机制不一定是由美国推动创设的，但这些机制建立之后，美国是强有力的支持者，并且推动成员国的扩展，促使多边机制成为国际军控中最为活跃的成分，从这个意义上看，美国的重要性非同一般。

最早的多边机制是桑戈委员会，该委员会成立于1971—1975年，又称"核出口国委员会"，其宗旨是加强国家间关于核出口管制的协调与合作，防止出口用于核能和平利用的相关物项被转用于发展核武器或者其他核爆炸装置。[①] 随后成立的核供应国集团则是为达到同样目的而建立的另一个多边机制。1974年印度进行了所谓"和平"核试爆，美国随后提出建立核供应国集团，其初衷是确保供应国共同采用一套标准，防止核能合作导致核扩散。1975年，7个主要核出口国在伦敦多次召开会议，通过了"转让准则"和"触发清单"，加强出口管制。1992年，集团通过了一项与核有关的两用设备、材料和相关技术的转让准则和清单，并提出核供应国以进口国接受全面保障监督为核出口条件。[②] 《导弹技术控制制度》是由美国和七国集团的其他成员国于1987年建立的出口控制制度，旨在防止可运载大规模杀伤性武器的导弹和无人驾驶航空飞行器及相关技术的扩散。[③] 该机制建立后，美国频繁援引这个控制机制对其他国家实施制裁。两伊战争期间，伊拉克对伊朗使用化学武器催生了澳大利亚集团。1985年成立的澳大利亚集团其主要目标是通过采取出口许可措施，确保某些化学品、生物用品及用于制造化学和生物两用品的设施和设备的出口不会导致生化武器的扩散。[④] 对常规和两用品出口进行管制

---

① 相关信息参见桑戈委员会网页：http：//www. zangercommittee. org。

② 相关信息参见核供应国集团网页：http：// www. nuclearsuppliersgroup. org。

③ "The Missile Technology Control Regime," Fact sheet released by the Arms Control and Disarmament Agency，http：//www. fas. org/nuke/control/mtcr/docs/941118 – 368095. htm. 相关信息参见《导弹技术控制制度》网页：http：//www. mtcr. info。

④ 相关信息参见澳大利亚集团网页：http：//www. australiagroup. net。

的机制是瓦森纳安排（Wassenaar Arrangement on Export Controls for Conventional Arms and Dual-Use Good and Technologies，简称 Wassenaar Arrangement，全称为《关于常规武器和两用物品及技术出口控制的瓦森纳协定》），它是在巴黎统筹委员会解体后于 1996 年成立的。瓦森纳安排是一个自愿的武器出口控制机制，旨在通过信息通报机制，提高常规武器、敏感两用物项及技术转让方面的透明度，从而协助成员国规范出口控制法规，防止有关敏感物项和技术扩散。①

迄今为止，涉及双边军控、裁军和不扩散的机制主要是美苏以及后来美俄两国之间达成的，它客观上也是最有实质内容的军控措施。美苏之间最早于 1972 年达成了限制战略防御能力的《反导条约》，从而有助于在战略武器限制及后来的战略武器削减中保持美苏/美俄的战略稳定。同一时期达成的另一个比较重要的条约是《第一阶段限制战略武器条约》（SALT I）。1972 年 11 月到 1979 年 6 月，美苏马拉松谈判的重要的成果是《第二阶段限制战略武器条约》（SALT II）。这个条约虽然没有正式生效，但美苏都遵守了这个条约的限定。美苏之间将"限制"转为"削减"战略武器的谈判进行了九年，于 1991 年 7 月达成了《第一阶段削减战略武器条约》（START I）。苏联解体后，美苏经过短暂的谈判于 1993 年 1 月达成了《第二阶段削减战略武器条约》（START II）。20 世纪 70 年代中期达成的另外两个条约虽然不如限制或者削减战略武器条约那样重要，但同样具有象征意义。第一个是 1974 年达成的《限当量条约》（Treaty between the United States of America and the Union of Soviet Socialist Republics on the Limitation of Underground Nuclear Weapon Tests，简称 Threshold Test Ban Treaty 或 TTBT，全称为《美苏限制地下核武器试验条约》），条约禁止、防止并承诺不进行超过 15 万吨以上的地下核试验。第二个是《和平核爆炸条约》（Treaty between the United States of America and the Union of Soviet Socialist Republics on Underground Nuclear Explosion for Peaceful Purpose，简称 Peaceful Nuclear Explosion Treaty，全称为《美苏关于和平目的的地下核爆炸条约》），该条约于 1976 年 5 月签署，主要是弥补《限当量条约》不适用于为和平目的进行的地下核试验的缺陷。真正属于裁军，或者说具有革命意义

---

① 相关信息参见瓦森纳安排网页：http：//www. wassenaar. org。

的美苏双边机制是《中导条约》，这个条约签署于 1987 年，它从各自的武库中消除了一整类武器系统。冷战结束后，美俄之间最为重要，也是迄今最为成功的双边机制是《纳恩－卢格法》（即《合作削减威胁法》）。这个法是美国单边的倡议，得到了俄罗斯的配合，它对美苏/美俄销毁战略武器、防止大规模杀伤性武器及其运载工具的扩散具有重要意义。

对于国际军控和不扩散而言，无论是全球机制、多边机制，还是双边机制，它们都是相辅相成的，分别在不同时期就不同的大规模杀伤性武器及其运载工具进行了限制、削减或者防止其进一步扩散。

第二节　美国推动军控制度建设的原因及其贡献

探讨美国推动军控制度建设的原因，首先需要回答如下几个问题：这种制度建设所发生和存续的安全环境是什么？在具有加强军备建设的条件下，美国保持一定的克制是否会损害美国的安全利益？美国为什么热衷于军控制度建设？简言之，需要考察战略安全环境、军控本身的价值、军控制度建设的效用。

无论是涉及军控和不扩散的全球机制、多边机制，还是双边机制，美国热衷推动军控制度建设都是在冷战期间以及冷战结束后的 20 世纪 90 年代初期和中期完成的。冷战期间，美国所面临的战略安全环境是比较清晰的，它表现为美苏之间的持久军事对立，明确的意识形态对垒，苏联是唯一核威胁来源，只有苏联具备同美国全面对抗的能力，而且美苏之间存在爆发一场全面战争的可能；战争的模式和对抗烈度也是清楚的，美苏之间将可能由发生在欧洲的一场局部冲突升级为核战争。同时，由于两大阵营的存在，美苏分别对盟国提供明确或者模糊的延伸威慑（extended deterrence），或者说核保护伞，这相对降低了美苏阵营之内的其他国家获取核武器的意愿。而在两大阵营之外的其他国家要么缺乏获取核武器的意愿，要么欠缺相应的技术能力，它们获取核武器的可能性也是比较低的。[①] 虽然柏林墙的倒塌和 20 世纪 90 年代初苏联的解体大致可看

---

① 参见樊吉社《影响冷战后美国军控政策的若干因素》，《世界经济与政治》2001 年第 9 期。

作冷战的结束，但美国在其安全政策上在经历了短暂的乐观之后基本上维持了冷战时期的政策架构。从冷战开始到克林顿政府结束之前的这个漫长时段大致仍可看作是冷战背景。威胁的单一性、行为的可预测性和危机可以控制的特点构成了美国推动双边、多边军控，乃至全球军控制度建设的前提。

战略安全环境的需要是美国推动制度建设的充分条件，而在冷战时期及冷战结束初期，军控和防扩散本身所蕴含的价值则构成了美国推动制度建设的必要条件。核武器的出现及其在日本的使用昭示了其巨大的杀伤力，以及由此造成的重大政治、经济乃至社会心理冲击，核武器从某种程度上简化了美苏关系，两国之间进行主动或者被动的军备竞赛或者保持相对克制成为冷战的主要内容之一。冷战时期美苏均曾经做过打一场核战争的力量规划和作战准备，但形成对抗态势的时候，两国仍然保持了相当的谨慎和克制。例如在古巴导弹危机期间，美国拥有绝对的战略核优势，① 但美国既没有对古巴的导弹进行打击，更没有针对苏联本土发动袭击。古巴导弹危机之后，美国意识到美苏爆发一次核战争的危险是如此严重和真切，因此"阻止核战争，并因此阻止美苏介入的任何战争就是至关重要的"②。这是美苏在古巴导弹危机中获得的最重要的教训之一。在这种背景下，军控本身所具有的第一个价值就体现出来了，即美苏在事实上都无法接受一场彼此毁灭的核战争，防止两国爆发核冲突是两国共享的安全利益。核背景下美苏之间并非零和博弈，美苏存在合作的可能，对核战争的担忧和恐惧成了双方竭力阻止核战争的动力。美苏为此签署了《热线协定》，以便增进沟通，防止误判，同时限制或者削减战略武库，限制或者禁止核试验的方式，限制核武器向中小国家的扩散。推进军控制度建设的第二个价值是降低军费开支。缩减军备的规模可以减少相应的军费支出，对部署规模设定上限或者对某些类型的武器进行限制可能节约一些如果没有这些限制时原本消耗的开支，虽然

---

① 一位空军三星将军曾说过，美国当时有很大信心在苏联战略核力量抵达美国之前摧毁其中至少90%，甚至100%。Raymond L. Garthoff, *Reflections on the Cuban Missile Crisis*, Washington, D. C.：The Brookings Institution, 1987, p. 113.

② Raymond L. Garthoff, *Reflections on the Cuban Missile Crisis*, Washington, D. C.：The Brookings Institution, 1987, p. 107.

"军控一般都是削减未来的开支，而不是当前的开支"①。例如，《反导条约》限制了战略导弹防御能力的研发部署，这在冷战时期有效防止了美苏在防御性领域进行另一场军备竞赛。而有关限制或者削减乃至完全销毁中程和中短程导弹的条约和协定则防止了军费开支升高到开放式军备竞赛所需的数目。又如，据卡特政府的国防部长布朗估算，如果没有《第二阶段限制战略武器条约》，1985 年苏联可能会有 3000 件运载工具，而不仅是 2250 件；1800 枚多弹头导弹，而不是 1200 枚。美国将被迫对苏联核军备的进一步膨胀做出相应反应，从而加重美国经济的负担。② 军控所包含的第三个价值在于，由于军控制度的建设，即使出现最糟糕的情况——爆发运用大规模杀伤性武器的冲突，因为对武器种类、规模、部署方式的限制，可以达到降低战争发生后彼此造成的危害程度和对抗的烈度。因此，避免一场双方都不希望的战争、减少军备竞赛的费用和风险以及缩小战争一旦爆发后的战争范围并降低对抗的烈度成为从事军控各方的共同利益，③ 此即军控制度建设的三个价值。

战略安全环境决定了美国推进制度建设的充分条件，军控制度建设本身蕴涵的价值决定了此种制度建设的必要条件，美国能否持续推动制度建设则取决于这种制度建设是否有效。客观上看，这种制度建设限制了美苏军备竞赛的螺旋升级。对限制还是削减战略武器条约而言，且不论其初衷如何，这种限制或者削减的确使得两大核国之间爆发一场毁灭性核战争的可能逐步降低。《反导条约》限制美苏任何一方在防御性武器方面获得优势，有助于战略稳定，也使得战略武器限制或者削减的谈判能够进行并付诸实施。《不扩散核武器条约》的签署以及后来的无限期延长则有效限制了"核俱乐部"成员的数量。《全面禁止核试验条约》使得那些企图获得核武器的国家比以前更难以得逞。所有多边机制的建设都对供应国形成了约束，客观上起到了防止大规模杀伤性武器及其运载工具扩散的效用，虽然不是绝对意义上的有效，但至少阻滞了这种扩

① 巴里·布赞、埃里克·海凌：《世界政治中的军备动力》，薛利涛、孙晓春等译，吉林人民出版社 2001 年版，第 284 页。

② 曹冶、陈英选：《美苏核军控谈判的目的及其制约因素》，《美国研究》1989 年第 2 期。

③ Thomas C. Schelling, Morton H. Halperin, *Strategy and Arms Control*, New York：The Twentieth Century Fund, 1961, p.1.

散势头。因此，这种军控制度建设对战略稳定和防扩散的效用是比较积极的。

当然，美国推进军控制度建设并非是"大公无私"的，它是为了促进美国自身的安全利益。军控是否真正降低了核战争的风险也无法验证，并且限制或者削减某种武器系统所节省下来的开支有可能转用于其他军事项目，多边机制的建设也没能阻止印巴最终发展核武器，其他大规模杀伤性武器也曾扩散到伊拉克和利比亚，但是美国的努力的确客观上为国际军控和防扩散机制的创设、巩固做出了贡献。首先，美国主导或者推动了全球和多边机制的建立，这成为后来国际军控的基本架构。例如，《全面禁止核试验条约》最初是由美英苏三国签署的《部分禁止核试验条约》演变而来，《不扩散核武器条约》由美苏推动谈判并开放签署成为迄今为止最为重要的军控条约之一。其次，不管冷战时期美国是"真扩军，假裁军"还是出自对自身安全利益的考虑，美苏以及后来美俄之间的战略武器限制和削减客观上缩小了两国拥有的庞大核武库，对战略武器进行了有意义的限制和削减，美苏/美俄对峙的烈度降低了，由两国对峙对其他国家产生的压力相应地也减少了。最后，正是美国以及其他国家的军控制度建设努力，现在已经形成了有关防扩散的国际共识。防扩散目前已经成为国际社会的主流话语，大规模杀伤性武器及其运载工具的扩散被普遍认为是有损于地区稳定与和平的，并且促使一些曾经试图获得此种能力的国家在压力或者诱惑之下放弃了核武选择。这种国际共识也成了当前处理比较棘手的防扩散问题的重要道义支撑。

第三节　布什政府对美国军控
政策的重大调整

美国军控政策取向的变化始于布什就任总统并非一个严格的时间概念，实际上20世纪90年代后半期美国国内对导弹防御问题的争论已经表明美国军控政策正在发生实质性的变化，只不过布什总统代表了根本上怀疑军控机制效用的那些共和党右翼悲观主义者，美国的军控政策由此进入"后后冷战时代"。这个时代的特点是美国以绝对安全利益为主导、单方面政策宣示为行为方式，建立攻防兼备的"能力导向型"而不是

"威胁导向型"战略力量，对美国有利是考虑问题的出发点，必要时可以撕毁任何有碍美国行动的军控和裁军条约，保卫美国以绝对安全为终极目标，美国将据此倡导建立一个新的安全框架。美国军控政策取向的变化表现在三个方面：全球军控机制建设的停滞与倒退、双边机制的弱化和后退、部分多边机制的强化和新的多边机制创设。

　　全球军控机制建设的停滞与倒退在布什就任总统之前就开始了。美国参议院在 1999 年 10 月否决了美国推动谈判达成的《全面禁止核试验条约》，当时的国家安全事务顾问伯杰批评共和党控制的国会存在"新孤立主义"倾向，"他们认为提高国际行为的标准毫无意义"。① 虽然条约被否决了，但克林顿仍表示继续争取参议院批准该条约。而布什在竞选总统期间就表示，美国不能依赖"不明智的条约"。② 2001 年 7 月，布什政府要求参议院"无限期推迟"审批《全面禁止核试验条约》；8 月，布什政府宣布不再为国际现场视察能力的发展提供资金，而这是条约核查机制的重要组成部分；11 月，美国在联合国大会上否决了一项将条约置于会议议程的决议案，并随后拒绝向联合国第二次促进《全面禁止核试验条约》生效大会派出美国代表，重申不支持该条约。③ 2005 年 5 月 2 日至 27 日，《不扩散核武器条约》第七届审议大会在联合国召开，美国在审议大会上强调无核国家履行防扩散义务，却回避多个无核国家提出的核裁军问题，这次审议大会因为美国因素没有达成共识。④《禁止生物武器公约》核查议定书的谈判历经 7 年，在 2001 年上半年基本拟就。在谈判的最后关头，美国对议定书由支持转向反对。7 月 25 日，美国宣布拒绝签署该议定书草案后，在 11 月的第五次审议大会上再次重申反对立场，从而使国际社会近期达成议定书的希望彻底落空。美国在 2001 年 7

　　① "Press Conference by the President, October 14," *Washington File*, October 15, 1999, pp. 7, 9. "NSC's Berger on U. S. Power at Council on Foreign Relations—Internationalist Consensus Challenged by New Isolationism," October 21, *Washington File*, October 22, 1999, pp. 15 – 17.

　　② "Presidential Election Forum: The Candidates on Arms Control," *Arms Control Today*, September 2000, https: //www. armscontrol. org/act/2000_09/pressept00.

　　③ Daryl Kimball, "The International Security Value of the Nuclear Test Ban Treaty," Arms Control Association Fact Sheet, November 2002, http: //www. armscontrol. org.

　　④ U. S. Department of State, "2005 Non-Proliferation Treaty (NPT) Review Conference: U. S. Objectives," April 21, 2005, https: //2001 – 2009. state. gov/t/ac/rls/or/44994. htm.

月初联合国关于小型与轻型武器违禁贸易以及所有相关问题的会议上也横生枝节。美国反对安理会在此问题上发挥更具体的作用，不接受在《行动纲领》中加入有关处理民间拥有枪支和禁止向非国家群体出售武器的条文。美国似乎有意推动谈判"禁止生产核武器用裂变材料条约"（FMCT），但其内容不能包括核查项目。

与全球机制建设停滞、倒退同步的是双边机制的弱化。美苏/美俄双边军控的重要基础是《反导条约》，但美国在20世纪90年代有关导弹防御研发甚至部署的争论使得条约遭遇挑战。布什竞选期间就明确表示要研发并部署导弹防御系统，如果俄罗斯拒绝修改《反导条约》，美国将退出条约。就任总统后，布什更是大力推进准备工作。5月1日，布什总统在美国防大学发表演讲，称必须摆脱已经签署了30年的《反导条约》的限制，因为该条约既不能反映现实，也不能指明未来，为突破《反导条约》进行舆论准备。① 随后，布什总统向各主要国家派出游说代表团，兜售导弹防御计划。由于美俄有关修改《反导条约》的磋商迟迟不能取得任何进展，2001年12月13日，布什总统宣布退出条约。美苏/美俄之间对战略武器的限制和削减本来是国际军控领域的一点亮色，但美国退出《反导条约》让美俄之间的战略武器削减谈判形势黯淡。第三个美俄削减战略武器条约在美国退出《反导条约》后仍然于2002年5月24日达成了，但条约的削减意义大打折扣。这项被布什称为"划时代条约"的《美俄关于削减进攻性战略武器的条约》（Treaty between the United States of America and the Russian Federation on Strategic Offensive Reductions，简称 Treaty of Moscow Treaty 或 SORT，又称《莫斯科条约》），它仅仅对美俄的战略核弹头总数做了一个简单限定，并允许各方在行使国家主权时可以退约。这个仓促达成的条约没有核查条款，不要求销毁战略武器或者运载工具，因而不是真正意义上的削减。《反导条约》废止、《莫斯科条约》达成的同时，另一个重要的战略武器条约宣告不再有效。2002年6月14日，俄罗斯宣布不再遵守 START Ⅱ。

---

① The White House，"Remarks by the President to Students and Faculty at National Defense University," Washington, D. C., May 1, 2001, https：//georgewbush-whitehouse. archives. gov/news/releases/2001/05/20010501 - 10. html.

　　美国贬抑全球和双边军控机制的同时，原有多边机制不断得到加强，并且美国主导创设了新的多边机制。简单地说，原有多边机制得到加强的两个重要表现是中国加入了主要的多边机制或者加强了同多边机制的对话和磋商，同时多边机制的成员国不断扩大。

　　在布什任内，美国积极主导创设新的多边防扩散机制。2002 年 1 月发起的"集装箱安全倡议"（Container Security Initiative，CSI）目的是防止恐怖组织或恐怖分子利用海运集装箱袭击美国。CSI 的主导原则是，把甄别货物安全风险和查验的环节前置在海运集装箱的出口港和装运港，使美国的边境或港口由第一道防线变为最后一道防线。截至 2006 年 3 月底，这个倡议有 26 个国家的海关承诺参与，总计有 44 个港口现在运作这个倡议，这些港口分布于北美、欧洲、亚洲和中东以及拉丁美洲和中美洲，美国拟在 2006 财年结束之前达到 50 个港口，届时将有 90% 跨洋进入美国的货运接受检查。① 另一个多边机制就是受到争议的"扩散安全倡议"（Proliferation Security Initiative，PSI）。2003 年 5 月 31 日，美国总统布什在波兰访问时提出了这个倡议，该倡议旨在要求参加国"利用各自的能力发展广泛的法律、外交、经济、军事等其他手段，禁止大规模杀伤性武器和导弹的相关设备和技术通过海、陆、空渠道出入'有扩散嫌疑'的国家"。② 随后美国大力宣传"扩散安全倡议"，扩大参与国范围。2004 年 5 月 31 日，俄罗斯宣布加入该倡议，成为第 15 个成员国，至此八国集团的所有国家均已加入这个倡议。到目前为止，美国一直宣称有 60 多个国家对"扩散安全倡议"表示了支持。此外，美国还协同其他成员国举行了多次拦截演习，截至 2005 年 6 月，美国已经进行了 11 次与大规模杀伤性武器转运相关的拦截。由于该倡议存在不少争议，美国随后推动在联合国通过一项防扩散决议，为其提供法理支持。③ 2004 年 4 月

---

　　①　Press Office of US Custom and Border Protection, "CSI Fact Sheet," March 29, 2006, http://www.cbp.gov/xp/cgov.

　　②　Wade Boese, "U. S. Pushes Initiative to Block Shipments of WMD, Missiles," *Arms Control Today*, July/August 2003, p. 13.

　　③　有关扩散安全倡议的详细分析，请参见顾国良《美国"防扩散安全倡议"评析》，《美国研究》2004 年第 3 期。扩散安全倡议的基本信息，参见 U. S. State Department, "The Proliferation Security Initiative (PSI)," May 26, 2005, https://2001 - 2009. state. gov/t/isn/rls/other/46858. htm; Sharon Squassoni, "Proliferation Security Initiative (PSI)," CRS Report RS21881, June 7, 2005.

28 日，联合国安理会第 4956 次会议通过了第 1540 号决议，呼吁所有国家根据《联合国宪章》，采取一切手段，在全球范围对不扩散领域威胁做出有效应对。① 第三个比较重要的多边行动是 2002 年 6 月在加拿大卡纳斯基斯召开八国首脑会议上发起的"八国防止大规模杀伤性武器和材料扩散全球伙伴关系"（The G8 Global Partnership）。这个计划旨在防止恐怖分子以及庇护恐怖分子的国家获取或者发展核、生、化、放射性武器和导弹，以及相关材料、设备和技术，拟在未来十年筹集 200 亿美元资金用于销毁化学武器、拆解核潜艇、处理裂变材料、雇佣以前的核武器科学家等。② 2004 年 6 月，在美国佐治亚州举行的八国集团首脑会议通过了"确保放射源安全，不扩散核武器：一项八国集团行动计划"，旨在加强全球防扩散机制。八国同意在下次首脑会议前的一年中，不再增加进口铀浓缩和再处理设备和技术的国家的数量，并表示大力支持对美国倡导的"扩散安全倡议"和联合国安理会第 1540 号决议。③

上述美国军控政策在全球机制、多边机制和双边机制方面的政策调整，与美国自身的军控政策调整是同步的。总的来看，美国的单边行动在布什任期内逐渐增多和加强。除了前文提到的美国大力推进导弹防御系统研发部署外，美国的核战略和核政策也在经历重大调整。首先是核战略调整。2002 年 1 月 9 日，助理国防部长克劳奇在新闻发布会上公布了《核态势评估》（Nuclear Posture Review，简称 NPR）报告的非机密内容。根据这个报告，美国计划大幅度改变核安全态势，不再高度依赖进攻性核武器，建立"能力导向型"而不是"威胁导向型"战略核力量，更重视常规和精确制导武器以及导弹防御系统的部署。④ 这种调整被认为

① 联合国 1540 号决议的内容，参见 Resolution 1540（2004），Adopted by the Security Council at its 4956th meeting, on April 28, 2004, http：//daccess-ods. un. org/TMP/7864322. html。

② Statement by the Group of Eight Leaders，"The G8 Global Partnership Against the Spread of Weapons and Materials of Mass Destruction," Kananaskis, Canada, June 27, 2002, https：//2001 - 2009. state. gov/e/eeb/rls/othr/11514. htm.

③ G7/G8 Summit Meetings, "Non-Proliferation of Weapons of Mass Destruction Securing Radioactive Sources-A G8 Action Plan," June 2, 2003, http：//www. g8. utoronto. ca/summit/2003evian/wmd_statement_en. html.

④ "Nuclear Posture Review（Excerpts），" Submitted to Congress on 31 December 2001, https：//web. stanford. edu/class/polisci211z/2. 6/NPR2001leaked. pdf.

是降低了使用核武器的门槛，将核武器的作用由威慑转为实战。其次是有关核试验的政策调整以及新型核武研制的尝试。2002 年布什政府在编制 2003 财年国防预算时要求国会在三年内拨款 4550 万美元用于钻地核弹（打击加固和深埋地下的目标）的可行性研究。钻地核弹的问题引起了国内激烈的争论，在 2004 财年国防预算中，布什政府继续要求国会拨付 1500 万美元用于研究，并提出另加 600 万美元用于"先进概念倡议"的探索，并废止 1993 年的《斯普莱特 – 弗斯修正案》，为低当量核武的研制放行。[1] 由于研制新型核武争议较大，布什政府 2005 和 2006 财年的经费申请没有得到国会支持。[2] 虽然低当量核弹的研究受挫，但布什政府并没有完全放弃。据《洛杉矶时报》2006 年 6 月报道，美国国会在 2005 年通过的国防预算中同意研制"可靠替代弹头"，以便保证美国现有核武库弹头的可靠性和安全性。[3] 不仅如此，国防部最近又打算迫使国会同意发展新的非核弹头，将其装备在潜射三叉戟 2 型导弹上，以打击所谓的"恐怖分子营地、敌人导弹基地、可疑的核生化武器贮藏地等"。[4]

另外，美国对其他国家的军控政策也在经历重要变化。两个比较突出的例证是伊拉克和印度。2003 年美国攻打伊拉克的理由是伊拉克发展大规模杀伤性武器以及伊拉克同恐怖分子的关系，美国为了证实这一点在战前曾派国务卿鲍威尔在联合国发表"有理有据"的演讲。战争结束后，事实上美国发动伊拉克战争的理由一个都不存在。在是否攻打伊拉克的问题上，美国先有立场，然后寻找制造情报，编造证据。如果当时依托国际原子能机构的核查，或许伊战是可以避免的。伊拉克战争表明，防扩散有时候只是美国大战略中的手段之一，是从属于"先发制人"和"政权更迭"的。这向其他国家释放了比较复杂的信号，伊战可能推动了扩散而不是慑止了扩散；有的国家也可能因此担忧美国的军事打击而放

① "National Defense Authorization Act for Fiscal Year 2004," https：//www. gpo. gov/fdsys/pkg/PLAW – 108publ136/pdf/PLAW – 108publ136. pdf.

② 有关此问题的研究，详见王连成《美国强力钻地型核弹的发展》，载中国军控与裁军协会主编：《2006 年度国际军备控制与裁军报告》，世界知识出版社 2006 年版，第 92—110 页。

③ Ralph Vartabedian, "Rival U. S. Labs in Arms Race to Build Safer Nuclear Bomb," *Los Angeles Times*, June 13, 2006.

④ Michael R. Gordon, "Pentagon Seeks Nonnuclear Tip for Sub Missiles," *The New York Times*, May 29, 2006.

弃寻求大规模杀伤性武器的能力。美印之间的核技术合作同样引起美国国内和国际社会的争议。1998 年印巴核试验后，美国对印度进行制裁，并同中国共同推动联合国安理会通过第 1172 号决议，不承认印巴的核国家地位，并呼吁两国加入国际不扩散机制。七年后，美印于 2005 年 7 月 18 日发表联合声明，表示双方将进行民用核能的合作。① 按照美国前副国务卿塔尔博特的说法，美印发表联合声明的"这一天对印度是好的，对不扩散是糟的"。② 美印核协议充分表明美国对不扩散问题立场的变化，它至少说明三个问题：第一，美国承认核扩散是不可避免的，实在无法防止扩散，就应该设法进行管理；第二，美国开始将扩散区分为"好的扩散"和"坏的扩散"，典型的多重标准；第三，美国有关地区安全战略的考虑超越防扩散的关切，防扩散开始成为一个可以妥协的目标。③

第四节　美国军控政策调整与变革的动因

如前文所述，冷战期间及结束之初实行军控符合美苏的利益，军控的确起到了防止大规模杀伤性武器扩散的目的。然而，布什就任总统后，这些激励美国进行军控制度建设的因素似乎都在发生改变，或者被认为发生了改变，美国由此实质性调整其军控政策。

推动美国调整军控政策的第一个也是最大的一个原因是战略安全环境的变化，或者是威胁认知的变化。克林顿执政的八年中，美国的军控政策依然是冷战时期的思路，虽然也有一些调整，比如导弹防御政策，但基本上依然着力推动军控制度建设。布什总统是明确意识到这种安全环境的实质性变化，并采取了所谓应对安全环境"新现实"的政策。布什在竞选期间接受《今日军控》（Arms Control Today）访谈时就曾经表述过他对美国战略安全环境的认识，他认为：（1）新世纪最为重要的是保卫美国本土，美国面临多样化的安全威胁；（2）美国需要重新思考新的

---

① The White House, "Joint Statement by President George W. Bush and Prime Minister Manmohan Singh," July 18, 2005, https：//2001 – 2009. state. gov/p/sca/rls/pr/2005/49763. htm.

② Strobe Talbott, "Good Day for India, Bad for Nonproliferation," *Yale Global*, July 21, 2005.

③ 徐琳：《美印协议重写全球防核扩散规则》，《华盛顿观察》2005 年第 45 期。

安全环境下核威慑的需求;(3)美俄均面临来自"流氓国家"、恐怖分子以及其他试图获取大规模杀伤性武器及其运载工具的敌对国家的威胁,威胁还来自不安全的核库存以及技术的扩散,俄罗斯不再是美国的敌人,冷战逻辑不再适用,美俄需要新的战略关系,而不是依靠核"恐怖平衡"促进彼此的安全需求;(4)冷战结束将近十年,但美国的核政策仍然停留在遥远的过去,克林顿政府已经用了七年多的时间将美国的军事力量态势调适到后冷战世界,但现在依然锁定在冷战思维当中,现在是将冷战抛在身后、捍卫 21 世纪新威胁的时候了。[①] 2001 年 5 月 1 日,布什总统在美国国防大学的讲话更进一步阐释了他对战略安全环境的判断,并提出了美国应该采取的军控政策。他说:"今天的世界仍然是一个危险的世界,一个更不确定、更难预测的世界。拥有核武器的国家增加了,有更多的国家希望发展核武器。……最令人担忧的是,这类国家中包含世界上一些最不负责任的国家。……我们必须谋求把安全建立在更充分的基础上,而不仅仅借助于可怕的同归于尽的威慑。……今天的世界要求有一项新的政策,一项积极不扩散、反扩散和防御的广泛战略。"[②] 美国对战略安全环境或者说威胁来源的这种判断表明,冷战结束前后的军控政策将不再适用于冷战结束后的新安全环境,因此美国准备变革。如果俄罗斯不再是美国敌人,那么美国就没有必要继续遵奉"确保相互摧毁"的威慑战略,也不必坚守冷战背景下美苏之间签署的军控条约。同样,美国也不必担心因为发展新型武器系统而招致俄罗斯的对抗性反应,不论是武器系统的质量提高还是数量增加,只要能够增进美国安全,美国将毫不犹豫地利用冷战结束后的战略机遇自然不难理解。由于美国将扩散威胁列为头等大事,使用各种手段加强出口管制自然符合美国逻辑,特别是在多边军控领域。由于新兴多样化威胁的不可预测、难以掌控的特点,美国也考虑为扩散一旦无法得到遏制而做好准备。

---

① "Presidential Election Forum: The Candidates on Arms Control," *Arms Control Today*, September 2000, https://www.armscontrol.org/act/2000_09/pressept00.

② The White House, "Remarks by the President to Students and Faculty at National Defense University," Washington, D.C., May 1, 2001, https://georgewbush-whitehouse.archives.gov/news/releases/2001/05/20010501-10.html.

推动美国调整军控政策的第二个重要原因是突发事件及其教训。2001 年 9 月 11 日，恐怖分子对美国的袭击所造成的心理冲击可能不亚于第二次世界大战后的任何事态，它由此改变了美国看待世界安全环境的观念，并因此根本上改变了美国的威慑战略和安全政策。在"9·11"事件后的美国威胁评估中，恐怖主义与大规模杀伤性武器成为无法想象的噩梦。为了防止这种最糟糕的情况出现，美国将动用一切手段防止大规模杀伤性武器及其运载工具的扩散，为此不惜采取单边行动。卡迪尔·汗的地下扩散网络被曝光从更大程度上昭示了大规模杀伤性武器及其运载工具扩散的严重性。卡迪尔·汗建立了庞大的地下扩散网络，这些扩散与当下的扩散危机密切相关。这个网络为可能的买主提供离心机零部件及设计方案、武器的蓝图和技术方面的专业知识。在美国看来，卡迪尔·汗核走私网络表明，"现有的防扩散机制可能不足以应付新出现的非国家扩散的威胁。基于这些机制制定的国际准则假设只有国家才有发展核武器的必要资源。根据'9·11'事件后拟定的一整套新的假设来看，卡迪尔·汗的经验表明上述基本假设是有缺陷的"。① 正是这个教训让布什政府意识到，鼓励国际社会缔结合作协议不如转向推动国家间的合作行动。美国即准备通过武力手段遏制大规模杀伤性武器及其运载工具的需求，也准备在供应方面加强管制，既包括了防扩散也包括反扩散手段。"9·11"事件和卡迪尔·汗地下核网络的曝光证实并进一步强化了美国对新安全环境的判断，并成为美国推动加强原有多边军控机制和创设新的多边机制的主要动因。

第三个原因是军控机制内在的缺陷以及推进军控制度建设面临的困难。美国国内对军控机制的质疑并非始于布什政府，克林顿政府时期有关军控机制是否能够有效满足美国安全利益需求的争议就开始了。质疑的声音主要来自国会中的共和党，他们主要质疑不扩散机制的有效性，认为大规模杀伤性武器的扩散是不可避免的，是无法控制的，传统的防扩散机制并不能有效慑止那些决意获得核武能力的国家，美国需要用反扩散政策取代不扩散政策。他们还质疑作为军控基石的《反导条约》和

---

① 查尔斯·卢茨：《新出现的核扩散者：卡迪尔·汗与地下核市场》，《美国外交政策日程》第 10 卷第 1 期，2005 年 3 月。

赖以实施双边军控的威慑战略——"确保相互摧毁"战略。他们认为，"确保相互摧毁"理论是冷战时代的产物，它增加了美国遭受意外和未经授权的导弹打击的危险，它不能有效地对付导弹向所谓"流氓国家"或者恐怖分子扩散后对美国安全利益构成的威胁，美国现在要解决的不仅是防止扩散，还应该考虑如何解决大规模杀伤性武器扩散后美国所面临的威胁。国际军控条约或者协定签署之后，签约国能否信守条约成为问题，伊拉克、伊朗以及朝鲜所涉及的扩散问题加强了这些质疑的声音。同样，军控机制的确存在内在的缺陷，这些缺陷正被一些试图获取大规模杀伤性武器的国家所利用。根据《不扩散核武器条约》，无核国家放弃了发展核武能力的权利，但同时有权发展民用核能。但在实际的操作中，很难平衡防扩散与和平利用核能的关系。因为某些国家可能以和平利用核能为幌子，借机发展核武能力。另外，冷战结束的新形势让美国感到继续推进军控制度建设存在一定困难。例如，参与军控的国家增多之后，谈判一项国际协议的时间加长，达成协议的难度加大，美国要实现其军控目的难度增加。冷战结束后，军控机制效用不彰的这种状况让美国丧失了推动军控制度建设的动力。

　　第四个推动美国调整军控政策的因素是决策者的政策倾向和国内政治环境。[①] 虽然战略安全环境的改变为美国军控政策调整提供了条件，但这种调整能否实现仍然受到总统政策偏好的影响。按照杰里尔·A. 罗赛蒂的分析，决策分为三个阶段："第一阶段是确定议程，因为如果最终要制定一项政策，必须有问题要引起政府官员和政府机构的关注。作为制定政策的第二阶段是大多数人想象中的决策过程本身，也就是决策者相互作用从而达成某种决定的阶段。最后是执行政策，即由政府官员实施决定的阶段。"[②] 布什是第二次世界大战后与里根一样将军控议题看作外交政策中至关重要的组成部分的总统，因此他能够在政策形成的三个阶段都施加非常重要的影响。他个人的信念、气质和风格都加速了美国军

---

　　① 有关这个问题的详细分析，详见樊吉社《影响冷战后美国军控政策的若干因素》，《世界经济与政治》2001 年第 9 期。

　　② 杰里尔·A. 罗赛蒂：《美国对外政策的政治学》，周启朋、傅耀祖等译，世界知识出版社 1997 年版，第 243 页。

控政策的根本调整。他将军控议题列为需要优先处理的问题，投入了较多的时间和人力资源。布什总统变革美国军控政策的这种偏好同时受到了国内政治环境和突发事件的推动。一般而言，总统是各项政策的"加速器"，总统可以倡导、实施或者促成某项政策，也可以否决、反对一项政策；国会则对各项政策起到"刹车"的作用，既制约总统提出的立法，也可以推翻总统对国会立法的否决。但事实上，国会中共和党在过去六年中始终是控制众议院甚至是参众两院的多数党，这种权力分布显然有利于布什总统调整美国的军控政策，① 布什总统也的确获得了来自国会的舆论、立法和经费方面的支持。突发的"9·11"事件构成了布什政府调整美国军控政策的另一个推力。"9·11"事件让共和党总统和共和党议员吸取的教训是：不愿意接受军控所包含的相互克制的内容，怀疑双边或者多边军控机制的效用，强化美国军事力量，为最坏情况做出准备。"9·11"事件发生之后，保守力量和自由派力量所处的平台已经不平等，自由派倡导谈判、军控的声音受到了压抑，保守派声音获得了更大的市场。

第五节　美国军控政策的前景

布什政府六年来的军控政策调整已经基本上展现了新安全环境下美国的军控政策的"新面貌"。美国为了发展导弹防御系统已经放弃了《反导条约》，这也意味着冷战时期美苏之间"确保相互摧毁"的战略将丧失意义。布什总统在2001年5月1日的美国国防大学讲话中表示："威慑力再也不能仅仅建立在实行核报复威胁的基础上。……我希望完成改变我们关系基础的工作，即把以核恐怖平衡为基础的关系转变成以共同责任和共同利益为基础的关系。"② 在宣布美国退出《反导条约》的讲话中，

---

① 共和党在具体的军控问题上持有下列观点：反对全面禁止核试验、重视新型武器的研发试验以及部署、支持发展导弹防御能力、不相信军控协议、怀疑其他国家是否会遵守签署的协议、为最坏的情况做好准备。

② The White House, "Remarks by the President to Students and Faculty at National Defense University," Washington, D. C., May 1, 2001, https: //georgewbush-whitehouse. archives. gov/news/releases/2001/05/20010501 - 10. html.

布什总统也提到："美国和俄罗斯正努力建立正式的新型战略性关系。"①
虽然短期内，美国并不可能完全消除"确保相互摧毁"的状态，② 但美国
已经不再接受"确保相互摧毁"的战略。随着美国导弹防御系统的能力
的不断提高，美国最终实现第一次打击能力并非不可能。③ 美国的核战略
已在经历重大调整，美国核武器威慑的对象重点发生转移，从主要针对
苏联，转为同时应对潜在核大国和"无赖国家"；战略威慑的结构也发生
了变化。调整后的核战略加强甚至超越了传统的威慑，裁军可以迅速逆
转、攻防能力实现结合、常规和战略威慑实现相结合。④ 美国秉持此种威
慑战略将对其他国家构成相对较大的安全压力，其他国家很难在普适的
全球或者多边及双边领域达成具有法律意义的军控条约或者协定，从而
对自身的军备能力形成实质性的束缚。因此，美国调整核政策后，军控
领域的制度建设将很难取得进展。事实上，现在美国也不愿意受到条约
的束缚，美俄基本上进入了无条约军控时代。制度建设不再是美国军控
政策的主导方向，但这并不意味着美国不重视非正式的军控机制。从
布什政府迄今为止的军控政策调整能够看到美国军控政策"新面貌"，
新安全环境下的所谓适应新现实的美国军控政策主要包括如下几个方
面的内容。

　　调整后的美国军控政策的第一个支柱仍然是防扩散。此时的防扩散
有别于以前的防扩散，它涵盖的内容不仅包括原有的防扩散手段，同时
也增加了新的防扩散方式。美国完善第一个支柱的方式包括有选择修补、
巩固现有不扩散机制，加强原有的非条约的防扩散合作，增加新的防扩
散手段。当前《不扩散核武器条约》在和平利用核能与防扩散平衡方面

①　George W. Bush, "President Discusses National Missile Defense," December 13, 2001, ht-
tps: //2001 - 2009. state. gov/t/ac/rls/rm/2001/6847. htm.

②　参见樊吉社《"后冷战时代军控形势的回顾与展望"研讨会综述》,《美国研究》2003
年第 3 期。

③　《外交事务》(Foreign Affairs) 2006 年 3—4 月号上刊登了两位美国学者的文章，文章称
随着美国武库的迅速增加，俄罗斯武库的衰减，以及中国依然维持较小武库，确保相互摧毁的时
代即将结束，美国核优势的时代即将来临。Keir A. Lieber and Daryl G. Press, "The Rise of
U. S. Nuclear Primacy," Foreign Affairs, March/April 2006.

④　孙向丽:《小布什政府期间美国核政策的调整》,提交中国社会科学院美国研究所主办
的会议"后冷战时代军控形势的回顾与展望"的论文。

出现的麻烦极大程度上影响条约的未来。美国不可能剥夺无核国家和平利用核能的权利，同时又要解决扩散关切。废止这个条约显然是不符合美国利益的，修改这个条约也是不现实的。目前比较可行的办法是就核能和平利用凝聚新的共识，解决和平利用核能可能造成的扩散问题。国际原子能机构和美国的确也在朝着这个方向努力。2005 年 9 月，国际原子能机构总干事巴拉迪提出建立国际燃料银行的设想后，美国能源部长塞缪尔·博德曼旋即于 9 月 26 日发表声明，称美国愿意为那些放弃铀浓缩计划的国家提供核反应堆燃料，从而控制核武器的扩散，为此能源部将为国际原子能机构可核查的、有保证的燃料供应安排储存 17 吨高浓缩铀。① 2006 年 1 月底，布什总统提出了"先进能源倡议"（Advanced Energy Initiative），其中涉及核能的内容就是"全球核能伙伴计划"（Global Nuclear Energy Partnership）。这个计划如果得以实施，将极大降低民用核能所造成的扩散隐忧。此外，美国还将继续加强出口管制机制，既包括国内出口管制立法，也包括多边出口管制机制。美国原来的出口管制立法现已丧失效力，目前正在酝酿新的立法。由于在平衡经济利益与安全利益问题上的分歧，新的立法已经延宕多时，美国可能会加速国内出口管制的新立法。美国还将继续努力巩固原有的多边出口管制机制，这不仅包括推动成员国的扩大，还包括更新出口管制的"触发清单"。

加强原有非条约的防扩散合作则包括继续推动"合作削减威胁"项目，并将这个项目扩大到相关国家。合作削减威胁项目最初是针对独联体国家，解决遗留在乌、白、哈的武器系统，协助解决反应堆的转换及核武器和材料的保护、控制、衡算和集中，甚至设立赠款项目解决核科学家的就业问题，防扩散效果比较显著。现在这个项目的目标国家已经得到拓展，已扩大到伊拉克和利比亚，以后如果朝核和伊核问题获致解决，有望继续扩大。项目力度的扩大则表现在"八国防止大规模杀伤性武器和材料扩散全球伙伴关系"，以及后续的计划和倡议。新的防扩散手段则包括现在美国提出的"集装箱安全倡议"以及"百万港口"（Megaports）计划。美国将继续推动其他国家同美国合作，加入这些双边的倡

---

① "U. S. Offers Reactor Fuel as Nonproliferation Measure," *NTI：Global Security Newswire*, Sept. 26，2005.

议，从而编织复杂的防扩散网络。美国以后也可能提出新的防扩散手段，并寻求国际社会的支持。条约机制面临的麻烦就是守约（compliance）问题，美国将在国际社会推动加强守约的各种倡议和手段，不断强化国际原子能机构的核查能力。此外，美国还可能推动"禁止生产核武器用裂变材料条约"的谈判，敦促《不扩散核武器条约》的缔约国正式批准国际原子能机构附加议定书，确定所有国家完成全面的国际原子能机构安全保障协议等。

调整后的美国军控政策第二个支柱是反扩散，它主要是针对扩散的接受方实施的战略或者政策。根据 2002 年 12 月公布的《抗击大规模杀伤性武器国家战略》，反扩散包括禁阻、威慑、防御和缓解几项内容。[①] 所谓禁阻是指防止大规模杀伤性武器的材料、技术和知识向敌对国家或者恐怖组织转移。这种手段是在不扩散无法奏效的情况下采取主动措施对其进行拦截，具体表现为美国的"扩散安全倡议"。现在美国号称已经有 60 个国家同意支持和合作，美国将继续推动成员国的增加，并落实合作的具体内容。威慑主要是政策宣示的威慑和军事力量的威慑，既有劝阻的内容，也有进行军事打击的可能。威慑中的实力部分既包括常规的反应能力，也包括核反应能力。美国在 2001 年年底的《核态势评估》报告中已经表明了可能进行核打击的七个国家和三种情况，这就是发出的威慑信号。此处的威慑内涵似乎还有进行制裁的含义，既有美国单边的制裁，也可能是美国推动国际社会的共同制裁。美国已经在加强军事威慑的各种手段，包括曾经提出的核钻地弹计划，以及最近的为战略导弹安装常规弹头的设想。防御和缓解是在上述不扩散、禁阻、威慑手段失效的情况下所采取的政策。它包括实施"先发制人"的军事打击，即在发现大规模杀伤性武器但尚未被敌对国家或者恐怖组织使用的时候进行先发制人的打击。这是美国防扩散政策中最有争议的内容之一。防御还包括积极防御和消极防御两个方面。所谓积极防御就是导弹防御的主动拦截，主要是在大规模杀伤性武器在发射的助推段实施拦截，这种方式比较有效，入侵性也比较强。消极防御因大规模杀伤性武器的种类不同

[①]　The White House, "National Strategy to Combat Weapons of Mass Destruction," December 2002.

而有区别。例如对于导弹的拦截，如果不进行积极防御或者积极防御失效，则在导弹飞行中段或者末段进行拦截摧毁。

调整后的美国军控政策第三个支柱是后果处理。所谓后果处理是指所有防扩散、反扩散手段均告无效，美国境内受到大规模杀伤性武器打击之后应该采取的措施。这些措施包括加强训练、制定规划、加强部门之间的协调、制定应急预案等。

第二部分

美俄核关系

第 一 章

美俄《反导条约》博弈*

《美苏关于限制反弹道导弹系统条约》（Treaty between the United States of America and the Union of Soviet Socialist Republics on the Limitation of Anti-Ballistic Missile Systems，简称 ABM Treaty，又称《反导条约》）是美苏（和冷战结束后美俄）谈判限制、削减战略武器，实行军控和裁军以维持战略稳定的基石。冷战时期，条约虽曾面临一些挑战，但并没有构成对条约根本内容的重大修正。冷战结束后，由于美国发展战区导弹防御系统（TMD）和国家导弹防御系统（NMD），美俄在《反导条约》是否继续存在下去、是否和如何区分战略导弹防御系统和战区导弹防御系统、是否修正条约允许美国部署有限的 NMD 等问题上存在广泛而深刻的分歧，双方的斗争和妥协成为冷战后军控和裁军领域的重要内容。

本章将考察该问题的四个方面：条约达成的背景及其对反导系统的限制；美俄在区分战区、战略导弹防御问题上的博弈；双方在修改《反导条约》和部署战略导弹防御系统问题上的较量；条约可能的前景。

第一节 《反导条约》签署背景及其内容

20 世纪 60 年代末 70 年代初，美苏在竞争战略优势的同时还开始了限制战略武器谈判的试探。两国能够在 1972 年达成《反导条约》不仅因为双方战略力量对比的现状及遵奉的安全理论，还因为国际形势逐渐趋

---

* 此文原题为《冷战后美俄在〈反导条约〉问题上的斗争与妥协》，原刊于《太平洋学报》2000 年第 3 期。感谢《太平洋学报》授权，收入本书时作者对原文做了适当调整。

缓及国内因素的制约。

第一，美苏战略核力量趋于平衡，苏联具备了第二次打击能力。从冷战初期到《反导条约》签署是美苏恶性竞争战略优势的一段时间，这种竞争在技术上和数量上呈现出螺旋上升的模式①；到1972年，苏联不仅建造了更多的导弹发射装置，它还把其中最先进的装置部署在加固的发射井中，建立了具有生存能力的第二次打击力量，美国大谈在第一次打击中"干掉"苏联全部或者大部分核武器的时代结束了。②虽然数量上并不对等（数量上的真正对等大约在冷战结束前夕得以实现），但美国前国防部长麦克纳马拉认为，就核武器在战争中实际应用的效力而言，美苏战略力量的对等至少在1962年10月就完成了。③战略力量的大致对等是双方能够坐到谈判桌前讨论军控和裁军的根本条件。

第二，威慑理论——"确保相互摧毁"战略被双方默认，美苏都不希望在导弹防御领域展开另一场军备竞赛。60年代末70年代初，美苏均默认了"确保相互摧毁"战略，双方都易受攻击能够慑止对方的进攻，即使对方发动第一次打击，自身在第一次打击中生存下来的战略武器仍具有报复能力，能给对方造成难以接受的伤害。这种威慑理论是双方展开限制战略武器谈判的基础。尼克松就任总统后提出了"核武器足够"的思想，认为双方拥有的核武器的数量达到一定水平后，应考虑保持战略均势而不是增加武器的数量，因而限制战略武器的想法被逐渐提上日程。苏联在1968年也表示过谈判限制战略武器的意愿。由于苏联已经建立了"橡皮套鞋"导弹防御系统，美国希望不仅限制战略进攻性武器，同时还要限制防御性武器，但苏联拒绝限制防御性武器系统。④美国很快决定发展导弹防御系统，两国在反导领域的竞赛即将开始，苏联在这种

---

① Robert McNamara, *Blundering into Disaster*: *Surviving the First Century of the Nuclear Age*, New York: Pantheon Books, 1986, pp. 151, 154–155.

② 约翰·纽豪斯：《核时代的战争与和平》，军事科学院外国军事研究部译，军事科学出版社1989年版，第365页。

③ Robert McNamara, *Blundering into Disaster*: *Surviving the First Century of the Nuclear Age*, New York: Pantheon Books, 1986, p. 59.

④ 1967年，约翰逊总统和柯西金总理会晤时，美国提出限制导弹防御系统，柯西金的反应甚至有些失态，他说："防御是道德的，进攻是不道德的。"参见约翰·纽豪斯《核时代的战争与和平》，军事科学院外国军事研究部译，军事科学出版社1989年版，第373—374页。

竞赛中并不具有优势，因而接受了美国既谈判限制进攻性武器又限制防御性武器的要求——此即尼克松津津乐道的"连环套"政策。从 1969 年11 月起，美苏开始谈判。

第三，双方国内因素的制约。尼克松上台后面临国内反战压力，急欲从越南脱身；国内反对发展导弹防御系统的呼声很高；反导技术上仍存在很多困难；国会不愿意拨付巨资用于导弹防御研发部署。尼克松政府也不希望在反导领域同苏联展开另一场螺旋式上升的军备竞赛。苏联同样清楚，无论在技术上还是在数量上，苏联的战略武器都不具有优势，要想冻结战略上大致均衡的现状必须同美国谈判限制战略武器，谈判限制进攻性和防御性武器对双方都有利。

因此，美苏通过赫尔辛基和日内瓦的公开渠道以及基辛格同葛罗米柯之间的秘密渠道开始了限制战略武器谈判。[1] 经过长达两年半的较量，两国终于在 1972 年 5 月签署了《反导条约》和《美苏关于限制进攻性战略武器的某些措施的临时协定》。《反导条约》涵盖了有关导弹防御系统的方方面面：对反导系统作了明确定义；明确的数量限制，包括反导系统的部署数量、拦截弹的数量等；质量上的限制，包括双方保证不研制、试验或者部署海基、空基和天基以及陆基机动反导系统及其组件，不研制、试验、部署根据其他物理原理制造、能代替这种拦截弹、发射架和雷达的东西；不得将条约所限制的反导系统及其组件移交给他国或在国外部署。条约还有明确的核查手段、五年一度的审议会及"常设协商委员会"以便解决条约执行中的争执问题。[2]

《反导条约》实际上是冷战期间签署的相当完备的一个裁军条约，它对于美苏冷战期间维持战略稳定和危机稳定、持续进行军备控制和限制、削减战略武器谈判具有不可估量的重大意义。但条约中一些措辞并没有明确定义，比如条约对于战略导弹防御系统和非战略导弹防御系统并没有做出明确界定，条约也没有说明什么试验属于以反弹道导弹方式进行

---

① 关键的谈判是通过基辛格和葛罗米柯完成的，基辛格在他的回忆录第十三、二十和二十八章中均有比较详细的描述，参见基辛格《白宫岁月：基辛格回忆录》第二、三、四册，裘克安、吴继淦、江瑞熙等译，世界知识出版社 1980 年版。

② Walther Stützle, Bhupendra Jasani and Regina Cowen eds. , *The ABM Treaty: To Defend Or Not To Defend?* Oxford: Oxford University Press, 1987, pp. 207 – 213.

的试验,① 这实际上为美国在冷战结束后发展 TMD、对战略导弹防御系统和 TMD 进行画线提供了较大的空间。

第二节 美俄战略导弹防御和
非战略导弹防御的画线

《反导条约》在里根和布什执政时期曾面临一些危机。里根总统为实施"星球大战计划"曾提出对《反导条约》进行"宽泛解释"②,美苏之间的削减战略武器谈判因此一度中断。布什政府在冷战结束之初将"星球大战"计划调整为"全球防护有限打击系统",降低了研发导弹防御系统的规模,但提出对传感器、部署方式和试验、部署的物理原则不加限制,允许部署六处防御系统,每处部署 150 枚拦截弹,允许向第三国转让导弹防御系统。这些都是苏联/俄罗斯无法接受的条件,双方的分歧一直没有得到解决,但美苏/美俄削减战略武器的强烈意愿使《反导条约》得以维持。

克林顿就任总统后取消了"战略防御倡议局"而代之以"弹道导弹防御局",进一步降低导弹防御的规模,但加大了研发 TMD 的力度,美俄在反导问题上的分歧立即凸显出来。

美俄之间的第一个分歧:《反导条约》是否仍然有效,是否有必要遵守条约对反导系统的限制,换言之,苏联解体后,俄罗斯是否有资格继承苏联在《反导条约》中的权利和义务?

冷战结束后,作为缔约方之一的苏联解体了,俄罗斯是否有资格继承苏联在《反导条约》中的权利和义务? 冷战结束之初,俄罗斯、白俄罗斯、乌克兰和哈萨克斯坦于 1991 年 12 月 21 日达成协议,将白、乌、

---

① 美国在条约签署后的单边声明中对"以反弹道导弹方式"进行的试验作了一些说明,但从美国对试验 THAAD 系统的解释来看,美国并没有遵守这些说明。Walther Stützle, Bhupendra Jasani and Regina Cowen edit., *The ABM Treaty: To Defend Or Not To Defend?* Oxford: Oxford University Press, 1987, p. 212.

② 宽泛解释是指将条约解读为:条约允许试验和发展以新技术为基础的防御系统,但不允许部署。狭义解释是指对条约作字面上的、限制性的解释,指允许发展一处陆基、固定的导弹防御系统。David B. H. Denoon, *Ballistic Missile Defense in the Post-Cold War Era*, Colorado: Westview Press, Inc. 1995, pp. 115 – 117.

哈三国领土上的战术核武器转移到俄罗斯，任何使用核武器的决定也将由俄罗斯总统做出；1992 年 3 月美国和俄、白、乌、哈签署的《里斯本议定书》规定，后四个国家继承苏联的《第一阶段削减战略武器条约》的义务；同年 10 月，原苏联的十个共和国同意履行《反导条约》规定的条款。因此，俄罗斯实质上继承了苏联的战略武器及其在国际政治舞台上的所有角色。

但俄罗斯的资格却成为美国国内讨论的议题之一，国会中大致存在三种观点①：第一种观点认为苏联解体意味着条约规定的权利和义务也随之消失了，美国不再受条约的束缚了，因而没有必要就反导问题再同俄罗斯谈判，完全可以根据自身防务需要发展任何反导系统；第二种观点认为《反导条约》对实施军备控制意义重大，美国应严格遵守条约，不做任何修改；第三种观点由两部分人持有，一部分人认识到条约的重要性，希望修改条约，使发展 TMD 不违背条约；另一部分人并不强烈反对条约，但认为如果条约阻碍了 TMD 的发展，就应该让条约消亡。

克林顿政府走的是中间路线：澄清条约以满足美国发展导弹防御的需求，同时维持条约的有效性。1993 年 11 月 30 日，美国向日内瓦的《反导条约》常设协商委员会提出将条约多边化的倡议。当时俄罗斯在发展导弹防御的问题上也有向美国靠拢的趋势，将条约多边化的建议自然受到俄罗斯的欢迎。1996 年 6 月 24 日常设协商委员会就使条约多边化的《谅解备忘录》达成初步协议，次年 9 月 26 日，美、俄、白、哈、乌在纽约签署备忘录。备忘录规定各国批准后，俄、白、哈、乌也成为合法的条约缔约国，继承条约规定的权利和义务②，条约实现多边化。美国国防部曾经坚决反对条约多边化，因为多边化之后对条约的修改必将更难获得各国的一致同意，但这种反对的声音并没有起作用。国会则坚持，对条约的任何补充、修改均需获得参议院的同意。迄今为止，克林顿总统仍未将 1997 年签署的有关《反导条约》的一系列文件送交参议院批

---

① Kenneth Luongo, "A New Threat to the ABM Treaty: The Administration's TMD Proposal," *Arms Control Today*, January/February, 1994, p. 15.

② "New START II and ABM Treaty Documents," *Arms Control Today*, September 1997, pp. 19 – 24.

准。如果参议院不批准《谅解备忘录》，条约多边化就不会生效。同时签订的还有区别战略导弹防御和非战略导弹防御的一系列文件，这些文件虽未经批准，但已经付诸实施。

美俄之间的第二个分歧是战略和战区导弹（非战略导弹）防御系统的区分：低层 TMD 与高层 TMD。

除了将条约多边化的内容外，美国1993年11月30日的提议中还表示不再要求对条约"宽泛解释"，不再发展全球防护系统；但为了试验并部署 TMD，美国要求同俄谈判对战略导弹防御系统和 TMD 做出明确界定。美国的提议包括两项重要内容：将试验所用靶弹速度不超过每秒5公里的导弹防御系统划为 TMD，试验并部署 TMD 不违背条约对反导系统的限制；澄清《反导条约》的第六条款——应依据 TMD 试验所表现出来的能力，而不是其实际或潜在能力判断是否属于战略导弹防御系统。[①] 美国提出这个建议是为了发展战区高空区域导弹防御系统（Theatre High Altitude Area Defense，THAAD）。美国军控专家一致认为，这个提议模糊了战区导弹防御和战略导弹防御。靶弹的飞行速度定在每秒5公里，而战略导弹的飞行速度在每秒6—7公里，如果 THAAD 系统获得准许试验并部署，它将具备拦截战略导弹的潜力。如果这样的战区导弹防御系统不受条约限制，那么《反导条约》对发展战略导弹防御系统的限制必将是形同虚设。[②]

从美国提出就战略和战区导弹防御的区分进行谈判到1997年9月双方签署一系列有关的协议，美俄持续将近四年之久的谈判集中在上述两点实质性提议上。此间的谈判大致可以划分为两个阶段：1993年11月到1995年年初谈判陷入僵局为第一阶段；1995年年初到1997年9月26日签署协议为第二阶段。

第一阶段谈判主要在常设协商委员会进行，美国提出区分 TMD 的具体建议，希望对 TMD 的限制比较宽泛，俄罗斯则提出反建议，希望对

---

① "U. S. Proposal to Retool ABM Treaty Reopens Debate on Missile Defense," *Arms Control Today*, January/February 1994, p. 24.

② 技术上的分析见 Lisbeth Gronlund, George Lewis, Theodore Postol and David Wright, "Highly Capable Theater Missile Defense And the ABM Treaty," *Arms Control Today*, April 1994, pp. 3 – 8。

TMD 施加比较严格限制，此间的谈判是双方相互较量的过程。双方的分歧表现在对陆基、海基和空基导弹防御系统的拦截弹和试验所用靶弹飞行速度或射程的不同规定。1993 年，美国提出只对 TMD 试验的靶弹做出飞行速度为每秒 5 公里或射程为 3500 公里的规定；俄罗斯则提出，对非战略导弹防御附加单一技术限制是不够的，还应限制拦截弹的速度，不仅要将非战略导弹防御系统试验的靶弹的飞行速度限制在每秒 5 公里以内，还应将陆基非战略导弹防御系统拦截弹的速度限制在每秒 3 公里。俄罗斯的提议并不影响美国试验 THAAD 和其他陆基导弹防御系统，但美国不仅希望发展低层陆基导弹防御系统，还计划发展高层陆基、海基和空基导弹防御系统。1994 年 7 月中旬，美国又提出新的建议，表示接受俄罗斯的反建议，希望将其作为对陆基和海基"低层"拦截弹的限制，但美国还有权讨论对"高层"导弹防御的限制。自此，美俄就画线问题进行的谈判分为高层和低层导弹防御系统。新建议提出，允许试验拦截弹速度为每秒 4.5 公里的海基导弹防御系统；允许部署拦截弹速度以每秒 5.5 公里为限的空基助推段防御系统。① 俄罗斯基本上接受了美国提出的新建议，只不过将海基系统的拦截弹速度上限定为每秒 4 公里，而不是美国要求的每秒 4.5 公里，将美国提出的允许部署空基系统改为通过谈判决定是否允许部署。

　　双方的分歧在 1995 年 9 月叶利钦和克林顿会晤后得到部分解决，美俄表示将在尽可能短的时间内就画线问题达成协议。② 但同一时期美国加快了北约东扩进程，双方在北约东扩问题上的矛盾直接影响到常设协商委员会的谈判。面对美国咄咄逼人的姿态，俄罗斯在 1994 年 10—11 月的谈判中从原来的立场上后退，表示推迟讨论拦截弹速度在每秒 3 公里以上的战区导弹防御系统试验和部署的问题。

　　由于美国计划在 1995 年试验 THAAD 系统，但双方至今尚未就画线问题达成任何协议，美国的迫急情绪逐渐表现出来。军控署署长霍勒姆

---

① "U. S. Continues to Press for Looser Limits on ABM Treaty," *Arms Control Today*, September 1994, p. 24; "U. S. Weighs Response to Russian Proposal on ATBM Demarcation," *Arms Control Today*, October 1994, p. 18.

② "Joint Statement on Strategic Stability And Nuclear Security By the Presidents of the United States and Russia," *Arms Control Today*, November 1994, pp. 31 - 32.

曾在 1994 年 3 月的一次听证会上表示，如果不修改《反导条约》，美国就不能试验 THAAD 系统。但同年 9 月 28 日弹道导弹防御局局长马尔科姆·奥尼尔则表示，即使条约问题没有得到解决，美国仍将试验 THAAD 系统。美国政府则表示正考虑对条约做出单边重新解释，以允许试验 THAAD 系统。1995 年 1 月，克林顿政府通知美国国会和俄罗斯，它将在 1995 年年初进行 THAAD 系统拦截弹的飞行试验。美国政府的解释是，试验的拦截弹将不接受来自天基传感器的数据，这样该拦截弹将不具有拦截战略导弹的能力。美国政府的这种立场仍然是只根据系统实际表现出的能力，而不是系统具有的潜力来判断 TMD 是否违背条约。控制国会参众两院的共和党议员提出停止同俄罗斯的谈判，以便让国会有时间研究相关问题。

对此，俄罗斯外长立即提出严正抗议，认为美国的举动恶化了谈判的气氛，将对安全问题的磋商产生负面影响。① 俄罗斯告知美国，目前因过多的时间关注车臣问题，不可能按照计划在 3 月开始常设协商委员会的新一轮谈判，谈判至此陷入停滞。

美俄第二阶段的谈判主要是通过一系列高级会谈和首脑会晤来弥合双方的分歧，最终就画线问题签署了协议。常设协商委员会的谈判陷入僵局后，美国开始考虑先同俄罗斯达成一揽子原则协议，细节留待以后再谈。② 1995 年 4 月初，副国务卿塔尔伯特访问俄罗斯；4 月 22 日，美国副国务卿林恩·戴维斯同俄罗斯副外长乔治·马梅多夫（Georgi Mamedov）在伦敦会晤，讨论美俄声明草案。实际上，美国在戴维斯和马梅多夫会晤的前一天已经试验了 THAAD 拦截弹。5 月 10 日，克林顿总统访问俄罗斯，双方达成原则声明。联合声明重申了条约是战略稳定的基础，双方有权部署 TMD，但不能违背或规避条约；每一方部署的 TMD 不能对对方的战略核力量构成现实威胁，TMD 不能被试验具有此种能力；部署的 TMD 不能针对对方；部署的规模应与面临的导弹威胁相一致；声明还

---

① "Administration Moves Unilaterally to Begin Testing THAAD System," *Arms Control Today*, January/February 1995，p. 21.

② "Clinton to Seek TMD Understanding with Yeltsin at Moscow Summit," *Arms Control Today*, May 1995，pp. 22，30.

规定了一些在导弹防御方面进行合作的设想。① 11 月 17 日，美俄均做出妥协，戴维斯和马梅多夫达成画线的框架协议，规定只要 TMD 的拦截弹速度在每秒 3 公里或低于每秒 3 公里，靶弹的飞行速度不高于每秒 5 公里，射程不超过 3500 公里，这样的 TMD 不违背条约。翌年 6 月 24 日，常设委员会的谈判取得进展，美、俄、白、哈、乌达成有关低层 TMD 的初步协议，低层 TMD 问题的分歧基本获得解决。但 1996 年 10 月 25 日，俄罗斯宣布在达成有关高层 TMD 的第二阶段协议之前，它将不执行有关低层 TMD 的第一阶段协议，谈判再次面临停滞的可能。

尽管对 TMD 和战略导弹防御的区分对美俄的意义是相同的，也就是说，允许美国发展的非战略导弹防御系统同样适用于俄罗斯。但冷战结束后，俄罗斯国内经济问题颇多，军事上的投入远远不如冷战时期，虽然莫斯科附近仍然部署了"橡皮套鞋"导弹防御系统，但它并无足够实力和意愿同美国对等发展。一方面，俄罗斯缺乏财力维持其庞大的武库，希望同美国对等深度削减战略武器，尽快实施《第二阶段削减战略武器条约》（START Ⅱ）；另一方面，俄罗斯对北约东扩和美国提出修改《反导条约》怀有疑虑，它在 START Ⅱ 批约及谈判低层和高层 TMD 问题上难免迟疑。美俄就《反导条约》的谈判实质上是俄罗斯力求增加对发展导弹防御系统的限制，希望美国计划中的导弹防御系统对俄罗斯的战略威慑力量构成最低限度的危害；美国寻求同俄罗斯谈判的主要目的在于，使美国发展反导系统合法化，不至于招致俄罗斯的过度反应而拒绝削减战略武器。正如前文所述，美俄对战略武器的削减和限制都是建立在双方遵守《反导条约》的基础之上的，现在美俄在反导问题上的分歧仍然是通过在削减战略武器上的妥协解决的。

双方在高层 TMD 问题上的分歧是通过 1997 年 3 月 20—21 日的赫尔辛基首脑会晤解决的。美俄在会晤后就削减战略核力量发表了联合声明，其中有两点重要的规定：一旦 START Ⅱ 生效，美俄将立即开始就《第三阶段削减战略武器条约》（START Ⅲ）问题举行谈判，START Ⅲ 将把各自的战略武器削减到 2000—2500 枚；根据

---

① "Joint Statement on ABM, TMD Systems," *Arms Control Today*, June 1995, p. 24.

START Ⅱ，销毁战略核运载工具的最后期限将延长到 2007 年 12 月 31 日。第一点满足了俄罗斯深度削减战略武器的需要，第二点同样可以使俄罗斯的战略武器保持到 2007 年 12 月 31 日之前，部分满足了俄罗斯对美国发展导弹防御系统的忧虑。同样，俄罗斯在高层导弹防御系统问题上也做出了让步，两国就《反导条约》发表联合声明规定了高层 TMD 的一些原则：双方同意，高层 TMD 的靶弹速度不超过每秒 5 公里，射程不超过 3500 公里；双方不研制、试验、部署以太空为基地的用于 TMD 的拦截导弹或者根据其他物理原理制造、能代替这种拦截导弹的东西；每年交换有关 TMD 计划的详细情况。这个声明中，俄罗斯没有强调对高层 TMD 拦截弹速度的限制，只是规定了靶弹的一些参数，这样美国就可以将其解释为只要 TMD 的试验不使用速度超过每秒 5 公里或射程不超过 3500 公里的靶弹，这个 TMD 就不违背条约。双方的妥协为以后签署关于低层 TMD 的第一个协议和关于高层 TMD 的第二个协议扫除了障碍。

1997 年 9 月 26 日，美俄在纽约签署了《美俄第二阶段削减战略武器议定书》，美、俄、白、乌、哈五国签署了关于《反导条约》的《谅解备忘录》《第一阶段协议》《第二阶段协议》《建立信任措施协议》① 等多个文件。美俄在反导问题上的分歧基本上获得解决。

第三节 美俄修约与国家导弹防御系统部署

在 1999 年 1 月之前，有关 NMD 和修改《反导条约》的问题并不是美俄之间的争执焦点，而是美国国内的问题，其间美国在 NMD 和《反导条约》上的政策具体表现为三个方面：共和党控制的国会不断向克林顿政府施压，要求尽快部署 NMD、同俄罗斯谈判修改条约问题，如果谈判

---

① 这些文件中最具有实质意义的是《谅解备忘录》和《第一阶段协议》《第二阶段协议》，备忘录使条约实现多边化，两个协议对低层导弹防御系统和高层导弹防御系统靶弹和拦截弹的参数作出了明确规定，其内容体现了 1995 年原则声明和 1997 年赫尔辛基会晤的核心精神。"New START II and ABM Treaty Documents," *Arms Control Today*, September 1997, pp. 19 – 24.

失败，美国就退出条约，① 评估导弹威胁的《拉姆斯菲尔德报告》出台和朝鲜试验"大埔洞－1"号之后，国会两党在部署 NMD 问题上取得部分共识；美国政府迫于国会的压力，不断加大 NMD 研发力度，具体表现是增加拨款；② 政府起初力图强调条约对维护战略稳定的重要性，后来逐渐比较倾向于主张修改甚至退出条约。③

1999 年 1 月，克林顿总统向叶利钦总统致函表示修改《反导条约》，美俄在修改《反导条约》以允许美国部属 NMD 问题上的较量才真正开始。按照参谋长联席会议副主席约瑟夫·罗尔斯顿在 1998 年 10 月勾勒的修约谈判时间表，修约问题应该在 1999 年年底得到充分的重视和评估，2000 年 5 月完成谈判。④

美俄在修改《反导条约》问题上的分歧是根本性的，美国希望部分修改条约以允许它部署有限的 NMD，俄罗斯则坚决反对对《反导条约》进行任何修改。从 1999 年 1 月到 2000 年 6 月首脑会晤，美俄在反导问题的谈判基本上没有任何进展。双方的较量停留在对《反导条约》及相关军控条约的不同表态、提出谈判筹码等问题上，如果说有些进展的话，也不过是俄罗斯承认国际社会面临着大规模杀伤性武器及其运载工具扩

---

① 例如：1994 年 9 月，众议院的共和党提出一项国家安全立法，要求尽早部署能够保护美国不受导弹打击的防御系统；1995 年 9 月，参议院在 1996 财年国防授权法中附加的条件是美国应为多个地点部署的 NMD 系统进行研发，在 2003 年获得初始阶段的作战能力；就 NMD 问题同俄谈判修改《反导条约》，如果谈判失败，美国应考虑退出条约；1997 年 1 月，参议院多数党领袖特伦特·洛特提出《1997 年国家导弹防御法案》，要求在 2003 年年底之前部署 NMD，无须考虑导弹威胁，立即同俄谈判修改条约，如果不能达成协议，美国应考虑退出条约。1998 年 3 月，共和党参议员考克兰（Thad Cochran）提出一项议案，该议案要求政府，一旦技术上可能就在美国部属有效的 NMD。

② 例如：1997 年美国四年防务评估后，决定在以后五年内增拨 23 亿美元用于 NMD 的研发；1998 年 10 月，克林顿签署的国防拨款法中包括为弹道导弹防御局增拨 10 亿美元；1999 年 1 月 20 日，国防部长科恩宣布增拨 66 亿美元用于 NMD 部署所需；2000 年 1 月，克林顿政府表示将再次要求增加 22 亿美元用于 NMD。

③ 例如：美俄首脑数次会晤中均明确强调了《反导条约》对维持战略稳定的重要性；1998 年 10 月，在参议院听证会上，副国防部长约翰·哈姆雷表示，如果部署 NMD 需要修改条约，而在一定的时间范围内无法就修约达成协议，美国将选择退出条约；国防部长科恩 1999 年 1 月 20 日的讲话明确表示，如果在一处部署反导系统无法保护美国 50 个州，美国将在多处部署反导系统，如果俄罗斯不同意修改条约，美国将退出条约。

④ "DOD Official Says NMD System May Require Treaty Withdrawal," *Arms Control Today*, October 1998, p. 23.

散这一越来越严重的威胁，这将使战略形势和国际安全发生潜在的巨大变化，双方将根据国际安全形势发生的变化来提高条约的生命力和有效性。

首先，美国在修改条约问题上表现出比较强硬的立场，具体表现为政要对修约问题的表态、国内就部署 NMD 进行立法、按计划进行 NMD 试验——"逼"的手段。1999 年 1 月 20 日，国防部长科恩表示，如果在一处部署反导系统无法保护美国 50 个州，美国将在多处部署反导系统；如果俄罗斯不同意修改条约，美国将退出条约。3 月，国会参众两院分别在 17 日和 18 日以压倒性多数票通过《国家导弹防御法》，规定只要技术上可行，就应尽快部署有效的、有限的 NMD，克林顿总统在 7 月签署该法案，部署 NMD 成为美国的法律。9 月 8 日，美国国务院发言人鲁宾进一步明确了美国在《反导条约》上的立场，他说，任何初始阶段的 NMD 都将部署在阿拉斯加，第二阶段的部署地点尚未确定，现在很明确，部署 NMD 就要修改《反导条约》。按照计划，美国分别在 1999 年 10 月 2 日和 2000 年 1 月 18 日进行了两次 NMD 拦截试验。美国国防部副部长沃尔特·斯洛科姆曾表示，如果俄罗斯不同意修改条约，美国总统将不得不援引最高国家利益条款，决定是否退出条约，美国不会允许任何国家对于其国家防御需要采取的行动使用否决权。[①]

同时美国也不断安抚俄罗斯——"诱"的手段。具体表现为多次重申《反导条约》的重要性，美国的 NMD 不针对俄罗斯，表示同俄罗斯进行有限度的合作。1999 年 1 月，美国国务卿奥尔布赖特访问俄罗斯，消解科恩讲话造成的影响。6 月 20 日，美俄首脑在科隆会晤，就 START Ⅱ 和反导问题进行协调，会晤后的联合声明重申了对条约的承诺，并且认可条约是"战略稳定的基石"，强调条约对进一步削减战略武器具有至关重要的意义。2000 年 1 月美国提出的修约议定书甚至鼓励俄罗斯将其战略武器保持在常规预警状态，认为俄有突防能力，美国的 NMD 不针对俄罗斯，也不会削弱俄罗斯的战略威慑力量。美俄之间还可以建立信任措施，还表示 START Ⅲ 战略武器削减数量也可以商量，谈判建立防止导弹

---

① "Russian Officials Continue to Oppose Changes to ABM Treaty," *Arms Control Today*, November 1999, p. 21.

扩散的全球监控措施，等等。① 6 月初，克林顿总统访问俄罗斯期间，双方签署文件同意建立导弹发射预警系统数据交换中心。这些安抚措施旨在诱使俄罗斯在修约问题上做出让步。

对于美国提出的修约要求，俄罗斯的立场一直比较坚定，反对对条约做出任何修改。就具体政策来说，俄罗斯采取了"防"和"攻"两手政策。这种政策在叶利钦时代和普京就任总统后各有表现，但防御性的政策更多体现在叶利钦时代，进攻性的政策更多体现在普京就任总统之后。

"防"——在叶利钦和普京同克林顿总统的历次会晤中，俄罗斯不断强调《反导条约》对于维持战略稳定的重要意义；一些政要对修约问题做出一些比较强硬的表态；杜马在叶利钦时代多次搁置批准 START Ⅱ。奥尔布赖特 1999 年 1 月访俄后，俄外长伊万诺夫表示，只有确保和信守维护战略稳定的基石——《反导条约》，才可能进一步削减战略进攻性武器。② 1999 年 5 月，美国国会通过部署 NMD 的立法后，俄罗斯外交部发表声明，指出美国这一举动有可能引发新的军备竞赛，使世界上业已形成的关于战略进攻性和防御性武器条约与协议的体系瓦解，并对整个裁军进程构成威胁。美俄 1999 年 8 月第一次修约会谈后，俄罗斯官员表示："我们现在找不到什么变通方式，既允许美国部属 NMD，同时又保住《反导条约》。如果美国部署了 NMD，就《第三阶段削减战略武器条约》进行的讨论以及 START Ⅰ 和 START Ⅱ 都将遭到破坏。"俄罗斯还警告美国，如果部署了 NMD，俄罗斯将被迫考虑其战略核力量的有效性，在新的战略形势下采取多种军事和政治步骤确保其国家安全。③ 美国进行 NMD 试验后，俄罗斯火箭军总司令雅克夫列夫警告美国，如果美国摒弃了《反导条约》，它将成为打断限制核武器进程的罪人，所有已经签署的

---

① Wade Boese, "Leaked Documents Detail U. S. ABM Strategy; GOP Says Limited NMD Plans Are Not Enough," *Arms Control Today*, May 2000, https://www. armscontrol. org/act/2000_05/abm-ma00.

② "Cohen Announces NMD Restructuring, Funding Boost," *Arms Control Today*, January/February 1999, pp. 20, 30.

③ "Little Progress Made at START/ABM Talks," *Arms Control Today*, July/August 1999, p. 22.

和将要签署的协议都将面临威胁——START Ⅰ、START Ⅱ 和 START Ⅲ 的谈判。①

俄罗斯军方也表示，俄罗斯有能力对付美国的导弹防御系统，正在考虑弥补美国部署导弹防御系统造成的战略劣势，包括改进单弹头的白杨－M（该导弹即俄罗斯的 SS－27，使之升级能携带多弹头是 START Ⅱ 所禁止的，但俄罗斯当时没有批准 START Ⅱ），使之能够携带多个弹头。在叶利钦时代，杜马对于 START Ⅱ 条约的政策总的来看是被动式和防御性的，曾因为美国加快北约东扩进程、轰炸伊拉克、轰炸南斯拉夫和企图修改《反导条约》而多次搁置条约的批准。

"攻"——杜马将 START Ⅱ 与《反导条约》挂钩；俄罗斯军方进行军事演习和武器试验，出台新军事学说；美俄就修约问题的磋商中，俄罗斯提出反建议；普京上台后，杜马在批约问题上采取了咄咄逼人的进攻性态度，由以前搁置批约，表示将 START Ⅱ 的批准与《反导条约》挂钩到采取实际行动。2000 年 4 月 14 日，俄罗斯杜马以 288 票赞成、131 票反对、4 票弃权的表决结果批准了 START Ⅱ，19 日上院以 122 票赞成、15 票反对的结果批准 START Ⅱ。5 月 4 日，总统普京签署条约的决议案，拖了将近六年之久的条约获得批准并不是俄罗斯软化了态度，关键在于条约附加的决议案。其中第二款规定，一旦美国违背或者退出《反导条约》，俄罗斯有权退出 START Ⅱ；第四款规定，如果在 2003 年年末无法就 START Ⅲ 达成协议，俄罗斯将对 START Ⅱ 采取相关措施；第九款规定，在美国批准 1997 年 START Ⅱ 附加议定书和 1997 年有关《反导条约》的一系列协定之前，START Ⅱ 无法生效。② 两个条约挂钩将迫使美国在削减战略武器和部署 NMD 之间做出选择，而且，由于美国一直主张只有俄罗斯批准 START Ⅱ，它才和俄罗斯正式就 START Ⅲ 谈判，俄罗斯批准 START Ⅱ 将迫使美俄开始正式谈判。

美国进行第一次 NMD 拦截试验后，俄罗斯除了进行一系列"作战准

---

① "NMD System Achieves First Intercept；U. S. Clarifies ABM Negotiating Position，" *Arms Control Today*，September/October 1999，p. 30.

② "START II Resolution of Ratification，" *Arms Control Today*，May 2000，https：//armscontrol. org/act/2000_05/dc2ma00.

备"演习外，还进行了数次导弹拦截试验、从核潜艇发射弹道导弹。俄驻联合国代表团的安那托夫（Anatoly Anatov）还表示："如果《反导条约》崩溃了，在限制和削减核武器领域取得的所有成就将被终止。"① 普京在 4 月 21 日签署的新军事学说是 1997 年军事学说的更新版本。1997 年的军事学说规定只在"威胁到俄罗斯联邦的生存时"才首先使用核武器，新军事学说规定"对付利用常规武器进行大规模侵略危及俄罗斯联邦的国家安全时"使用核武器，俄罗斯保留对付大规模杀伤性武器进攻时首先使用核武器的权力，并将核保护伞覆盖其盟友。美国认为俄罗斯的新军事学说降低了使用核武器的门槛。②

在美俄就修约问题的磋商中，俄罗斯的建议既包括釜底抽薪的办法，也有进攻性防守策略。1999 年 8 月 17 日，美俄就修约问题开始第一轮谈判，双方在反导问题上没有取得任何进展，俄罗斯再次表明对修约的立场，同时提出进一步降低 START Ⅲ 的门槛，将第三阶段削减后双方部署的核弹头降低到 1500 枚，而不是赫尔辛基会晤中确定的 2000—2500 枚。对此，美国只有表示目前尚没有这种打算。俄外长伊万诺夫在 2000 年 4 月 25 日的《不扩散核武器条约》审议大会上提出，应考虑建立一个全球的导弹信任措施和不扩散机制，并与深度削减战略武库相结合，这就可以加强国际安全和维护现存的军控机制，这才是能够替代破坏《反导条约》的真正的办法。这个主意最初是在 1999 年 6 月八国会议上由叶利钦提出的，2000 年 3 月，在俄罗斯的召集下，来自 46 个国家和联合国的代表在莫斯科召开专家级会议讨论此项提议，美国只派了观察员，但没有参与会议。③

2000 年 6 月美俄首脑会晤之前，普京接受美国全国广播公司记者采访时表示，必须对付新出现的威胁，但他建议美、俄、欧洲共同建立导弹防御系统，保卫所有国家，包括欧洲和俄罗斯。俄罗斯很快公布了联

---

① "Russian Officials Continue to Oppose Changes to ABM Treaty," *Arms Control Today*, November 1999, pp. 21, 26.

② "Russia's Military Doctrine," *Arms Control Today*, May 2000, https://www. armscontrol. org/act/2000_05/dc3ma00.

③ Matthew Rice, "Russia Proposes Global Regime on Missile Proliferation," *Arms Control Today*, May 2000, http://www. armscontrol. org/ACT/may00/ru3ma00. htm.

合建立俄欧非战略反导系统的内容，该计划包括：联合评估导弹扩散和可能出现的导弹威胁的性质和规模；联合研究制定全欧非战略反导系统的构想及其建立和部署的办法；联合建立全欧多方位的导弹发射预警中心；举行联合司令部演习，共同开展研究和试验；共同深入研究非战略反导系统。① 俄罗斯此举充分利用了美欧在 NMD 问题上的不同政策立场②，给美国制造了很大的一个难题。美国的回应有些无奈。克林顿指出，问题在于研制这样的导弹防御系统需要 10 年的时间，但美国面临的威胁 5 年后就可能出现，有限的 NMD 在此之前就能研制成功，他更希望用有限的 NMD 保护美国。国防部长科恩则表示，普京并没有在首脑会谈上提出愿意同北约共同建立欧洲导弹防御系统，美国原则上欢迎与俄进行合作，但普京的建议只能作为对美国按时部署 NMD 的补充，而不是替代。③

正是由于美俄在修约问题上目前难以弥合的分歧，双方自 1999 年 8 月 17 日开始第一次磋商以来，进展聊胜于无。美俄首脑在科隆会晤后同意讨论"增强条约生命力的可能倡议"和 START Ⅲ，美国国家安全顾问伯杰将科隆声明解读为"具有重要意义，因为俄罗斯第一次同意讨论有关《反导条约》的变化"。但同意讨论条约并不意味着同意修改条约，双方继 1999 年 8 月之后的磋商没有取得任何成效。根据《原子科学家公告》杂志披露的消息，美国在日内瓦的代表团曾经向俄罗斯代表团提出了有关修改《反导条约》的具体细则④，包括部署的 NMD 的数量、地点及雷达的性能等，但俄罗斯的政策仍然一如既往，拒绝对条约做任何修改。俄罗斯发表的一份声明称，美国提出的修约倡议毫无意义，只能使

---

① 《俄公布俄欧导弹防御系统计划，美国称该计划对美没有可行性》，《参考消息》2000 年 6 月 11 日第 1 版。

② 欧洲国家对于美国发展 NMD 持消极态度，因为欧洲国家担心：美国部署 NMD 可能招致俄罗斯的强烈反应，对于欧洲国家的地缘安全环境只有坏处，没有好处；美国部署 NMD 对美欧安全关系的负面影响，延伸威慑是否能够有效维持。

③ 《美称普京建议只能作为 NMD 补充》，《参考消息》2000 年 6 月 10 日第 1 版。

④ "U. S. Draft Protocol to the ABM Treaty and Associated 'Talking Points'," *Arms Control Today*, May 2000, https://www.armscontrol.org/act/2000_05/dc1ma00.

进一步削减战略武器无法继续下去。①

美俄在反导问题上的最近一次磋商是在 6 月初克林顿访问俄罗斯期间。双方在会晤后发表的《关于战略稳定原则》的联合声明既强调了《反导条约》是战略稳定的基石，也承认国际社会面临着大规模杀伤性武器及其运载工具扩散这一越来越严重的威胁，这将使战略形势和国际安全发生潜在的巨大变化，双方努力巩固《反导条约》的同时，根据国际安全形势发生的变化来提高条约的生命力和有效性。尽管美国认为这是俄罗斯在修约问题上的松动，但能否修改条约，前景仍不明朗。

第四节　美俄反导斗争与妥协的前景

《反导条约》第十四条第一款规定每个缔约国均可提出对条约的补充；第十五条规定条约无限期有效，但任何一方如果认为特别的事态已经危及其最高利益，有权提前通知另一方决定退出条约，即条约中规定了修约和退出条约的条款。因此，条约的前景大致有如下几种可能：② 1. 双方批准有关低层 TMD 的第一阶段协议、有关高层 TMD 的第二阶段协议及《谅解备忘录》，但不对条约做进一步的修改；2. 俄罗斯拒绝对条约的任何修改，美国国内要求部署国家导弹防御系统的压力增大，美国退出条约；3. 根据削减战略武器和维护条约相互挂钩的传统，美国满足俄罗斯第三阶段大幅度削减战略武器的要求，并同俄罗斯合作发展反导系统，俄罗斯同意对条约做出部分修改，允许美国部属有限的 NMD。

第一种可能性最小，美国不可能放弃部署 NMD 的政策，而且国会对防务问题的介入正逐步加强，任何一届政府都会面临来自保守派的强大压力。第二种可能性也不大，尽管美国国防部长和部分保守派参议员曾经表示，如果俄罗斯不同意修改条约，美国将退出该条约，但美国近来的政策表明，它不得不考虑国际社会对导弹防御问题的立场，反对的声

---

① "NMD Testing Schedule Slips, Delaying Pentagon Review," *Arms Control Today*, April 2000, pp. 24, 26.

② 此文写于 2000 年，当时美俄之间尚有谈判解决反导分歧的意愿和行动，然而"9·11"恐怖袭击事件改变了美国对安全威胁的认知，小布什政府选择趁机退出条约。本文收入此书时仍然保留了原来的判断。

音不仅来自俄罗斯和中国，还有它的欧洲盟友；更何况俄罗斯也表示，如果认定美方采取了破坏核均势的单方面行动，不仅《第二阶段削减战略武器条约》不会得到实施，此前美苏、美俄签署的所有军控和裁军条约都有崩溃的危险。另外，《不扩散核武器条约》第六条明确规定，核国家应致力于最终消除核武器，如果美俄削减战略武器的进程停滞、倒退甚至崩溃，其他国家必将考虑是否还要遵守《不扩散核武器条约》；相应的其他条约，如《全面禁止核试验条约》能否生效，"禁止生产核武器用裂变材料条约"的谈判能否启动都成了疑问。美国如果退出条约，俄罗斯可能拒绝进行战略武器削减，更加倚重核威慑，俄罗斯甚至放出风来，有意发展中短程导弹，这样世界其他地区大规模杀伤性武器扩散的将更加严重且难以遏制，美国的安全环境不仅不会因为部署导弹防御系统而得到改善，反而很可能趋于恶化。

第三种可能性较大，由于俄罗斯国内经济状况不佳，它无力维持庞大的战略武库，所以要求 START Ⅲ 谈判中应大幅度削减。如果美国满足了俄罗斯的条件，并同它就导弹防御进行合作，俄罗斯同意部分修改条约的可能性较大，因为它已经没有能力同美国进行"冷战式"的军备竞赛了。4 月 25 日，俄罗斯外长伊万诺夫同克林顿会晤后重申俄罗斯在《反导条约》问题上的立场，但也表示"我们准备听取任何建议"。美国国家安全顾问伯杰在 4 月底接受《华盛顿邮报》采访时表示，在谈判修改《反导条约》的背景下，美国可能考虑降低 START Ⅲ 的限额。就双方在修约问题上的政策而言，现在仍然存在可以妥协的空间，主要的问题在于妥协的筹码。

同时，美国国内和俄罗斯国内仍然存在很多变数，双方在修约问题上的较量将产生什么样的结果仍然有待观察。

第 二 章

美俄军控十年的历史考察：1991—2000[*]

冷战结束后美俄关系近十年的跌宕起伏中，军备控制一如冷战时期，构成双边互动的一项重要内容。尽管国际安全形势发生了深刻的变化，美俄关系亦经历了重大的调整和变革，但国内对美俄军控的研究尚嫌不足。查阅 1995—2001 年的相关主要期刊可以发现，仅有数篇短论探讨了美俄核裁军、《反导条约》问题，[①] 但对于两国在核不扩散领域的合作以及重大分歧缺少深度分析，对于美俄军控互动的重大变化更少触及。本章旨在尝试回顾过去十年中美俄在军控领域[②]的重要合作与对抗，并探讨影响这种合作或分歧的若干因素，判断美俄军控关系的走向。

第一节 美俄蜜月时期的合作与
分歧：1991—1994

经过断断续续九年的艰苦谈判，美国总统布什和苏共总书记戈尔巴乔夫于 1991 年 7 月 31 日在莫斯科签署了两国间的《第一阶段削减战略武器条约》。该条约隐约让两国看到了"化干戈为玉帛"的一线希望，虽然

---

* 此文原题为《从合作到对抗：美俄军控十年的历史考察及思考（1991—2000）》，原刊于《欧洲研究》2003 年第 5 期。感谢《欧洲研究》授权，收入本书时作者对原文做了适当调整。

① 相关文章可以参见秦忠民《1992 年美俄核裁军的进展及其展望》，《外国军事学术》1993 年第 1 期；刘华秋、秦忠民《评美俄第二阶段削减战略武器条约》，《国际问题研究》1993 年第 2 期；王郦久《美俄裁减战略武器的进程及趋向》，《现代国际关系》2000 年第 8 期。若干有关《反导条约》的短论见于《国际展望》《国际观察》《当代世界》等期刊。

② 本文所指的军控基本不涉及生化武器以及常规武器，两国在生化武器方面的合作主要是通过"合作削减威胁"项目（即《纳恩－卢格法》）完成的。

此后苏联解体似乎给美苏进展尚算顺利的军控问题造成了很大的不确定性，而事实上却促成了美俄在军控领域短暂、密集的合作。这些合作包括合作削减威胁、协助俄罗斯全面继承苏联核大国地位、签署《第二阶段削减战略武器条约》等。

一 蜜月时期的短暂合作

这一时期的合作成果主要体现为《纳恩－卢格法》，即《合作削减威胁法》[①]。该法由民主党参议员纳恩和共和党参议员卢格共同提出，正式定名为《1991 年降低苏联核威胁法》，又称《纳恩－卢格法》，于 1991 年 11 月获得国会通过。该法规定国防部每年从军费中拨出 4 亿美元，用于应付苏联解体造成的武器扩散危险，协助苏联及其他国家储运和销毁核生化武器，最初重点是帮助独联体国家将核武器运到俄罗斯销毁。克林顿就任总统后，该项目得到了行政部门的大力支持并经历了一些重要改变：从临时性项目转变为常设性项目，支持协助各国拆除 START Ⅰ 项目下的武器系统。合作削减威胁项目经修改成为《1993 年合作削减威胁法》，并获得了专项拨款，每年的额度在 4 亿美元左右，其目标更为明确：帮助乌克兰、白俄罗斯和哈萨克斯坦成为无核国家并销毁 START Ⅰ 所限制的武器系统及附属设施；帮助俄罗斯加速销毁战略武器，使之达到 START Ⅰ 的水平；提高独联体国家核武器和裂变材料的安全、控制、统计和集中，鼓励削减、防止扩散；帮助独联体国家消除生化武器能力。[②] 该法的创新之处在于，它提供了一个新形式的军控平台和经济基础，通过合作防止俄大规模杀伤性武器的扩散。

此外，美俄之间的戈尔－切尔诺梅尔金委员会也是一种创新。1993 年 4 月，克林顿和叶利钦在温哥华会晤时决定创立美俄经济和技术合作联合委员会，即戈尔－切尔诺梅尔金委员会，其初衷是加强空间、能源和高科技的合作。该委员会在 1993 年 9 月的第一次会议期间，确定了核反应堆的安

---

① 有关《纳恩－卢格法》的源起与发展，详见艾什顿·卡特、威廉姆·佩里《预防性防御：一项美国新安全战略》，胡利平、杨韵琴译，上海人民出版社 2000 年版，第 71—93 页。

② Scott Parrish, "Overview of the Cooperative Threat Reduction（CTR）Program," Lectures Delivered for Visiting Fellows in Center for Nonproliferation Studies at Monterey Institute of International Studies, October 25, 2002.

全问题是能够进行双边合作的领域，从而将合作推向军控领域。

当时，苏联解体的最大一笔遗产是部署在俄罗斯、白俄罗斯、乌克兰和哈萨克斯坦领土上的庞大核武库，这些致命武器的安全是美国的头等关切。接下来的几年中，协助俄全面继承苏联核大国地位是两国进行合作的一个新领域，这包括两方面的内容：一是帮助俄成为唯一继承苏联核武器的国家，将部署在白俄罗斯、乌克兰和哈萨克斯坦领土上的核武器运往俄销毁；二是通过经济资助和技术援助等形式加快这些国家销毁核武器的进程。

1991 年 12 月，美国国务卿贝克访问俄罗斯、乌克兰、白俄罗斯和哈萨克斯坦，旨在得到四国不进行核扩散的保证并传达帮助他们销毁核武器的信息。虽然阿拉木图会议决定核武器由俄罗斯统一控制，但协定的执行远非如此简单。乌克兰在 1992 年 4 月停止了将战术核武器转运到俄罗斯的进程，并指责俄没能销毁运去的核武器。四个有核国家就此问题多次协商，但因矛盾重重而告失败。在俄罗斯同其他三个国家就此问题的磋商陷入僵局之时，美国开始介入进来，乌克兰出现的问题加快了美国扮演"掮客"角色的进程。美国提议美、俄、乌、白、哈五国谈判一项履行 START Ⅰ 的协议书，最初乌克兰、哈萨克斯坦拒绝接受这项提议，但美国软硬兼施并威胁不提供经济援助，最终于 1992 年 5 月达成《里斯本议定书》，确认乌、白、哈境内的"所有进攻性核武器都将在 7 年内销毁"，并敦促三国尽早加入《不扩散核武器条约》。① 此后，美国又承诺对这些国家提供适当的经济援助和补偿，到 1994 年年底，三国均已批准 START Ⅰ 和《里斯本议定书》，并以无核国家的身份加入了《不扩散核武器条约》。将苏联的战略武器都集中到俄罗斯只是协助俄全面继承核大国地位的第一步，下一步是根据 START Ⅰ 的规定，实现战略武器的削减。两国在此问题上的合作仍然是通过《纳恩-卢格法》来完成的，而且合作始终进展相对顺利，没有太多受到其他因素的影响。

---

① 《里斯本议定书》(Protocol to the Treaty between the United States of America and the Union of Soviet Socialist Republics on the Reduction and Limitation of Strategic Offensive Arms) 的有关内容可参见 https：//www.armscontrol.org/node/3289。

此外，冷战结束初期也是美俄军控和裁军的"黄金时期"，双边裁军的最大成就是 START Ⅱ 的签署。苏联解体之后，进一步削减核武器是两国的共识，迅速推进核裁军符合两国安全利益。但两国在削减数量和种类方面意见不一，美国希望削减俄罗斯占优势的陆基导弹，俄罗斯则希望削减美国占优势的海基导弹。经过数轮谈判，两国终于在 1992 年 6 月叶利钦访美时达成协议，商定最迟在 2003 年年底前把各自拥有的战略核武器弹头削减到 3000—3500 枚，在 7—10 年内销毁所有陆基多弹头洲际导弹，同时将海基洲际导弹弹头削减到 1750 枚。START Ⅱ 不仅大幅削减了两国的战略核武库，而且在不到两年的时间即解决了两国的实质性分歧，这在美苏（俄）军控史上实属罕见，美俄彼此渴望发展良好双边关系的意愿以及两国关系当时的良好状态显然起到了非常重要的作用。自此之后，在军控领域两国几乎再也不可能出现如此大的突破。此外，两国在此期间还达成了一些象征相互信任的协定，如 1994 年年初的互不瞄准协议等，在《禁止化学武器公约》问题上两国也协调了立场。

二 蜜月时期的有限分歧与摩擦

美俄"蜜月"期间，尽管俄罗斯在裁军和军备控制问题上采取了比较合作的态度，但两国之间并非没有摩擦，美国阻挠俄罗斯向印度出售火箭发动机即为 1994 年之前两国最大的分歧。苏联解体后，俄罗斯继承了一笔价值 2.5 亿美元的、苏联将向印度提供低温火箭引擎及其技术的交易。美国指责这笔交易违反了《导弹技术控制制度》，要求俄放弃这笔交易，否则将对其进行制裁。美俄首脑就此事进行过协商但没能达成谅解，此后美国政府宣布对俄、印航天机构实行贸易制裁。俄曾提出重新谈判俄印合同中提供火箭技术的部分条款，换取美国购买俄罗斯的航天部件，但美国不肯妥协。克林顿就任总统后继续施压，暗示将这笔贸易与对俄经济援助挂钩，俄被迫取消了这份合同。美国在俄印火箭贸易问题上的强硬姿态对美俄关系造成了很大伤害，俄罗斯在美国压力下取消这笔交易成为俄罗斯对美态度的分水岭，其重要性远远超过了这笔贸易本身。[1]

---

[1] Alexei K. Pushkov, "Letter From Euroasia: Russia and America: The Honeymoon's Over," *Foreign Policy*, No. 93, Winter 1993 – 1994, p. 86.

此外，美国还指责俄向伊朗提供三艘潜艇破坏了海湾地区的军事平衡（这笔生意可为俄罗斯带来 6 亿美元的收入），参议院在美国 1993 财年对外援助法的修正案中，将是否向俄罗斯提供人道主义援助以外的经济援助同俄是否停止同伊朗的军事技术合作联系起来。

总的来看，从冷战结束到 1994 年，两国的合作深度和广度前所未有，军控形式有所创新，彼此的信任推动两国淡化分歧、加强了合作，这种合作势头到 1994 年开始丧失动力，致使合作减少、分歧扩大，军控基本上处于停滞状态。

第二节　美俄合作与对抗并存的"冷和平"：1994—2000

减少来自俄罗斯的大规模杀伤性武器构成的威胁是美国恒久不变的政策，尽管 1994 年之后美国和俄罗斯分别调整了各自的政策，但两国在安全领域的合作仍在进行，只不过受到美俄关系大局的影响，合作的领域主要是继续执行《纳恩－卢格法》项目，延续戈尔－切尔诺梅尔金委员会的合作，但在导弹防御、修改《反导条约》、START Ⅱ 的批约、谈判新的战略武器削减条约、俄罗斯和伊朗军事合作等问题上，两国的分歧愈益难以弥合。

一　有限合作的延续：《纳恩－卢格法》与戈尔－切尔诺梅尔金机制

按照该法的初衷，这个项目将持续到 2001 年：1992—1993 年谈判该项目执行框架；1994—1995 年为各种协议的执行阶段；1996—2001 年是该项目的"多年战略"发展时期。① 1994 年中期选举之后，共和党控制美国国会并对国防部施压导致部分项目划归其他部门管理：裂变材料保护、控制和统计（MPC & A）协助工作归能源部，国务院负责为国际科学与技术中心（ISTC）提供援助，出口管制协助项目划归商务部和能源

---

① Justin Bresolin (updated by Brenna Gautam), "Fact Sheet: The Nunn-Lugar Cooperative Threat Reduction Program," The Center for Arms Control and Non-Proliferation, June 2014, https://armscontrolcenter. org/fact-sheet-the-nunn-lugar-cooperative-threat-reduction-program/.

部。虽然这种划分可能造成协调不力，但有助于美俄之间的对口合作。

美俄两国在《纳恩－卢格法》项目下的合作一直比较顺利，截至 2001 年 10 月，该项目的拨款总额达到 36 亿美元。① 美国共和党掌控国会后曾试图削减该项目的拨款，因为该项目也存在一些争议，比如，款项除了用于解除和销毁战略武器，还为关闭基地的军官提供住房、资助得不到订单的兵工厂转产，设立赠款项目资助研究武器的科学家转行等，② 但每年拨款额度仍然保持在 4 亿美元左右。目前。美俄在这个项目上的合作涵盖了以下几个领域：推动俄核设施的稳定、转型和缩小；确保核材料、弹头和技术的安全；限制生产并处理多余的裂变材料等。合作削减威胁项目取得了巨大的成功，有效防止了大规模杀伤性武器的扩散。除协助俄全面继承苏联核大国地位外，该项目在销毁战略武器方面的成就非常引人注目：截至 2002 年 11 月 13 日，共计销毁 486 枚洲际导弹，摧毁 438 个洲际导弹发射井，销毁 97 架轰炸机，483 枚空对地核弹，396 个潜射导弹发射架，347 枚潜射弹道导弹，24 艘核动力导弹潜艇，封存 194 条核试验隧道，③ 完成这些任务的费用还不及美国国防预算的 0.33%。④

此外，戈尔－切尔诺梅尔金委员会继续介入核材料保护、控制和统计、安全及裂变材料的生产。1994 年，两国商定核查部分钚储存设备，讨论了永久终止生产钚的三座反应堆并资助研究反应堆的钚替代品。次年 6 月，两国同意在核材料保护、控制和统计方面合作，美国提供技术援助并购买俄罗斯的高浓缩铀，这些合作在 1996 年得到扩大。1997 年 7 月，双方同意将试验室之间的高能物理合作延长五年；9 月达成俄在 2000 年年底之前关闭三座反应堆的协议。这些合作控制了俄罗斯钚材料的生

① Scott Parrish, "Overview of the Cooperative Threat Reduction (CTR) Program," Lectures Delivered for Visiting Fellows in Center for Nonproliferation Studies at Monterey Institute of International Studies, October 25, 2002.

② 艾什顿·卡特、威廉姆·佩里：《预防性防御：一项美国新安全战略》，胡利平、杨韵琴译，上海人民出版社 2000 年版，第 75 页。

③ "Nunn-Lugar CTR Scorecard," https://www.dtra.mil/Portals/61/Documents/CTR%20Scorecards/20120601_ctr-scorecard_slides_jun12.pdf.

④ "Statements on Introduced Bills and Joint Resolutions," Congressional Record, March 18, 2002 (Senate), Page S2009 - S2014, http://www.fas.org/irp/congress/2002_cr/s031802.html.

产,相应减少了裂变材料扩散的可能。

除了这些实质性的合作之外,两国在多边军控领域也有一些合作,比如推动《不扩散核武器条约》的无限期延长,推动各国在 1996 年达成《全面禁止核试验条约》等。与这些有限合作相比,1994 年之后两国在军控领域的分歧贯穿双边关系发展的时时刻刻。随着北约东扩,美俄各自调整外交政策,推动军控合作的动力消失,分歧领域突显。尽管在战略武器削减问题上两国仍有共同语言,但亦因其他军控问题的影响而无法取得进展。

二 重大分歧的加深与延续

克林顿就任总统后加大了研发战区导弹防御系统(TMD)的力度,两国在反导问题上的分歧立即凸显出来。1993 年 11 月 30 日,为了试验并部署 TMD,美国要求同俄谈判对战略导弹防御系统和 TMD 做出明确界定,双方开始了持续将近四年的"画线"(Demarcation)谈判。

美国希望对 TMD 的限制比较宽泛,俄罗斯则主张对 TMD 施加比较严格的限制,双方的分歧表现在对陆基、海基和空基导弹防御系统的拦截弹和试验靶弹飞行速度或射程的不同规定。1994 年 9 月两国首脑会晤后表示将在尽可能短的时间内就画线问题达成协议。[①] 但因分歧难以协调,直到 1995 年 5 月克林顿访俄期间,两国才达成原则声明,重申《反导条约》是战略稳定的基础,双方有权建立 TMD。[②] 同年 11 月 17 日,美俄均做出妥协,就低层 TMD 达成画线框架协议,翌年 6 月 24 日,低层 TMD 问题的分歧基本获得解决。双方在高层 TMD 问题上的分歧是通过 1997 年 3 月的赫尔辛基首脑会晤解决的。美在战略武器削减方面对俄罗斯做出让步,俄罗斯相应地在高层 TMD 问题上也做出了让步,1997 年 9 月,美俄签署了《第二阶段削减战略武器议定书》《第一阶段协议》

① "Joint Statement on Strategic Stability and Nuclear Security by the Presidents of the United States and Russia," *Arms Control Today*, November 1994, pp. 31–32.

② "Joint Statement on ABM, TMD Systems," *Arms Control Today*, June 1995, p. 24.

《第二阶段协议》^① 等多个文件，两国有关 TMD 的分歧基本解决。

1999 年 1 月，克林顿致函叶利钦要求谈判修改《反导条约》以允许他部署有限的国家导弹防御系统（NMD），但俄罗斯坚决反对任何修改。从 1999 年 1 月到克林顿任期结束，两国有关反导问题的谈判基本上没有任何进展。双方的较量停留在对《反导条约》及相关军控条约的不同表态、提出谈判筹码等问题上。1999 年年初，美国防部长科恩曾表示，如俄不同意修约，美国将援引最高国家利益条款，决定是否退出条约。^② 同时美国也安抚俄，强调 NMD 不针对俄罗斯并愿意同俄进行有限合作。2000 年 1 月美国提出的修约议定书甚至鼓励俄将其战略武器保持在常规预警状态，并提出《第三阶段削减战略武器条约》（START Ⅲ）中削减的数量也可以商量，谈判建立防止导弹扩散的全球监控措施等。^③ 6 月初，克林顿访问俄期间，双方签署文件同意建立导弹发射预警系统数据交换中心。这些安抚措施旨在诱使俄罗斯在修约问题上做出让步，但俄坚决反对修约。1999 年 1 月，俄外长伊万诺夫表示，只有确保和信守《反导条约》，才可能进一步削减战略武器。^④ 俄还警告美国，如果部署了 NMD，俄将被迫考虑其战略核力量的有效性，采取多种军事和政治步骤确保其国家安全。^⑤ 由于分歧太大，双方自 1999 年 8 月 17 日第一次磋商以来，进展聊胜于无。2000 年 6 月克林顿访俄期间，两国发表了《关于战略稳定原则》的联合声明，认可了大规模杀伤性武器扩散构成的威胁，同意根据国际安全形势的变化来提高条约的生命力和有效性，这才算朝着修改或者废除《反导条约》迈出了第一步。

---

① 《谅解备忘录》使《反导条约》实现了多边化，两个协议则对低层和高层导弹防御系统的相关参数做出了明确规定。"New START Ⅱ and ABM Treaty Documents," *Arms Control Today*, September 1997, pp. 19 – 24.

② "Russian Officials Continue to Oppose Changes to ABM Treaty," *Arms Control Today*, November 1999, p. 21.

③ Wade Boese, "Leaked Documents Detail U. S. ABM Strategy; GOP Says Limited NMD Plans Are Not Enough," *Arms Control Today*, May 2000, https: //www. armscontrol. org/act/2000_05/abmma00.

④ "Cohen Announces NMD Restructuring, Funding Boost," *Arms Control Today*, January/February 1999, pp. 20, 30.

⑤ "Little Progress Made at START/ABM Talks," *Arms Control Today*, July/August 1999, p. 22.

在战略武器削减和 START Ⅱ 批约问题上，两国也存在不小分歧。美国于 1996 年 1 月批准了该条约，但俄罗斯杜马在批约问题上立场强硬，多数杜马议员认为，条约签署之时对美过于迁就，损害了俄的战略利益，因此不能批准，条约在杜马搁置达七年之久。在叶利钦时代，杜马对于 START Ⅱ 条约的政策总的来看是被动的、防御性的，曾因为美国加快北约东扩进程、轰炸伊拉克、轰炸南斯拉夫、企图修改《反导条约》而多次搁置条约的批准。普京上台后，杜马在批约问题上采取了咄咄逼人的进攻性态度，由以前搁置批约、表示将 START Ⅱ 与《反导条约》挂钩到采取实际行动。2000 年 4 月，俄批准了 START Ⅱ，批准并不意味着态度的软化，关键在于条约附加的决议案。决议案的第二、四、九款将 START Ⅱ 的生效与《反导条约》《第三阶段削减战略武器条约》（START Ⅲ）的谈判以及有关 TMD 的协议相挂钩。① 由于美国一直主张只有俄批准 START Ⅱ，它才同俄谈判 START Ⅲ，条约的批准迫使美俄开始正式谈判。

美俄两国在谈判 START Ⅲ 问题上存在很多共识，但因其他军控问题的相互挂钩导致谈判过程十分漫长。1997 年 3 月美俄首脑赫尔辛基会晤期间发表《关于未来削减核力量参数的联合声明》，确立了 START Ⅲ 的基本原则，同意 START Ⅱ 生效后即谈判 START Ⅲ；START Ⅲ 中将把各自拥有的战略核弹头上限定为 2000—2500 枚；商定一些措施确保战略武器削减不可逆转。② 由于声明将 START Ⅲ 的谈判与 START Ⅱ 的批准相联系，谈判因 START Ⅱ 的搁置而无法启动。俄批准 START Ⅱ 之后，普京随即表示希望和美国对等削减，将战略核弹头削减到 1500 枚。2000 年 6 月，克林顿访问俄期间也表示将在未来 START Ⅲ 框架内，讨论进一步削减两国战略力量的问题。同年的冲绳八国首脑会议上，普京向克林顿提出了有关 START Ⅲ 谈判的主要议题，两国准备启动正式谈判。11 月 13 日，普京甚至表示准备进一步研究将核武器减少到更低水平的问题，新的条约

---

① "START II Resolution of Ratification," *Arms Control Today*, May 2000, https://armscontrol. org/act/2000_05/dc2ma00.

② "Joint Statement on Parameters on Future Reduction in Nuclear Forces," http://www. fas. org/nuke/control/start3/docs/bmd970321e. htm.

无须长时间的谈判，应尽快达成。① 在布什就任美国总统之前，两国有关削减战略武器的谈判没有取得任何实质性进展。

俄罗斯和伊朗军事合作是困扰美俄军控合作的另一个问题。1995 年年初，俄同伊朗签署了一项建造一座 100 万千瓦核电站的价值 10 亿美元的合同。合同签署后，美国认为此项合作会帮助伊朗加快发展大规模杀伤性武器，随即表示强烈反对。此后，美不断对俄施压，要求俄放弃这项合作，两国就此问题的交涉旷日持久。

1995 年 5 月，克林顿同叶利钦讨论了俄向伊朗提供核反应堆等问题，叶利钦虽然保证不会向伊朗提供可以制造核武器的气体离心分离技术并暂时推迟向伊朗出售两座核反应堆，但没有屈服于美国压力取消俄伊合同。不仅如此，俄还在 1995 年 9 月同伊签署了新的核合作协议。美国对俄施压不成，转而通过《达马托法》对伊朗实施制裁，但俄伊之间的合作没有受到任何影响。1997 年 4 月和 9 月《华盛顿时报》有关俄伊导弹合作的报道引发了美国国会对俄进行制裁的讨论，但克林顿担心对俄制裁将影响两国在其他军控领域的合作，因而在 1998 年 6 月 23 日否决了国会的法案。随后国会继续施加压力，要求克林顿必须对向伊朗提供帮助的 7 家俄企业实施制裁，否则将同总统摊牌。克林顿迫于压力，签署了一项对俄的 7 家企业实行制裁的行政命令。1999 年 1 月，美国再度对俄三个科研单位实施制裁，理由是它们帮助伊朗发展导弹和核技术。

即使美国不断施压，俄始终没有终止俄伊合作，主要因为美俄曾在 1995 年 6 月 30 日达成过一项协议，俄承诺在 1999 年 12 月 31 日之前不再同伊朗缔结新的军事合作合同，不向伊朗出售先进的武器技术，但将继续执行此前的合同。② 2000 年年底美国总统选举之前披露的文件表明，美俄交易的另一部分是作为俄承诺的交换，美国将不对俄当前的俄伊合作项目实施制裁。③ 2000 年 11 月，俄外长曾致函美国务卿奥尔布赖特表示要退出该协议，美国随即表示将制裁俄伊合作。此后，双方就此问题进

① "Statement of President of the Russian Federation Vladimir Putin," The Kremlin, Moscow, November 13, 2000, http://www.bits.de/NRANEU/START/documents/PutinNov00.htm.

② John M. Broder, "Despite a Secret Pact by Gore in '95, Russian Arms Sales to Iran Go On," *The New York Times*, October 13, 2000, Page A00001.

③ Bill Gertz, "Letter Shows Gore Made Deal," *The Washington Times*, Oct. 17, 2000.

行谈判,美国希望俄能够继续遵守 1995 年的协定。但俄并不顾忌美国的压力,俄伊之间的合作继续推进,美俄就此问题的较量仍将持续。

第三节 影响美俄军控领域合作与 对抗的若干因素

冷战结束后,美俄在军控领域的互动实际上是一个相互调适的过程,从前期的通力合作到后期的停滞和对抗。尽管导致两国在军控领域进行合作或者对抗的原因复杂多样,但冷战结束后的国际形势、两国关系的基本状态和两国的安全利益需求是其中最重要和最持久的三个因素。

第一,冷战后的国际军控形势促成了美俄在多边军控领域的合作。冷战时期,两极对抗的国际格局决定了美苏奉行"确保相互摧毁"的威慑战略,确保力量大致平衡的同时,通过军控等手段强化自身优势限制对方,这也是冷战时期只进行战略武器限制谈判的原因;即使在 20 世纪 80 年代"限制"谈判转变成"削减"谈判,也几乎没有任何实质性进展。冷战时期,美苏互为对手,对威胁的判定是很清楚的;同时由于美苏各自对盟国提供核保护,两阵营之内的其他国家获取核武器的意愿比较低,阵营之外的国家由于技术能力及安全需求等方面的原因获取核武器的意图有限,因而大规模杀伤性武器横向和纵向扩散的问题并不严重。这种国际形势决定了美苏军控的目标是相互指向,因此难有成功的合作。

冷战结束几乎完全改变了这种图景,国际格局的结构性变化有利于美俄在军控领域展开广泛而深入的合作。首先是美俄几乎同时意识到爆发一场相互摧毁的核战争的风险急剧降低,即使两国没有马上"化敌为友",至少不存在相互挟为"人质"的那种紧张状态。按照美前国防部长佩里在《预防性防御:一项美国新安全战略》一书中的界定,类似于冷战时期关乎美国生死存亡的甲类威胁消失了。[1] 戈尔巴乔夫在执政末期曾经寻求美国帮助来解除苏联核武器;俄独立后,叶利钦最初向美国示好的姿态似乎也说明,美俄对话的场景发生了巨变。在这种形势下,两国

---

[1] 艾什顿·卡特、威廉姆·佩里:《预防性防御:一项美国新安全战略》,胡利平、杨韵琴译,上海人民出版社 2000 年版,第 11 页。

相互指向的军控政策已经有些过时，双方几乎同时非常积极主动地表明合作意愿。1991年9月和10月，美俄首脑均提出单边销毁短程战术核武器；翌年初，美俄首脑在声明中再次确认单边承诺。[①] 其次，两国不仅不再把对方看作敌人，而且找到了共同的敌人，即大规模杀伤性武器扩散的危险，这包括两类：一是苏联解体后可能存在的核武器、材料与技术扩散危险；二是两极格局瓦解后，被压抑的地区矛盾被释放出来，某些国家为了获取地区军事优势可能寻求获得大规模杀伤性武器，原来具有技术能力的国家可能加快研发步伐，因此而形成扩散危险。此即佩里所定义的乙类威胁，美俄需要共同对付这些新出现的多样化威胁，这种国际形势催生了两国在双边和多边军控领域的合作。

第二，美俄关系的基本状态是持续影响两国军控政策的重要因素，双边关系的起起落落直接影响到两国的军控政策取向。冷战结束之初，美俄都面临机遇和挑战。俄罗斯向民主国家过渡的倾向为美国推行其自由民主价值观提供了机遇，而且俄罗斯有意与美国修好；同时，美国要防止苏联领土上形成同西方对抗的力量。因此，美国政策的首要目标是同俄建立安全"伙伴关系"，将"重点放在巩固长达半个世纪之久的对抗的结束，并消除冷战遗留下来的最危险的后果"[②]，其次才是帮助营造一个为实现理想的变革所需的既适宜又带强制性的环境，鼓励俄罗斯推进自由民主改革，逐步将俄罗斯纳入某种形式的欧洲安全框架以巩固欧亚大陆的稳定。这些政策具体化为两国首脑频繁会晤并签署一系列为双边关系定位的文件，美国承诺或承诺支持国际货币基金组织向俄提供部分经济援助，政治上支持俄在经济政治领域的改革。而俄罗斯在独立之初也选择同西方全面和解，从制度上认同并学习西方，在国内推行改革，并决心放弃同美国的意识形态对抗。俄罗斯希望通过全面接受西方的国际行为准则和现存的国际秩序，融入"西方大家庭"，彻底改善同美国的关系。在这种背景下，两国基于双向误解确立的信任关系直接促成了美

---

① 朱明权：《核扩散：危险与防止》，上海科学技术文献出版社1995年版，第135—137页。

② 艾什顿·卡特、威廉姆·佩里：《预防性防御：一项美国新安全战略》，胡利平、杨韵琴译，上海人民出版社2000年版，第50页。

俄 1994 年前在军控领域的广泛合作。比如，在 START Ⅱ 的谈判中，美国 90％ 的要求都得到了满足，俄还同意全部消除并禁止具有优势的多弹头洲际导弹，这在冷战时期几乎无法想象。

美俄蜜月时期确立的这种信任是有限的，两国长达半个多世纪之久的敌意和利益纷争不可能很快消弭，相互抱有的不切实际的幻想很快破灭。俄罗斯希望在通过国内政治经济改革实现制度性重建的过程中能够获得美国"马歇尔式"的巨量经济援助，但经过两年后俄罗斯发现美国的经济援助承诺多、兑现少，美国似乎没有打算要消除制约俄罗斯经济发展的制度性障碍。不仅如此，美国提供援助的同时还附加了不少条件，干预俄罗斯内部事务并损害其安全利益，俄罗斯发展双边关系的热情逐渐消退。与此同时，美国对俄罗斯的不满也在递增。美国曾经希望借助经济援助鼓励俄罗斯向自由民主制度和市场经济转变，一劳永逸地消除俄罗斯对美国构成的安全威胁，所有的经济援助都希望造就一种制度性安排，而俄罗斯的改革显然很难符合美国的期望。两国的不满逐渐积聚，而内政的变化加快了蜜月关系的结束。

俄罗斯国内各政治力量对叶利钦采取向西方"一边倒"的政策存在很大分歧。1993 年 12 月的议会选举后，民主派虽然在上院中获得了优势，但杜马中高举民族主义大旗的自由民主党和转入议会斗争的左派共产党人均获得了成功。① 这种分化组合导致俄罗斯反思其对外政策，强调应将民族利益和国家安全作为外交政策与行为的根本起点和最后归宿，开展全方位外交。俄外交政策调整和国内民族主义力量的上升标志着俄罗斯对美政策的转变。同样，俄国内"民主化"进程的放慢、民族主义力量上升也让美国感到不安，美国担心俄罗斯有可能重新成为一种危及其邻国的、范围广阔的威胁，尽管美国并不认为俄罗斯已经构成现实威胁，但感到有必要加强对俄的防范。1994 年之后，美国对俄政策中逐渐改变了只重视俄罗斯，忽略其他独联体国家的做法，不但将经济援助的重点向独联体其他国家转移，而且通过高层互访逐步加强同这些国家的关系。在批评俄罗斯对这些邻国的政策的同时，美国开始认真考虑欧洲安全机制的建设，并希望将东欧国家纳入北约。虽然美国仍然表示支持俄的政

---

① 李静杰、郑羽主编:《俄罗斯与当代世界》，世界知识出版社 1998 年版，第 20—34 页。

治经济改革，但对俄的防范政策加强。美国对俄政策的调整反过来又增加了俄罗斯的不信任感和不安全感，促使俄罗斯放弃同美国结成"盟友"的幻想，寻求更为独立的外交政策。两国外交政策调整和互动最终导致美俄关系进入一个对抗和合作并存的时期。双边关系的总体变化导致两国在军控领域的对抗趋势得到加强，1994年之后，两国在缺乏信任的情况下几乎不可能在军控领域取得类似1994年之前的进展，停滞状态一直持续下去。

第三，不论是冷战结束之初美俄军控合作的黄金时期，还是美国推动北约东扩后的停滞时期，影响两国军控政策的原动力是安全利益需求。在两国拥有共同利益的领域，即使双边关系相对紧张的时期合作仍然得以进行。显然，防止俄罗斯大规模杀伤性武器扩散不但符合美国利益，而且对于经济形势不好、根据条约规定必须进行战略武器削减的俄罗斯来说，能够得到美国提供的资助来履行条约义务，同时防止国内战略武器失控也是一举两得的事情。《纳恩－卢格法》的实施能够在过去近10年的时间内没有间断，是共同利益促使它们确保这个机制的运行。美国在推行这个项目的时候并非没有国内压力，1996年和1997年，众议员所罗门曾两度提出法案为合作削减威胁项目附加条件，但都没有获得成功。尽管美国轰炸南斯拉夫后俄罗斯曾一度放缓一些项目的实施，并暂时中止了一些低层合作，但两国在其他问题上的分歧没有导致该项目出现危机。1999年6月，经过谈判后，美俄商定将这个项目从2001年延长到2006年，在2006年之前，美国将继续同俄罗斯合作削减威胁。①

在安全利益相互冲突的领域，对抗始终是难免的。俄罗斯和伊朗的军事合作一直被美国看作心腹大患，尽管俄提供给伊朗的核反应堆并不违背国际原子能机构的规定。自1995年俄伊签署合同以来，美国从来没有停止向俄罗斯施加压力，但俄罗斯也始终没有屈服，因为仅仅1995年的合同就价值10亿美元。一边是美国的安全利益，一边是俄罗斯的经济利益，相互冲突的利益无法协调。即使美国在1998年和1999年相继对俄企业和科研单位进行制裁，也没能阻止俄伊合作。不管两国关系好坏，

① "U. S. , Russia Extend Cooperative Threat Reduction Program," June 30, 1999, http：// www. fas. org/nuke/control/ctr/news/n19990630_991275. htm.

涉及根本利益,双方均不肯妥协。

又如 START Ⅱ 的批约问题。美国不断敦促俄批约实际上是希望削弱俄罗斯的条款得以固定下来,但俄杜马一直迟迟不予批准。杜马不批约的原因固然包括国内政治斗争、北约东扩、美国在一些地区安全问题上不尊重俄罗斯的利益等方面,但更重要的是俄罗斯对自身战略力量的算计。首先,条约削弱了俄的优势,同时美国又在发展导弹防御系统,而俄罗斯无意、无力同美国对等发展。其次,START Ⅱ 规定的上限较高,俄罗斯无力维持如此规模。那么对于 START Ⅱ,俄罗斯可选择的政策有三种:保持同美国同等战略力量,俄就需要生产并部署新的战略武器使之达到 3500 枚,而一旦签署了新的条约,俄罗斯又需要削减;俄罗斯不需要达到 3500 枚,而是期待达成新的削减条约,但新条约没有保证;在 START Ⅱ 生效之前缔结第三个裁军条约。三种政策选择以最后一种最为有利,因此杜马迟迟不批准该条约,而是期待两国在 START Ⅲ 谈判问题上取得新的共识。① 根本的安全利益主导了两国合作或分歧的走势。

第四节　美俄军控合作与对抗的趋势

经过近十年的调整,美俄已经不太可能出现相互对峙的状态,就政治经济军事能力而言,俄罗斯已经远不能与美国比拟,安全领域的对抗即使存在也是非常有限的;更重要的是,美俄关系已经迥异于冷战时期的美苏关系,意识形态的因素大大淡化。两国关系似乎逐渐回到正常状态,在军控领域两国政策也经历了重大调整。通过对美俄军控十年的历史考察,可以对两国军控互动的趋势做出一些基本判断。

第一,在部分军控问题上,美俄政策仍然会重复过去的模式,军控从属于两国关系并成为推进或者迟滞双边关系的筹码,这主要是涉及基本威慑能力和基本安全利益的领域。例如,虽然美国发展导弹防御势不可挡,但俄罗斯的底线将是美国导弹防御能力不足以抵消其战略威慑能力,否则俄将做出相应的战略调整。又如,如果美国试图阻挠俄罗斯的

---

① 作者对蒙特雷国际问题研究院不扩散研究中心索克夫博士(Nikolai Sokov)的访谈,蒙特雷,2002 年 11 月。

对外军售，两国仍然会有难以协调的分歧，美俄在俄伊合作问题上的较量似乎证实了这一点。第二，在防止大规模杀伤性武器、核材料、核技术的扩散问题上两国利益重合，此类合作仍将继续，并将超越双边关系的基本状态，能够经受两国关系的波动。合作削减威胁项目在过去十年中取得了很大成就，有效地降低了核扩散可能，作为预防性防御的重要手段，两国在此领域的合作前景依然比较乐观。第三，冷战后美国国内对军控政策有过很多争论，怀疑军控效用、反对受条约约束的声音似乎逐步成为主流，如此，美俄不太可能再进行类似20世纪70年代以来的、为限制或者削减战略武器而谈判一个具有法律约束力、能够核查并使限制或者削减不可逆转的军控条约。美国国内党派政治斗争以及新孤立主义、新帝国主义思潮贬抑军控机制的效用，为美国一己利益而采取单边行动的可能日益增大。面对一个依然赢弱的俄罗斯，具有超强能力的美国似乎已经不需要双边对等的条约约束，两国可能进入一个无条约军控时期。

第三章

美俄能否终结"冷战"博弈[*]

"冷战"和"遏制战略"[①] 通常用来描述第二次世界大战结束后持续近半个世纪之久的美苏两国或者美苏各自为首的两大阵营之间的关系或状态。苏联解体后,从事国际关系研究的专家、学者和前政府官员开始用"冷战后"替代"冷战"来描述 1991 年以后的世界,用"接触战略"替代"遏制战略"描述美国对俄罗斯和中国的大战略。冷战从形式上在欧洲已经结束二十多年,但克里米亚危机之后,附带各种形容词的"冷战"再度成为描述美俄关系状态的关键词。有俄罗斯问题专家在克里米亚危机出现后撰文称"欢迎来到第二次冷战(Cold War II)"[②]、"克里米亚危机将引领世界进入第二次冷战(Second Cold War)"[③]。也有人将克里米亚危机之后的美俄关系状态描述为"新冷战"(New Cold War)[④] 或者

---

* 此文原题为《冷战博弈能否终结:美俄关系的发展与变数》,原刊于《人民论坛·学术前沿》2017 年第 6 期。感谢《人民论坛·学术前沿》授权,收入本书时作者对原文做了适当调整。

① 1947 年,乔治·凯南曾经在《外交季刊》撰文《苏联行为的根源》,提出"美国对苏联的任何政策的主要方面必须是长期的,耐心、坚定和警惕地对俄罗斯的扩张倾向进行遏制"。凯南:《美国大外交:60 周年增订版》,雷建锋译,社会科学文献出版社 2013 年版,第 165 页。

② Dmitri Trenin, "Welcome to Cold War II," *Foreign Policy*, March 4, 2014, https://foreignpolicy.com/2014/03/04/welcome-to-cold-war-ii/.

③ Dmitri Trenin, "The Crisis in Crimea Could Lead the World into a Second Cold War," *The Guardian*, March 2, 2014, https://www.theguardian.com/commentisfree/2014/mar/02/crimea-crisis-russia-ukraine-cold-war.

④ Simon Tisdall, "The New Cold War: Are We Going back to the Bad Old Days?," *The Guardian*, November 19, 2014, https://www.theguardian.com/world/2014/nov/19/new-cold-war-back-to-bad-old-days-russia-west-putin-ukraine.

"冷战2.0"（Cold War 2.0）①。《纽约客》2017年3月6日这期中用《特朗普、普京和新冷战》这一标题描述美俄关系。② 用"冷战"形容美俄关系并非始于克里米亚危机，自从普京在2000年接掌俄罗斯之后，"冷战"一词常常被用于描述美俄之间的紧张关系。③ 照此计算，冷战结束后的大部分时间内，美俄关系仍未脱离"冷战"状态。

在2016年的美国总统大选中，共和党总统候选人特朗普有关俄罗斯的言论和普京总统对特朗普的评论似乎引发了美俄关系将出现重大调整的想象，甚至有人担忧特朗普会与普京结成同盟，进而改变世界。④ 美俄关系为什么在冷战结束后仍然跌宕起伏？特朗普执政后美俄关系能否显著调整？美俄关系改善的限度何在？这些问题的答案是解读特朗普政府外交战略走向的重要参数。

第一节　冷战结束后美俄关系的
不成功转型：1991—2000

1991年苏联解体从形式上终结了美苏在欧洲的冷战状态，继承苏联外交、政治和军事遗产的俄罗斯在叶利钦的领导下开始了美俄关系的新时期。1991年迄今，美俄关系大致可以按照两国领导人的更迭和美俄关系的总体状态分为四个阶段，它们分别是1991—1992年、1993—2000年、2001—2008年、2009—2016年，其间美国领导人分别是老布什总统、克林顿总统（两个任期）、小布什总统（两个任期）和奥巴马总统（两

---

① Patrick Wintour, Luke Harding, and Julian Borger, "Cold War 2.0: How Russia and the West Reheated a Historic Struggle," *The Guardian*, October 24, 2016, https://www.theguardian.com/world/2016/oct/24/cold-war-20-how-russia-and-the-west-reheated-a-historic-struggle.

② Evan Osnos, David Remnick, and Joshua Yaffa, "Trump, Putin, and the New Cold War," *The New Yorker*, March 6, 2017.

③ Bohdan Harasymiw, "Russia, the United States, and the New Cold War," *Journal of Military and Strategic Studies*, Volume 12, Issue 2, Winter 2010, pp. 1-31.

④ Evan Horowitz, "How a Trump-Putin Alliance Would Change the World," *The Boston Globe*, December 5, 2016, http://www.bostonglobe.com/news/world/2016/12/05/how-trump-putin-alliance-would-change-world/WRBbyzjIfHCs4xYOyKv7wL/story.html; Steven Swinford, Ben Riley-Smith, "Trump Putin Alliance Sparks Diplomatic Crisis," *The Telegraph*, November, 2016, http://www.msn.com/en-au/news/other/trump-putin-alliance-sparks-diplomatic-crisis/ar-AAke2x8.

个任期），俄罗斯领导人分别是叶利钦总统、普京总统（两个任期）、梅德韦杰夫总统和普京总统（第三任期）。第一阶段属于美俄关系从冷战到冷战后的过渡时期，也是美俄关系短暂的蜜月时期；第二阶段是美俄尝试重构双边关系的时期；第三阶段是美俄关系重回战略博弈状态；第四个阶段则是美俄关系从"旧"冷战走向"新冷战"。

　　美俄在冷战结束初期均展示了缓和与合作的意愿，因此美俄关系在1991—1992年得到显著改善。在冷战结束后美国的首要任务是"巩固长达半个世纪之久的对抗的结束，并消除冷战遗留下来的最危险的后果"，[①]同时俄罗斯推进政治和经济改革，并推动俄罗斯以某种形式参与或者融入欧洲安全框架。俄罗斯在冷战结束后选择与西方全面和解，从制度上认同西方，在国内推行政治和经济体制改革，在对外政策上与西方合作。时任俄罗斯外长科济列夫在1992年4月谈到俄罗斯对外政策时说："俄罗斯应当步入发展最活跃的民主国家行列，以便在这些国家中占有历史以及地理给予我们确定的应有的位置。……我们同这类国家（美国、日本和西欧国家等）完全不存在任何不能克服的分歧和利益冲突，但存在着同他们建立友好关系和将来建立同盟关系的各种可能性。"[②]俄罗斯的乐观情绪是美俄关系快速改善的重要动力，两国首脑频繁会晤并签署了一系列为双边关系定位的文件，在核领域展开了前所未有的合作，美国则推动国际货币基金组织为俄罗斯改革提供了部分援助。

　　美俄首先通过高层会晤为双边关系奠定基调。1992年2月初，叶利钦总统赴联合国参加安理会首脑会议期间与布什总统在戴维营进行会晤，随后发表《联合声明》。声明宣称美俄不再将对方视为潜在对手，双方将在互信和相互尊重基础上发展友谊与伙伴关系，并将致力于削减战略武器，共同防止大规模杀伤性武器扩散、和平解决地区冲突、合作反击恐怖主义等。[③]同年6月，叶利钦总统正式访美，美俄签署了关于双边合作的系列声明和协议，重申双方建立新型伙伴关系的意愿，美国承诺为支

---

　　①　艾什顿·卡特、威廉姆·佩里：《预防性防御：一项美国新安全战略》，胡利平、杨韵琴译，上海人民出版社2000年版，第50页。

　　②　李静杰、郑羽主编：《俄罗斯与当代世界》，世界知识出版社1998年版，第87—88页。

　　③　"Presidents Bush and Yeltsin：'Dawn of a New Era'," *The New York Times*, February 2, 1992.

持俄罗斯改革提供 45 亿美元援助。1993 年 1 月，布什总统在离任前访问莫斯科，并签署《第二阶段削减战略武器条约》（START Ⅱ）。

冷战结束初期美俄最重要的合作体现在传统上两国对抗的核领域。美俄延续了美苏的核军控和裁军势头，两国在核裁军和军控领域合作成绩突出。1991 年 7 月，布什总统和苏共总书记戈尔巴乔夫在莫斯科签署了《第一阶段削减战略武器条约》，[①] 这是美苏冷战史迄今最复杂、最具有实质意义的核裁军条约，条约的核查条款异常严格，后续军控和裁军条约均无法与其比拟。苏联解体后，美俄首脑在 1992 年 1 月相继提出新的核裁军倡议，经过短短一年的谈判，双方在 1993 年 1 月签署《第二阶段削减战略武器条约》。[②] 除了双边核裁军条约，美俄在核领域的另外两项合作则是妥善处理苏联解体后遗留的核武器，即确保俄罗斯成为继承苏联核武器的唯一国家，促使白俄罗斯、乌克兰和哈萨克斯坦放弃部署在其领土上的核武器，并以无核国家身份加入《不扩散核武器条约》。经过一番努力，美俄与白俄罗斯、乌克兰和哈萨克斯坦在 1992 年签署了《里斯本议定书》妥善解决了苏联核武器的继承问题。此外，美国因担忧苏联解体后可能导致核扩散，国会通过了《纳恩－卢格法》，从美国国防部资金中拨出部分款项用于资助苏联核武器销毁、核基地关闭、核科学家转行等。[③]

这一时期，美国对俄援助是双边关系的重要内容之一。1992 年 1 月，美国协调西方各国召开了首次援助独联体协调会议，并随后两度协调援助独联体国家会议磋商；4 月宣布一项内容广泛的援助计划，美国将协同其他西方国家提供 240 亿美元援助，推动国会取消对独联体国家的贸易和投资限制等。1992 年 7 月，布什总统与叶利钦总统在七国集团经济峰会之后再度会晤，七国集团承诺为陷入困境的俄罗斯提供 10 亿美元援助，

---

① U. S. Department of State, "The Treaty between the United States of America and the Union of Soviet Socialist Republics on the Reduction and Limitation of Strategic Offensive Arms (START)," July 31, 1991, https://2009 – 2017. state. gov/t/avc/trty/146007. htm.

② U. S. Department of State, "Treaty between the United States of America and the Russian Federation on Further Reduction and Limitation of Strategic Offensive Arms (START II)," January 3, 1993, https://2009 – 2017. state. gov/t/avc/trty/102887. htm.

③ 详见樊吉社《从合作到对抗：美俄军控十年的历史考察及思考（1991—2000）》，《欧洲研究》2003 年第 5 期。

俄罗斯则承诺尽快从波罗的海三国撤出军队。①

在美俄关系从冷战时期到冷战结束后的过渡阶段,美俄在如何处理双边关系的问题上寻找到了基本共识,即摒弃对抗,寻求合作。美国期待俄罗斯沿着戈尔巴乔夫的道路继续国内政治和经济体制改革,放弃与西方的对抗;俄罗斯则期待得到美欧等西方国家的援助与尊重,开启俄罗斯与美国等西方国家关系的新时代。因此,美俄关系在第一阶段总体进展顺利,双方对未来美俄关系的发展充满了期待。

克林顿总统执政后,美俄关系进入第二阶段:美俄关系的短暂蜜月期逐渐结束,双方对对方的不现实预期落空,彼此不满显著增加,在诸多地区安全问题上分歧加剧,在双边战略议题上,克林顿总统在执政初期大致延续了老布什政府的对俄政策。在国家安全战略上,推进民主是其重要目标之一,因此,克林顿政府多次表示要帮助俄罗斯实施政治经济改革。美国依然主要通过协调多边机构向俄罗斯提供援助,同时提供部分双边援助。美国动员了西方七国集团和国际货币基金组织以及世界银行等金融机构为俄罗斯的经济改革提供资金支持。美国希望借助经济援助推动俄罗斯向自由民主制度和市场经济转变,然而美国对俄的援助通常附有条件,并且主要通过多边机构援助俄罗斯,援助力度比较有限;美国国内也没有从根本上消除影响俄罗斯经济发展和美俄贸易的制度性障碍。俄罗斯希望美国能够提供类似第二次世界大战结束后的马歇尔计划式的援助力度,但显然美国无法满足俄罗斯,而俄罗斯国内的政治和经济改革也难以达到美国预期的目标。双方认知错位导致彼此不满增加,同时俄罗斯内部对于快速倒向西方的政策进行检讨,国内改革推行并不顺利,美俄蜜月期逐渐结束,双边关系进入合作与对抗并存的时代。

合作与对抗在战略安全议题上体现得比较明显。美国愿意提供经费协助俄罗斯履行《第一阶段削减战略武器条约》核裁军义务,帮助俄罗斯和其他独联体国家加强核材料的保护、控制与衡算,推动核科学家转行以及防范核扩散,这符合双方利益,因此"合作削减威胁"项目得以延续。美俄曾经考虑在《第二阶段削减战略武器条约》之后继续深度裁

---

① 王缉思、徐辉、倪峰主编:《冷战后的美国外交(1989—2000)》,时事出版社 2007 年版,第 97—99 页。

减核武库，拟在《第二阶段削减战略武器条约》生效后启动《第三阶段削减战略武器条约》的谈判。[①] 然而，俄罗斯杜马迟迟不批准《第二阶段削减战略武器条约》，美俄深度核裁军遥遥无期。冷战结束前后，美苏（俄）核裁军之所以能够很快取得进展，最主要的原因是苏联和随后的俄罗斯不再将核裁军与美国的导弹防御能力建设挂钩。

随着美俄蜜月期的结束，美国的导弹防御能力建设再度困扰美俄关系。美俄围绕美国导弹防御能力建设展开了较长时间的谈判。美俄谈判的核心议题是：冷战结束后，《反导条约》是否应该继续存在下去；是否和如何区分战区导弹防御系统（TMD）和国家导弹防御系统（NMD）；是否修改《反导条约》以允许美国部署有限的国家导弹防御系统等。经过艰苦谈判，双方于 1997 年大致在区分低层战区导弹防御系统和高层战区导弹防御系统问题上达成了妥协，但双方有关《反导条约》的争议始终没有解决。

美俄在地区问题上的分歧逐渐增加，这包括美国反对俄罗斯向印度提供火箭引擎及其技术、俄罗斯向伊朗提供核潜艇、俄罗斯从波罗的海三国撤出军队、北约以军事力量介入南斯拉夫危机等，但真正深刻影响美俄关系转型的是北约东扩。

冷战临近结束之时，华沙条约组织宣布解散，但与之相对的北大西洋公约组织并没有随着冷战的结束而宣布解散。自 1992 年起，波兰等东欧国家相继提出加入北约的请求，克林顿政府积极推动北约东扩，1996 年北约公布东扩计划研究报告，并在次年决定首批接纳波兰、捷克和匈牙利加入北约，1999 年三国正式成为北约新成员国。虽然美国协同北约国家试图建构以北约为轴心的地区安全架构，并采取了一些措施缓解俄罗斯的忧虑，包括 1994 年 1 月北约通过与中东欧国家以及俄罗斯建立和平伙伴关系的计划，俄罗斯后来加入北约和平伙伴关系计划，但仍然极力反对北约东扩；克林顿政府还邀请俄罗斯加入了七国集团。但是，北约东扩所涉国家为前华约成员国，所涉及的地区属于俄罗斯的"势力范围"。北约东扩本身相当于给俄罗斯释放了非常消极的信号，即北约仍然

---

① Thomas W. Lippman, "Clinton, Yeltsin Agree on Arms Cuts and NATO," *Washington Post*, March 22, 1997, Page A01.

没有改变防范俄罗斯的核心本质，并且开始蚕食俄罗斯的地缘战略空间。1999 年 4 月，俄罗斯拒绝出席北约成员国同和平伙伴关系计划的国家首脑会议，并对北约轰炸南联盟提出了强烈抗议。

从苏联解体、俄罗斯独立到叶利钦主政时期结束，这是美俄关系从冷战时期到冷战结束后的过渡阶段，这一时期与布什政府执政后期以及克林顿总统的两个任期大致重叠。冷战结束之初，美俄均有意实现双边关系的转型，但短暂的蜜月期结束后，美俄在进行有限合作的同时，双边关系中的对抗色彩逐渐显露。

第二节　美俄关系从"冷和平"走向 "新冷战"：2001—2016

在 1991—1992 年、1993—2000 年两个阶段，美俄均有重构双边关系的意愿和尝试，但彼此认知错位和博弈惯性导致叶利钦时代的美俄关系从蜜月期进入有限合作和节制对抗的阶段。随着普京总统接掌俄罗斯，美俄关系逐渐回归战略博弈时期，双边关系中的冷战要素渐次呈现，在奥巴马总统两个任期结束的时候，美俄关系已经呈现出滑向"新"冷战的态势。

2001—2008 年是美俄关系的第三个阶段，美俄关系逐渐向战略博弈回归。影响美俄关系的核心内容并没有因为普京总统接掌俄罗斯和小布什当选美国总统发生根本转变。1999 年北约空袭南联盟，吸收波兰、匈牙利和捷克加入北约，美国抨击俄罗斯在车臣进行的战争等事态，导致美俄关系在进入普京时代的那一刻即面临诸多挑战。小布什总统延续了对俄罗斯的强硬态度，小布什政府在导弹防御系统问题上的政策姿态、接见车臣代表团、因间谍案驱逐俄罗斯外交人员等让人很难期待美俄关系会有显著好转。[①] 如果没有"9·11"恐怖主义袭击，美俄关系可能加速回落。

"9·11"事件为美俄关系转暖提供了机遇，这部分源于俄罗斯在恐怖袭击之后的反应。"9·11"事件后，普京致电小布什总统，表达对恐

---

① 周一民：《布什政府上台以来的美俄关系》，《俄罗斯研究》2002 年第 1 期。

怖行动的谴责和对美国反恐行动的支持，并与美国分享反恐相关情报，为美国打击恐怖组织开辟空中走廊，协调中亚国家与美国的合作，撤出在古巴的监测站和在越南的海军基地。美俄关系转圜的另一部分原因则是小布什政府的外交安全战略重心快速转向反恐，缓和美俄关系符合美国利益。2011 年 11 月中旬，普京访问美国，这是美俄关系的阶段性高点。小布什总统盛赞俄罗斯在反恐问题上提供的支持与合作，并宣称："我们正将美俄关系从敌对和猜忌转向合作和互信，这将为两国人民和世界人民增加和平与进步的机遇"，美俄"正在缔造历史"。① 美俄之间再度洋溢着乐观的情绪，期待未来更大的合作。峰会期间，美俄讨论了反恐、阿富汗重建、中东问题、防扩散问题、核裁军问题、导弹防御问题和北约与俄罗斯的关系。虽然美俄在诸多议题上展示了合作姿态，但导弹防御问题与北约东扩问题上的分歧并没有缓解迹象，② 这导致"温热"的美俄关系难以持久。

　　美俄在战略议题上展开了有限的合作，导弹防御问题上的持续困扰并成为界定美俄关系未来的关键。2000 年 4 月，经过长时间的延迟以及与各种事态挂钩，俄罗斯杜马最终批准了《第二阶段削减战略武器条约》，这份条约在签署六年后最终生效。美俄首脑 2001 年 11 月峰会期间，双方就进一步裁减核武器达成了基本共识，随后的条约谈判进展迅速。2002 年 5 月 24 日，美俄签署了《莫斯科条约》，该条约除了将美俄双方的核弹头限制在 1700—2200 枚，其余条款则极为简洁。无论从谈判时间长度、条约文本篇幅，还是对各自核力量的限定程度，《莫斯科条约》均与既往核裁军条约的严肃程度相去甚远。③ 因此，此次美俄核裁军的象征意义远大于实际价值。

　　小布什政府在导弹防御问题上的强硬姿态和实际政策深刻影响美俄在战略议题上的腾挪空间和美俄关系改善的幅度。虽然美俄曾经就《反

① George W. Bush, "The President's News Conference With President Vladimir Putin of Russia," November 13, 2001. Online by Gerhard Peters and John T. Woolley, *The American Presidency Project*, http：//www. presidency. ucsb. edu/ws/? pid =64429.

② David E. Sanger, "The Bush-Putin Summit：The Ranch；Before and After Bush and Putin's Banter, No Agreement on Missile Defense," *The New York Times*, November 16, 2001, Page A00012.

③ 樊吉社：《核裁军的"趣味数学"》，《人民日报》2009 年 7 月 14 日第 13 版。

导条约》修改问题进行了多轮对话磋商，但因分歧较大，问题始终没有得到解决。2001 年 12 月 13 日，小布什总统宣布美国将退出《反导条约》，这为美国研发、部署导弹防御系统扫清了障碍，同时推高美俄在战略议题上的对抗和博弈。2002 年 6 月，美国退出条约的决定正式生效。为了应对美国退约，俄罗斯随即宣布不再受《第二阶段削减战略武器条约》约束。退出《反导条约》后，小布什政府的导弹拦截试验也再无阻碍。不仅如此，小布什政府开始在 2002 年年底宣布加快在美国本土部署导弹防御系统，到 2004 年 7 月，美国开始在阿拉斯加的格里利堡部署拦截弹，美国另外的一处导弹拦截系统部署在加利福尼亚的范登堡空军基地。到小布什政府末期，美国已经在本土部署了数量有限的拦截弹。美国在本土的导弹防御系统部署遭到俄罗斯的反对，小布什政府试图在欧洲部署导弹防御能力则招致俄罗斯的激烈反击。从 2002 年起，美国就开始与波兰和其他欧洲国家讨论在欧洲部署导弹防御系统以应对所谓伊朗导弹威胁的可行性。2007 年 2 月，美国和波兰、捷克正式谈判建设导弹防御能力的问题，初始计划是在波兰部署 10 枚拦截弹，在捷克部署配套的雷达。俄罗斯表示将采取军事手段回击美国在东欧可能的导弹防御能力建设，甚至威胁这将导致类似冷战时期的军备竞赛。①

　　美俄有关反恐的良好合作也没能持续太久。俄罗斯对美国在阿富汗的反恐战争提供了必要的支持，并就阿富汗的战后重建与美国协调立场。美国在阿富汗的军事行动结束后，开始考虑攻打伊拉克，这遭到俄罗斯的强烈反对。伊拉克战争冲击了俄罗斯在中东地区的地缘战略利益，损害了俄罗斯同伊拉克及其他中东国家之间的经济利益，让俄罗斯意识到从 1999 年的科索沃战争到 2001 年的阿富汗战争，再到 2003 年的伊拉克战争，美国在不断挤压俄罗斯的地缘战略空间。②

　　北约东扩依然是美俄关系第三阶段的重要争议点。虽然俄罗斯强烈反对，但北约东扩的步伐没有停止。2001 年 11 月，普京访美期间曾就北

---

　　① Luke Harding, "Russia Threatening New Cold War over Missile Defence," *The Guardian*, A-pril 11, 2007, https://www.theguardian.com/world/2007/apr/11/usa.topstories3.

　　② 袁鹏：《美俄关系的变与不变——兼议美俄"新冷战"说》，《外交评论》2006 年第 5 期。

约与俄罗斯的关系表示，俄罗斯认为存在这样的机会，即在安全和稳定领域建立全新的联合决策和协调行动的机制，[1] 暗示希望北约进行改造，在性质上由一个军事组织演变为政治组织；在北约事务上给予俄罗斯以否决权；把俄罗斯作为一个真正平等的伙伴，等等。2001 年 12 月，北约 – 俄罗斯常设理事会外长会议决定北约与俄罗斯建立一个新的合作机制，内容包括磋商、合作、共同决策以及协调和联合行动等。次年 5 月，北约与俄罗斯成立北约 – 俄罗斯理事会，但俄罗斯在这一机制中并没有决定权。完成这些形式上满足俄罗斯的动作后，北约开始第二轮东扩。2002 年 11 月，北约首脑会议达成了第二轮东扩决定，两年后保加利亚、罗马尼亚、斯洛文尼亚、斯洛伐克、爱沙尼亚、立陶宛、拉脱维亚加入北约。在小布什任期末，北约进行又一次东扩，将克罗地亚和阿尔巴尼亚纳入北约。美国曾经力挺乌克兰和格鲁吉亚加入北约，但因各国在此问题上意见不一，加之俄罗斯强烈反对，两国未能加入。

美国对俄罗斯处理周边领土争议的批评和同期出现的颜色革命导致美俄关系更加复杂化。冷战结束初期，车臣问题曾经困扰美俄关系，但美国的反应比较克制。1999 年车臣战争再度爆发，俄罗斯到 2000 年控制绝大部分车臣土地。美国开始在车臣问题上批评俄罗斯，俄罗斯处理车臣问题的方式损害了俄罗斯的国际形象，并导致独联体国家积极发展与西方国家的关系。2001—2008 年，独联体国家和中亚地区出现了多个国家的以颜色命名、以和平方式进行的政权变更运动，并在塞尔维亚、格鲁吉亚、乌克兰和吉尔吉斯斯坦等国家取得成功，亲俄罗斯的政府被推翻，代之以亲美的民选政府。颜色革命的成功与美国政府的公开支持以及小布什政府扩展民主的战略关系密切，这导致俄罗斯高度警惕美国的战略意图。2008 年 8 月，俄罗斯和格鲁吉亚因为争夺南奥塞梯发生战争，并很快击败格鲁吉亚，南奥塞梯和阿布哈兹在俄罗斯支持下宣布独立。俄格战争之后，小布什执政临近结束，美俄关系进入冰点。

---

① George W. Bush, "The President's News Conference with President Vladimir Putin of Russia," November 13, 2001. Online by Gerhard Peters and John T. Woolley, *The American Presidency Project*, http：//www. presidency. ucsb. edu/ws/？pid＝64429.

2009—2016 年是美俄关系的第四个阶段，双边关系从"旧"冷战走向"新冷战"。美俄关系在这一时期的发展基本上是前几个阶段的循环。奥巴马就任总统后，美国尝试主动改善美俄关系。2009 年 3 月，美国国务卿希拉里在日内瓦将一枚标注"重启"字样的红色按钮交给俄罗斯外长拉夫罗夫，寓意美俄重启双边关系。从 2009—2014 年，美俄关系曾经呈现较为积极的势头，两国在多个领域展开了多项合作。在战略议题上，奥巴马总统于 2009 年 9 月宣布改变小布什政府在欧洲部署导弹防御系统的计划，[1] 两国在次年 4 月签署《新削减战略武器条约》，将两国部署的战略核弹头数量从 2200 枚降至 1550 枚，并对运载工具做了限制。[2] 俄罗斯同样以较为积极的姿态呼应了奥巴马总统的无核世界倡议，并参加了美国倡导的"核安全峰会"。在反恐问题上，俄罗斯宣布开放俄罗斯通向阿富汗的空域，允许美军补给进入阿富汗。在地区安全问题上，美俄之间的合作也有所推进，包括俄罗斯支持在联合国安理会通过决议对伊朗发展核项目施加制裁，美国则取消了针对俄罗斯对伊朗出口军火进行的制裁。[3]

奥巴马第二任期开始后，美俄关系逐渐走向下坡路。美国指责俄罗斯国内人权问题，并在二十国集团圣彼得堡峰会期间拒绝与普京总统会晤，以此回击俄罗斯为斯诺登提供临时庇护。此外，美俄在叙利亚问题上的分歧加重，在是否继续制裁伊朗问题上也开始出现分歧。美俄关系在 2013 年开始明显降温，2014 年 3 月的克里米亚危机则将美俄关系推向新冷战的边缘。克里米亚危机之后，美国抵制在俄罗斯索契举行八国集团峰会，随后七个成员国易地举行七国集团峰会，暂停俄罗斯在八国集团的成员国地位。不仅如此，西方各国在索契冬季奥运会期间也冷落俄罗斯。除了外交上对俄罗斯施压，美国还协同欧盟先后于 2014 年 3 月、4

---

① Peter Baker, "White House Scraps Bush's Approach to Missile Shield," *The New York Times*, September 17, 2009, http://www.nytimes.com/2009/09/18/world/europe/18shield.html.

② Macon Phillips, "The New START Treaty and Protocol," The White House, April 8, 2010, https://obamawhitehouse.archives.gov/blog/2010/04/08/new-start-treaty-and-protocol.

③ "Remarks by the Vice President at the Munich Security Conference," The White House, February 7, 2015, https://obamawhitehouse.archives.gov/the-press-office/2015/02/07/remarks-vice-president-munich-security-conference.

月、7 月对俄实施三轮严厉的经济制裁，逐步扩大对俄人员、金融、公司和能源产业的封锁，迄今制裁仍未取消，直接打击了俄罗斯的经济基本面。更重要的是，美国率领北约成员国展开针对俄罗斯的"大西洋决心"行动（Operation Atlantic Resolve），[1] 在爱沙尼亚、立陶宛、波兰、捷克等国组织军事演练，涉及科目非常宽泛，甚至派重装部队参与，旨在提升北约的戒备状态，重新强调《北大西洋公约》第五条——集体自卫原则。以克里米亚事件为契机，美国在欧洲扎实推进北约及其盟友伙伴的安全、军事能力建构，而东欧国家也由过去的模糊、暧昧状态，开始主动向欧盟和北约靠拢。奥巴马政府将美国的全球战略重心转向亚太，需要盟友替美国分担责任和压力，克里米亚危机事实上起到了激活北约集体防务的作用。另外，美国加大了对乌克兰的军事安全援助，派出顾问协助乌改造防务机构。与此同时，美国国防部长卡特 2016 年 5 月中旬宣布在罗马尼亚启动反导系统，美国在波兰的反导基地也破土动工，预计 2018 年完工。美国涉及欧洲反导系统建设的有关举措名义上是为了防范"来自伊朗的导弹威胁"，但醉翁之意不在酒，推进的是美国的全球导弹分层拦截能力，削弱的是俄罗斯对欧洲的战略威慑能力。本来，面对俄罗斯的极力反对，美国还有些顾忌，但克里米亚危机后，美国不再顾忌俄罗斯的反应，对俄步步紧逼。经历克里米亚危机之后，美俄关系滑向真正的"新"冷战状态。[2]

---

① Department of Defense, "Operation Atlantic Resolve," https：//dod. defense. gov/News/Special-Reports/0218_Atlantic-Resolve.

② Dmitri Trenin, "Welcome to Cold War II," *Foreign Policy*, March 4, 2014, https：//foreignpolicy. com/2014/03/04/welcome-to-cold-war-ii/；Dmitri Trenin, "The Crisis in Crimea Could Lead the World into a Second Cold War," *The Guardian*, March 2, 2014, https：//www. theguardian. com/commentisfree/2014/mar/02/crimea-crisis-russia-ukraine-cold-war；Simon Tisdall, "The New Cold War：Are We Going back to the Bad Old Days?" *The Guardian*, November 19, 2014, https：//www. theguardian. com/world/2014/nov/19/new-cold-war-back-to-bad-old-days-russia-west-putin-ukraine；Patrick Wintour, Luke Harding, and Julian Borger, "Cold War 2.0：How Russia and the West Reheated a Historic Struggle," *The Guardian*, October 24, 2016, https：//www. theguardian. com/world/2016/oct/24/cold-war-20-how-russia-and-the-west-reheated-a-historic-struggle.

第三节　美俄能否终结"冷战"博弈

回顾 1991 年迄今的美俄关系发展历程，可以发现美俄关系几乎陷入了一个宿命般的循环。如果将冷战结束之初美俄短暂的蜜月时期单独考察，1993 年迄今的美俄关系大致与克林顿总统、小布什总统和奥巴马总统的各自两个任期重叠。其间，美俄关系总体体现出"高开低走"的趋势，并且每隔 8 年一个循环。美俄关系常常从乐观预期开始，启动多种外交安全议题合作，然后逐渐转冷，并最终进入阶段性低谷。

冷战结束迄今的 25 年中，美俄合作和对抗的问题领域大致没有显著变化，最重要的议题主要体现在四个方面。第一是战略军事领域，这包括美俄如何履行在冷战时期达成的各项军控、裁军协议；双方能否以及如何谈判未来的核武器裁减；美国如何研发并部署导弹防御能力；俄罗斯如何应对美国导弹防御能力发展对美俄战略稳定的冲击等。第二是地区安全架构的建构和发展，即俄罗斯和北约将形成何种关系；北约东扩能否照顾俄罗斯的战略地缘利益；欧亚大陆的安全架构是否依然延续冷战时期的北约主导形态，且在此基础上进一步扩大，针对俄罗斯的意图愈发明显；或者欧亚大陆能否建构包容俄罗斯的新的地区安全机制，美国主导的西方与俄罗斯实现战略和解。第三是各地区安全议题的处理是否能够尊重俄罗斯的利益，照顾俄罗斯的需求，允许俄罗斯参与并且有决定权，这些地区安全议题包括但不限于中亚、东欧、波罗的海、中东以及东北亚等。第四是美国在事关俄罗斯内政以及周边重大地缘利益问题上采取何种态度，是否依然延续塑造、改变、影响俄罗斯的内政外交的冲动和野心，美俄在这些问题上能否做到相互尊重。

美国在上述四大类问题的态度、政策和行为决定着美俄关系的基本状态，同样，俄罗斯在上述问题上的态度、政策和行为反过来影响美国的对俄政策。过去 25 年中，当美俄两国领导人有强烈改善美俄关系的政治意愿，并且愿意照顾对方重大利益关切的时候，美俄能够在核问题、导弹防御问题、北约东扩问题、地区安全议题上展开有效合作，并且俄罗斯内政问题不至于掣肘双边关系。反之，当美俄在任何一类问题上的分歧无法弥合，单一分歧会扩散并影响美俄在其他三类问题上的合作。

冷战虽已结束二十多年，但冷战的遗产仍然持续存在，这包括北约并没有随着华约解散而解散，反而不断增加成员国，并将触角伸到俄罗斯领土的外围；俄罗斯所持有的传统领土观念以及在周边领土争议问题上的行为，让美欧等国联想起冷战期间苏联的类似行为。在地区安全议题上，美国更喜欢以冷战胜利者的姿态自居，不愿意尊重俄罗斯在地区安全问题上的发言权和决定权，且其政策损害俄罗斯的传统外交、安全、军事和经济利益。美国对俄罗斯内政的批评指责令俄罗斯深度怀疑美国的战略意图。这些问题如果无法解决，美俄关系跌宕起伏、时冷时热的宿命难以改变。

从 20 世纪 90 年代启动北约东扩到 1999 年北约空袭南联盟，再到伊拉克战争、叙利亚内战以及美国反导能力建设，学界和政界关于美俄关系进入"新"冷战的讨论从未终止。克里米亚危机之后，这种担忧似乎正在转变为现实。2016 年 5 月 25 日，美国国防部长卡特在美国海军战争学院的讲话中指出，美国与俄罗斯和中国的关系将是长期的竞争态势，美国分别在欧洲和亚太地区之于俄罗斯和中国的关系将贯彻一个"坚定、温和而强有力的推回"（a long campaign of firmness, and gentle but strong pushback）战略。① 卡特在海军战争学院的讲话很容易让人与 70 年前凯南的观点建立关联。由于中美之间强大的经贸纽带、频密的人文交流以及众多的对话沟通机制，有关中美可能进入冷战状态的判断颇有杞人忧天的色彩。相比而言，冷战虽已结束多年，美俄之间的关系博弈领域依然是传统的、类似冷战期间的问题，美俄经贸总量有限，人文交流有限，双方的对话沟通机制仍然主要是防范美俄关系深度恶化的减压阀。冷战结束后，俄罗斯在车臣问题、南奥塞梯和阿布哈兹以及克里米亚问题上的政策和行为正在唤醒美国和欧洲对俄罗斯的担忧，即俄罗斯可能成为翻版的苏联。就此而言，美俄之间出现"新"冷战的概率远比中美之间大得多。

美俄之间的所谓"新"冷战有别于"旧"冷战。冷战时期是美苏各

---

① Secretary of Defense Ash Carter, "Remarks by Secretary Carter at the U. S. Naval War College, Newport, Rhode Island," May 25, 2016, https://dod. defense. gov/News/Transcripts/Transcript-View/Article/781499/remarks-by-secretary-carter-at-the-us-naval-war-college-newport-rhode-island/.

自为首的两大阵营之间的集团式对抗，包括意识形态领域对抗、经济制度竞争、激烈的军备竞赛、较长时间的军备控制和有限的裁军、双方不正面相对的代理人战争等，双方的战略沟通主要限于军备竞赛稳定和危机稳定。当下的美俄关系包含"旧"冷战的成分，如美俄在战略军事领域的竞赛与制衡，但已经不存在集团式对抗，也不存在有意义的经济制度竞争或者代理人战争。即使美俄关系存在紧张状态，美俄仍然在双方拥有共同领域的地区安全问题上展开有限合作。美俄关系曾经尝试向冷战后转型，取得了有限的成就，但迄今仍然限于冷战式的战略博弈宿命之中。

特朗普在竞选期间、当选后以及就任后曾经展示了改善美俄关系的政治意愿，那么，美俄关系能否在特朗普执政时期终结冷战博弈？这个问题的答案取决于美国的内政和美俄能否在前述四类核心议题上达成妥协。

目前来看，特朗普总统虽然有改善美俄关系的意愿，美俄关系出现战略性转型的障碍依然很多。第一，美国政治精英对俄罗斯的刻板认知已经形成，认定如果不加防范，俄罗斯可能在处理与周边各国特别是苏联加盟共和国关系问题上更具侵略性，这种认知短期内难以改变。或许特朗普总统有改善意愿，但美国行政部门之间的掣肘必将限制美俄关系改善的力度和幅度。第二，美国情报机构已经认定俄罗斯通过网络攻击介入了美国的总统大选，并被认为扮演了为特朗普"助选"的角色，目前已经就此问题展开调查。无论特朗普总统有多大改善美俄关系的意愿，有多少与俄罗斯进行交易的打算，美俄关系改善的起点已经遭遇国内的阻击。由于担心特朗普总统可能放松或者取消克里米亚危机后针对俄罗斯的制裁，国会尝试立法限制特朗普政府的政策选项。在有关俄罗斯通过网络攻击介入美国大选的调查结果出台之前，特朗普总统改善美俄关系的冲动难免遭受国内质疑。第三，在前述四类议题上，美国显著调整政策的可能性较小。美国研发并部署导弹防御系统一直影响美俄裁军的进程，而美国国内对于部署导弹防御系统已经形成基本共识，美俄关系中的这个麻烦难以消解。正是由于俄罗斯在车臣问题、南奥塞梯和阿布哈兹以及克里米亚问题上的政策和行为，北约东扩的成果不但得以进一步巩固，而且获得了新的动力。未来格鲁吉亚和乌克兰被纳入北约的可能性依然存在，而这两个国家如果加入北约，美俄产生冲突的概率显著上升。美国在地区安全问题上特立独行的惯性也难以改变，尊重俄罗斯的利益和决定权绝非短期内能够实现。虽然特朗普在就职演说中表示，美国不会寻求将自己的生活方式施加到任何人身上，而将发挥"榜样"的力量引领他国效仿，① 但美国干预他国内政的外交传统并非短期内能够改变。如果美国不调整在前述四类议题上的政策，美俄关系的重大改善将无从谈起。

当然，在看到美俄关系改善面临诸多障碍的同时，回顾美俄关系发展的历程，同样应该注意到，当美俄关系陷入阶段性低谷，两国都会努力防止双边关系失控。因此，特朗普执政时期，美俄关系终结冷战博弈的希望不大，但美俄关系出现部分改善的可能性依然存在。

---

① President Trump, "The Inaugural Address," January 20, 2017, https://www.whitehouse.gov/briefings-statements/the-inaugural-address/.

第三部分

中美关系中的核问题

第 一 章

中美军控：合作与分歧、动因与趋势[*]

冷战时期，军备控制并不是影响中美关系的重要因素，这主要取决于当时的国际安全环境。从第二次世界大战结束到冷战结束的近半个世纪中，国际裁军和军备控制基本上是以欧洲为中心，以核武器控制为主要内容，以美苏之间的双边斗争为主要形式展开的。^① 中国基本上处于国际军备控制机制之外，即使存在对军控的介入，也主要限于多边领域，借助国际论坛陈述中国的军控政策主张。在 20 世纪 70 年代中美关系缓和之前，两国在军控领域的互动限于美国对中国的核讹诈、中国反对美国限制中国发展独立的核力量；双边关系缓和之后，两国出于共同的战略需求，在军事领域发展过有限的合作。80 年代末，中美军事合作随着中苏、美苏关系的相对缓和而逐渐消退，两国在地区性和全球性军控问题上的分歧日渐突出。

冷战结束后，军控问题在中美关系中的作用稳步上升，并成为导致双边关系起伏跌宕的重要因素。美国在冷战结束后调整了军控政策优先顺序，从冷战时期集中关注限制和削减战略武器，调整为首要关注大规模杀伤性武器及其技术的扩散，更加关注扩散造成的威胁，侧重防止扩散，甚至主张反扩散。同时，由于国际格局出现了新的变化，在解决一些全球性和地区性问题上，美国也需要其他国家的参与和合作，美国还在军控领域推动、支持多边军控机制的建立和扩大。^② 与此同时，中国的

　　* 此文原题为《中美军控：合作与分歧、动因与走势》，原刊于《国际经济评论》2001 年第 Z5 期。感谢《国际经济评论》授权，收入本书时作者对原文做了适当调整。
　　① 潘振强主编：《国际裁军与军备控制》，国防大学出版社 1996 年版，第 410 页。
　　② 参见樊吉社《影响冷战后美国军控政策的若干因素》，《世界经济与政治》2001 年第 9 期。

政治经济体制改革获得了较大的成功，国力逐步增强，并对地区安全和国际安全形势具有较强的辐射力，中国选择了逐步融入国际军控和裁军机制的道路。因此，两国在军控领域的互动日趋增多，这种互动就表现为有效合作，又表现为根本分歧，合作与分歧并存。军控问题从此成为持续影响双边关系的要素。

第一节　中美在军控领域的合作与分歧

近十年来，中美两国在军控领域的互动超出了以前任何时期的规模，其良性表现就是两国在全球层次、地区层次和双边层次的合作。

在全球层次上，两国的合作主要体现在巩固原有的并建立新的国际军控机制。

1995 年，《不扩散核武器条约》缔约国召开审议和延期大会，此次大会关系到条约能否无限期延长。中美两国利用各自的地位和影响，动员与会国家支持条约无限延期，中国说服不结盟国家支持条约无限延期。① 2000 年 4 月底，《不扩散核武器条约》成员国再次召开审议大会，这是《不扩散核武器条约》无限期延长后的第一次审议大会。

1999 年 10 月美国参议院以 1998 年 5 月印巴相继进行了核试验为由，拒绝批准《全面禁止核试验条约》，并试图修改或放弃《反导条约》，发展反导系统。由此，这次大会很可能因无法达成任何共识而告失败。当时，中美之间因为中国驻南斯拉夫大使馆被炸而中止的安全领域的对话并没有完全恢复，但是基于双方的共同利益，两国仍然进行了外交接触，协调了在审议会上的政策立场，这是保证审议大会取得成功的一个重要因素。

《全面禁止核试验条约》的谈判也是两国合作的例证。尽管从事的核试验次数最少，中国仍然明确表示支持加强国际军控和不扩散机制。经过多次谈判，1996 年 7 月中美就现场核查机制达成共识，为最终达成协议扫除了障碍，从而保证了该条约在 1996 年内完成谈判并开放供各国签

---

① Evan S. Medeiros, "Rebuilding Bilateral Consensus: Assessing US-China Arms Control and Nonproliferation Achievements," *The Nonproliferation Review*, Spring 2001, p. 132.

署,中美还第一批签署了该条约。

在其他条约的谈判中,中美也进行了有效的合作。1998年6月底,中美两国同意尽早批准"地雷议定书",并敦促其他国家批准该议定书;同意在裁军谈判会议支持尽快成立特委会,推动会议就"禁止转让/出口杀伤人员地雷"开始谈判。双方还表示完全支持《禁止生物武器公约》的宗旨和目标,在公约议定书的谈判中加强合作,促进早日达成协议。①

地区层次上的有效合作主要体现在处理朝鲜核问题和印巴核试验问题上。1994年年初,因为朝鲜核设施的核查问题,美朝之间爆发了几乎导致第二次朝鲜战争的核危机。危机出现后,中国方面运用自己独特的影响力,尽自己的努力,敦促有关各方谨慎行事,相互照顾彼此关切,避免采取可能导致局势失控的过激言行。正是在中方的反复劝说下,美朝举行了双边谈判,致力于通过磋商与谈判解决问题。② 最终,美朝通过谈判签署《美朝框架协议》化解了一次可能爆发的冲突。此后,中美又在四方会谈中继续提供这种有益的合作,推动朝鲜半岛的无核化进程;即使中美关系因为炸馆事件而恶化,两国就朝鲜问题的磋商也没有中止。

1998年5月,印巴相继进行了数次核试验,中美两国迅速做出反应。两国首脑和外长通过热线电话协调政策立场,共同倡议召开安理会五大常任理事国外长会议。联合国安理会召开会议后通过了中美就南亚核试验发表的联合公报,即第1172号决议。该决议成为处理南亚问题的指导性文件。1998年,克林顿总统访华期间,两国再次重申了对南亚核和导弹问题的关注。

在双边层次上的合作主要是核与导弹问题。90年代初至今,两国在导弹出口标准的问题上持有不同看法,导弹扩散问题一直是双边磋商的主题。1992年2月,中国政府承诺遵守《导弹技术控制制度》(Missile Technology Control Regime, 简称 MTCR) 当时的准则和参数,1994年10

① 《中美两国元首关于杀伤人员地雷问题的联合声明》《中美两国元首关于〈生物武器公约〉议定书的联合声明》,《人民日报》1998年6月28日。

② 王晓琳:《中美在军控、裁军与不扩散领域的合作:成就与经验教训》,提交第三届中美军控、裁军和不扩散研讨会的发言,2000年9月13—15日。

月，中方重申了这一承诺。1998 年，克林顿总统访华后，中国表示将"积极研究"加入《导弹技术控制制度》。因此，两国在导弹出口标准上达成部分共识。

在核不扩散领域，中国陆续通过了若干与核有关的出口管制条例，并做出了进一步加强对双用途材料出口控制的承诺。基于在核不扩散领域的共识，1998 年两国启动了搁置十多年的《和平利用核能合作协定》，为以后在核能领域的合作奠定了基础。同年，两国还就核武器互不瞄准问题达成协议，这是两国为建立信任机制迈出的重要一步。

总的来看，冷战结束后中美在军控领域的合作取得了较大成就，全球层次的合作比较显著，地区层次上也有比较有效的合作，双边层次上实质性的合作比较有限，没有出现重大突破，但为以后的发展奠定了一定的基础。

两国在军控领域尽管有过比较成功的合作，但分歧并没有因此而减少。对比中美在军控领域的合作来看，两国的分歧主要分布在全球层次和双边层次上。

在全球层次上，两国对核武器的使用持有不同看法，并采取了不同的政策。中国第一次核试验后就明确承诺不对其他国家进行"核讹诈"。此后，中国还承诺在任何时候、任何情况下不首先使用核武器，并无条件地不对无核国家或者无核区使用或者威胁使用核武器。中国多次倡议核国家缔结互不首先使用核武器的国际条约；1995 年 4 月 5 日，中国重申无条件向所有无核国家提供"消极安全保证"和"积极安全保证"。[①]中美两国就不首先使用核武器进行过多次磋商，但美国不相信此种承诺的有效性，认为不首先使用和安全保证无法进行核查，因此一直拒绝做出同样的承诺。1997 年美国关于核战略的总统指令仍主张在遭到生化武器的袭击的情况下，使用核武器进行报复。

对于何时缔结一项"禁止生产核武器用裂变材料条约"（FMCT，也叫禁产公约），两国也持有不同的立场。中国赞同缔结这样一项条约，但

---

① 中国国务院新闻办公室：《中国的国防》，1998 年 7 月。消极安全保证是指承诺不对无核国家使用或者威胁使用核武器；积极安全保证是指在无核国家遭受使用核武器的侵略和威胁时，有关方面向其提供援助。

同时认为，美俄继续谈判削减核武器并谈判缔结一项防止外空武器化的条约，应该优先于禁产公约的谈判。美国则反对为禁产公约的谈判设置前提条件。中美两国均具有影响军控条约谈判进程的能力，双方在禁产公约与防止外空军备竞赛条约孰先孰后问题上的立场难以协调，两项条约的谈判难以在短期内取得进展。

美国研发并考虑部署战略导弹防御系统，是近年来中美之间存在严重分歧的问题。美国声称发展导弹防御系统是为了对付所谓"胡作非为"国家的不对称导弹威胁，以及意外的、未经授权的导弹发射。为达到部署导弹防御系统的目的，美国要么修改、要么放弃冷战期间美苏缔结的《反导条约》，而该条约是当前有核国家维持战略平衡和稳定的重要基础。虽然中国不是条约缔约国，但中国认为该条约在冷战后实际上具有维护全球战略稳定的意义，因此强烈反对美国发展战略导弹防御系统以及修改或放弃该条约的企图。导弹防御系统涉及的不仅是战略意图，还关切战略能力。中国的核武器纯粹属于防卫性质的，是最低限度的核威慑；一旦美国决定部署国家导弹防御系统，中国有限的威慑能力必然受到严重影响。虽然现在美国公开声称不针对中国，但如果中美关系恶化，战略意图调整，美国具有的导弹防御能力将使得中美之间的不对称威慑更加失衡。自从美国开始加快导弹防御系统的研发，中国一直同国际社会一起反对美国破坏战略平衡。双方的分歧在于战略观念上的根本差异。迄今为止，两国仍然没有就此问题展开实质性的磋商。

双边层次上的分歧体现在中国的军控政策与美国对台军售的关系上。

美国借口所谓的台湾海峡局势紧张，将售台武器的数量与质量、是否向台湾提供战区导弹防御系统等问题，与中国在沿海的导弹部署挂钩。1999 年年初，美国国防部长的一份报告声称，中国正在加快部署可移动短程弹道导弹 M－9 和 M－11，增建和扩建导弹基地，并根据美国的情报声称，中国目前部署的 200 枚短程导弹将在 2005 年迅速增至 650 枚。[①] 在此后的双方磋商中，美国一直强调售台武器的数量和质量将同沿海导弹

① David Shambaugh, "Sino-American Relations: Cooperation and Competition," article submitted to the Third Sino—US Arms Control, Disarmament and Nonproliferation Conference, Beijing, Sept. 14－15, 2000.

部署相联系，要求中国部分撤走或者减缓导弹部署步伐。美国还宣称，是否向台湾提供导弹防御能力，与中国解决台湾问题的方式相联系。中国则明确指出，台湾问题是中国内政，美国无权干涉其解决方式；中国坚决反对美国以任何理由向台湾地区提供 TMD、部件、技术或援助，也反对以任何形式将台湾纳入战区导弹防御系统。

第二节　中美在军控领域合作与分歧的动因

总的来看，冷战结束后中美在军控领域的合作成就显著，其中朝鲜半岛核问题的缓解、《不扩散核武器条约》的无限延期、《全面禁止核试验条约》的达成、南亚核试验问题的处理，被称为两国合作的"四大典范"。促成两国在军控领域有效合作的动因大致包括以下几个方面。

首先，国际社会基本上确立了防止核扩散的共识，中美两国接受并支持这一原则。冷战结束后的国际环境迥异于冷战时期，除非一国的核心安全利益受到威胁，使用核武器基本上成为国际道义所不能容忍的事情，防止核武器扩散是国际社会的基本目标。防止核扩散的关键在于确保有核国家不再增加、继续削减冷战时期遗留的战略武库、全面停止并禁止核试验。美国是防止核扩散的积极推动者，中国也逐步加入了防止核扩散的进程。两国在防止核扩散问题上的共识强有力地推动两国在朝鲜半岛核问题、南亚核试验问题、无限期延长《不扩散核武器条约》和《全面禁止核试验条约》问题上进行了成功的合作。在《禁止化学武器公约》和《禁止生物武器公约》问题上的合作，同样基于国际社会在防止生化武器扩散问题上存在的基本共识。

其次，加强地区军控、防止地区安全形势的恶化，是中美两国共同利益所在。美国的实力决定了它所界定的安全利益无处不在；中国当前的实力以及在国际社会中的地位，决定了中国界定的安全利益主要涉及周边地区。两国在朝鲜半岛和南亚地区的核扩散问题上存在共同利益，美国不希望南亚和朝鲜半岛因为生产或发展大规模杀伤性武器，进一步恶化地区安全形势，这些地区获得大规模杀伤性武器同样不符合中国的安全利益。推动美朝签署《美朝框架协议》，敦促印度和巴基斯坦签署《全面禁止核试验条约》和《不扩散核武器条约》符合两国的安全利益。

因此，尽管两国处理地区军控问题的方式存在差别，但两国仍然进行了有效的合作。

最后，中国通过"战略学习"逐步加入国际军控机制，中美关系大局的顺利发展，是促成两国就军控问题进行合作的重要因素。冷战时期的国际安全形势决定了中国或主动或被动地被排除在国际军控机制之外，80年代中国尝试性地介入国际军控进程。"战略学习"为中国融入国际军控机制、更好地维护国际安全形势的稳定和保卫国家安全利益奠定了基础。经过多年的互动，中美在军控领域逐渐达成了部分共识，这是两国在军控领域合作的前提，而中美关系大局的顺利发展为两国的合作提供了条件。促成两国就军控问题合作的原因比较明显，与此相对应，导致两国产生分歧的原因则复杂多样。从近年来两国在军控问题上的政策来看，这些原因大致可以归结为以下几点。

第一，由于历史和现实的原因，两国缺乏互信，难以建立稳固的常设军控磋商机制。中美之间的军控磋商不同于美俄之间。经过冷战时期的长期较量，美苏（和冷战结束后的美俄）积累了丰富的军控经验，建立了较为成熟的常设军控机制，尤其是危机管理机制。中国只在晚近时期才逐步介入国际军控机制，中美两国所处的地缘战略环境以及两国不同的意识形态等，决定了两国在大战略问题上的冲突特性。双方的互信难以建立，因而两国的安全政策比较容易被解读为相互针对对方，从而产生过度恐惧。

例如，随着中国综合国力逐步加强，长期以来被搁置的军事现代化逐渐提上议事日程。适度的军事现代化是当前中国安全利益的需求，但美国认为中国的政治体制和意识形态决定了中国走向的不确定性，认为一个不确定的大国加强其军事实力必然造成地区安全形势的复杂化，并挑战美国在亚太地区的安全利益。美国希望在维持同该地区各国的军事同盟和准军事同盟关系的同时，通过各种手段将中国纳入国际军控机制，约束中国军事能力的强大，应对中国可能带来的挑战。

中国认为，军事现代化并不会危及当前的地区安全形势，也不是针对美国，相反，在苏联解体的情况下美国仍然维持在亚太地区的驻军，加强同亚太各国的军事和准军事同盟，研发并考虑部署新型武器系统等，明显具有遏制中国的意图。美国试图将中国纳入国际军控机制显然是军事遏制中国的重要手段。双方的相互疑惧决定了两国在一些军控问题上截然不同的政策。

第二，中美两国介入国际军控机制的程度不同，参与国际军控的成本和收益不同，由此决定两国对待国际军控机制的态度不同。正是由于中国在晚近时期才真正介入国际军控，而基本的国际军控机制已经成型，中国没有参与这些机制的建立，这些机制就不可能是从照顾中国的安全利益出发的，当然也不可能完全照顾到中国的安全关切。中国是否加入这些机制，就面临成本和收益的计算。对于国际社会普遍接受的国际多边军控机制，尽管中国不曾参与制定，仍然采取了融入政策，因为从长远来看，中国能够从中获益，比如《不扩散核武器条约》。但对于一些局部的、少数国家制定的军控协议，中国只能有选择地表示支持，例如美苏冷战期间签署的《反导条约》。相反，对另外一些军控协议，例如西方发达国家之间的《导弹技术控制制度》，中国认为该协议不能完全照顾中国的利益关切，因此采取了比较谨慎的政策。两国从现有国际军控机制中获益不同，在导弹不扩散等问题上存在分歧也就难以避免。

第三，两国处理军控问题的方式存在较大差别。总的来看，中国主张采取政治手段，通过协商、谈判方式解决各国间存在的分歧，而不是采取施加压力、进行制裁等对抗手段。美国则主张综合利用包括协商、谈判、施压、制裁、许诺酬赏、威胁使用武力等"胡萝卜加大棒"的各种手段，解决当前面临的军控和不扩散问题。例如朝鲜半岛的军控问题，中国认为美朝应该通过谈判解决对朝鲜的制裁，消除双方的敌意，借此解决朝鲜的核与导弹问题。美国则认为，如果朝鲜不冻结并解除其核设施，中止并取消导弹研发，美国将继续施加压力、维持制裁并发展导弹防御系统，应对朝鲜的"大规模杀伤性武器构成的威胁"。

第四，中美两国对一些安全问题的认识不同。以台湾问题与中美军控的关系为例，中国认为台湾问题属于中国的内政，采取何种手段或方式处理台湾问题是中国的自主权力，外国势力无权干预。美国则声称，台湾问题涉及亚太地区安全，中国采取的解决方式或正在采取的措施，如在沿海的导弹部署等，关系到地区安全形势的前景，有必要将中国解决台湾的方式与售台武器的数量和质量联系起来。对此问题的认识分歧导致两国将军控问题相互挂钩。美国将售台武器（包括是否向台湾地区提供导弹防御能力）与中国沿海导弹部署相联系，宣称只有减少针对台湾的导弹压力，美国才不会向台湾提供导弹防御能力。中国则将美国售台武器的政策与中国的军控政策挂钩，美国在售台武器上遵守承诺，是中国同美国合作的重要条件。美国还认为双边关系应该同军控问题脱离开来，中美关系的状态不应影响两国在军控领域的磋商；中国则认为，中美关系大局的状态将直接影响两国就军控问题合作的质量。

第三节　中美在军控领域合作与分歧的走势

虽然中美两国在过去十年中就军控问题有过较好的合作，但以往的一些合作具有偶发和暂时的特点，而且美国政府出现了有意淡化这种合作意义的倾向。随着美国新政府采取更为强硬的军控政策，重视单边行动而忽略多边合作的倾向加强，两国今后的合作势头受阻的可能性较大，合作的空间有可能被压缩。

在防核扩散问题上，国际社会既存的共识使得未来双方在此问题上的合作意义淡化。美朝之间的核问题已经通过《美朝框架协议》确立了解除朝鲜核设施的基本原则，虽然在协议的执行过程中可能仍然充满变数，但逆转的可能性不大。从目前来看，中美两国对待南亚核问题的政策已经出现较大差别，美国很可能放松对印巴的制裁，默认印巴已经成为有核国家的现实，中美进一步合作协调立场的可能较小。在防生化武器扩散方面，两国立场的协调也不过是例行磋商，新的合作潜力不大。

在合作前景并不看好的同时，两国现存的分歧不但没有缩小的可能，反而可能增大。

在克林顿政府时期两国建立互信的努力取得了有限的成效，而布什就任总统以来的政策倾向预示着此种努力有可能中止。如果互信无法确立，两国在战略深层仍然会相互防范和限制，军控领域存在的潜在对立和实质性对立均将凸显。

从美国在不首先使用核武器和安全保证问题上的既往政策来看，美国不可能做出中国政府期望的承诺。相反，布什政府有意适度削减战略武器并降低战略武器的战备状态，如果美俄在此问题上取得突破，美国有可能向中国施加压力，期望中国也加入核裁军和军控进程。中国非常有限的战略核能力决定了中国不可能在战略威慑能力无法确保的情况下做出核裁军和军控的承诺。

两国在不扩散导弹问题上的对立仍然可能维持下去。虽然中国在导弹扩散问题上做出了一些承诺，也曾表示"积极研究"加入《导弹技术控制制度》，但美国在售台武器和导弹防御问题上的政策让中国难以接受，两国虽努力寻求突破，但这个过程可能充满不确定性。

在战略领域，两国在导弹防御系统问题上截然相反的政策立场，预示着两国的潜在对立可能加大。导弹防御系统实质上意味着基本安全战略理念的变化，美国认为，基于"确保相互摧毁"的威慑理论不能反映冷战后国际安全环境的现实，需要在削减战略武器的同时建立某种规模的导弹防御系统，以替代"传统的安全观"。这种转变显然有利于具有超强政治经济军事实力的美国，而对中国这种处于发展过程中的地区大国不利。虽然中国以及世界其他主要国家通过国际政治舞台表达了反对的声音，但美国现在有一股强大的势力要求推进导弹防御计划，并且在相当程度上得到了美国内某种情绪的呼应和支持。

中俄等国家的反对能够在何种程度上阻止或迟滞美国的导弹防御计划，仍然难以确定。经过2000年6月克林顿总统对俄罗斯的访问和2001年7月布什总统和普京总统热那亚八国首脑会晤之后的磋商，美俄在导弹防御系统问题上的矛盾有些缓解。如果按照双方的声明，美俄将战略武器的削减与导弹防御系统挂钩，从而修改了《反导条约》，中国的地位将进一步恶化。

中美将军控问题相互挂钩的现状仍将持续下去。比如，中国将美国售台武器的数量与质量同中国在军控和不扩散问题上的政策态度挂钩；美国将是否向台湾地区提供导弹防御能力同中国在沿海省份的导弹部署挂钩；中国将是否加入《导弹技术控制制度》同美国是否向台湾地区提供导弹防御能力挂钩；中国在《禁产公约》谈判问题上的政策同外空非武器化谈判挂钩。这种相互挂钩的状况使得两国难以在解决军控领域的分歧上取得进展。

中美在军控领域的分歧尽管存在扩大的变数，但同时也存在缓解的可能，前提是双方各自调整在军控问题上的政策，相互照顾对方的安全关切。例如对于导弹防御问题，中国可以考虑美国发展导弹防御系统对付不对称威胁的需要，美国则依照其不针对中国的政策，同中国进行磋商，相应限制已经部署的导弹防御系统潜在拦截能力，保证中国的威慑能力不致受到重大损害。这样，即使美俄就导弹防御系统达成妥协，确立新的威慑理论框架，中国不至于再次被排除在外。另外，美国必须放弃以所谓台湾海峡两岸搞军力平衡为借口增加售台武器的政策，明确承诺遵守中美三个联合公报的原则，不向台湾地区提供导弹防御能力。中美双方都必须遵守已经达成的协议或做出的承诺。美国一方面指责中国违反在导弹扩散问题上的承诺，同时自己却违背中美三个联合公报，不断增加对台军售，这是没有道理的，只会增加解决问题的难度。总之，只有双方均做出政策调整，开辟新的合作领域，增信释疑，缩小分歧，两国在军控领域对抗的可能性才会逐步减少。

第 二 章

美国核政策调整与中国的
政策应对[*]

　　布什执政时期，美国的单边主义政策致其几近丧失在裁军、军控和防扩散问题上的主导权和领军地位。奥巴马执政后，美国的裁军、军控和防扩散政策开始从单边主义向多边合作回摆，美国也因此在较短的时间内扭转了在核裁军、军控与防扩散等问题上的被动局面。在接受美国广播公司采访时，奥巴马将恢复美国的国际形象列为他任期第一年的成就之一。①

　　美国国内有关核裁军的辩论及奥巴马政府的核政策调整引起了我国主要媒体的关注，我国学者亦有广泛讨论，但学术性研究成果仍然比较有限。② 美国专家学者的相关研究成果较为丰硕，其中较为重要的是斯坦福大学胡佛研究所为纪念美苏首脑雷克雅未克会晤 20 周年举行研讨会而相继出版的论文集，学者有关如何走向无核世界的探讨，以及美国《核

　　* 此文原题为《美国核政策调整与中国的政策应对》，原刊于《国际政治研究》2010 年第 2 期。感谢《国际政治研究》授权，收入本书时作者对原文做了适当调整。
　　① "Obama Gives Himself B + for First Months in Office," *The Daily Star*, December 14，2009，https：//www. thedailystar. net/news-detail – 117788.
　　② 通过检索清华知网期刊数据库收录的论文发现，与奥巴马政府核政策调整相关的论文约计 14 篇，主要刊载于《美国研究》《世界经济与政治》《外交评论》《现代国际关系》《国际论坛》《当代亚太》《和平与发展》《当代世界》等期刊，内容主要是与奥巴马政府此次核政策调整相关的分析与评论。

态势评估》报告撰写过程中的激烈争论等。①

本章拟在前述研究的基础上扼要梳理美国核裁军实践，并尝试回答如下问题：美国拟对其核政策做出哪些调整？为何做出这些调整？这一政策调整将面临什么样的挑战？政策调整的结果如何？美国政策调整将对中国产生什么样的影响？中国应如何应对美国的政策调整？本章论及的核政策调整是一揽子的有关核裁军、军控、防扩散的政策理念、政策行为和政策实践，它包含但又不仅限于狭义的核裁军。

第一节　核裁军倡议与美国裁军实践

有关核裁军的讨论由来已久，冷战前期的美苏核裁军提议更多具有宣传色彩，是为了占据"道德高地"，为保持核垄断地位而以裁军之名行扩军之实。早在1946年6月联合国原子能委员会第一次会议期间，美国曾提出"巴鲁克计划"，表示将在国际管制体制建立后销毁它所拥有的核武器。② 1953年12月，美国总统艾森豪威尔也曾经在联合国大会发表演讲，发出核裁军的呼吁，③ 但并未因此对美苏核军备竞赛产生根本影响。直到20世纪60年代末，美苏才开始限制战略进攻性武器和防御性武器谈判。两国于1972年5月达成《第一阶段限制战略武器条约》和《反导条约》。《第一阶段限制战略武器条约》对美苏各自可拥有的弹道导弹做出

---

① Sidney Dress and George Shultz eds. , *Implications of the Reykjavik Summit on Its Twentieth Anniversary*, Stanford：Hoover Institution Press, 2007；George Shultz, Steven Andreasen, Sidney Drell, and James Goodby, eds. , *Reykjavik Revisited：Steps Toward a World Free of Nuclear Weapons*, Stanford：Hoover Institution Press, 2008；Federation of American Scientist, Natural Resources Defense Council, Union of Concerned Scientists, *Toward True Security：Ten Steps The Next President Should Take to Transform US Nuclear Weapon Policy*, Cambridge：UCS Publications, 2008；George Perkovich and James Acton, *Abolishing Nuclear Weapons*, Oxon：Routledge 2008；Nuclear Weapons Complex Consolidation Policy Network, "Transforming the U. S. Strategic Posture and Weapons Complex for Transition to a Nuclear Weapons-Free World," April 2009；William J. Perry, James R. Schlesinger, *America's Strategic Posture—The Final Report of the Congressional Commission on the Strategic Posture of the United States*, Washington, D. C. ：United States Institute of Peace Press, 2009.

② "The Baruch Plan," Presented to the United Nations Atomic Energy Commission, June 14, 1946, http：//www. atomicarchive. com/Docs/Deterrence/BaruchPlan. shtml.

③ President Dwight D. Eisenhower, "Atoms for Peace," December 8, 1953, https：//www. iaea. org/about/history/atoms-for-peace-speech.

了限定，但并不是真正意义上的裁减。《反导条约》则对美苏可以部署的弹道导弹防御系统进行了限定。1972—1979 年，美苏继续限制战略武器谈判，并于 1979 年签署了《第二阶段限制战略武器条约》。这一时期，美苏谈判主要是限定战略运载工具数量，而不是核弹头的数量；是设定上限，而不是向下削减。在里根总统将美苏"限制"战略武器谈判转为"削减"战略武器谈判之前，核裁军仅限于讨论，难以付诸实施。

里根就任总统后将美苏"限制"战略武器谈判改为"削减"战略武器谈判。[1] 1981 年 11 月，美苏首先开始限制欧洲中程核武器谈判，1987 年 12 月，美苏达成《中导条约》，将美苏核武库中的中程和中短程导弹一整类核武器完全消除。此后，美苏/俄又分别在 1991 年 7 月和 1993 年 1 月签署了《第一阶段削减战略武器条约》和《第二阶段削减战略武器条约》。《第一阶段削减战略武器条约》将美苏各自拥有的运载工具限定为 1600 件，核弹头限定为 6000 枚。《第二阶段削减战略武器条约》在《第一阶段削减战略武器条约》的基础上继续向下平衡削减，条约规定双方将核弹头削减到 3000—3500 枚。

冷战结束后，裁军的这种良好势头却未能继续下去。由于克林顿政府着力发展战区导弹防御（TMD）能力，美俄有关进一步裁军的谈判未能启动。1997 年 9 月，美俄就战区导弹防御问题达成协议，宣称将在《第二阶段削减战略武器条约》生效后启动第三个裁军条约的谈判。然而，《第二阶段削减战略武器条约》的批约问题一再被延宕，第三个裁军条约的谈判无从谈起。小布什执政后，美国退出《反导条约》，《第二阶段削减战略武器条约》随之寿终正寝。2002 年 5 月，美俄达成仅具象征意义的《莫斯科条约》：美俄将各自的核弹头裁减至 1700 到 2200 枚。此后，两国在核裁军领域再无有意义的进展。

布什政府密切关注反恐战争，忽略乃至贬低军控和防扩散国际制度建设，核裁军进展有限，核扩散问题日益严重，核恐怖的可能性上升。正是在这种背景下，斯坦福大学胡佛研究所和核威胁倡议（The Nuclear Threat Initiative）于 2006 年 10 月 11—12 日联合主办了题为"雷克雅未克

---

[1] President Reagan, "Remarks to Members of the National Press Club on Arms Reduction and Nuclear Weapons," November 18, 1981, https：//www.reaganlibrary.gov/research/speeches/111881a.

峰会及其 20 周年启示"的会议;① 一年后又主办了题为"再论雷克雅未克:建设无核武器世界的步骤"的会议。两次会议后,前国务卿舒尔茨、前国防部长佩里、前国务卿基辛格、前参议院军事委员会主席纳恩分别于 2007 年 1 月 4 日和 2008 年 1 月 15 日联名在《华尔街日报》撰文《一个没有核武器的世界》和《建设一个无核武器世界》,② 呼吁建设一个没有核武器的世界。这是美国智库呼吁下一届政府调整核政策的最强音。

奥巴马在竞选总统期间即对四位前政要有关核裁军的呼吁表达了明确的支持,他还阐述了当选总统后拟采取的核裁军、军控与防扩散政策,③ 这基本上构成了 2009 年 4 月 5 日他在布拉格发表无核世界演讲的核心内容。从四位前政要的无核世界倡议到奥巴马竞选总统期间的言论,再到奥巴马总统关于建设一个无核世界的讲话、美俄重启核裁军谈判、美国推动联合国安理会通过第 1887 号决议,核裁军逐渐从一项源自智库的倡议转化为一项官方政策。综合奥巴马所发表的言论及其采取的政策可以看出,美国的核政策调整实质上是一揽子有关核裁军、军控、防扩散的综合动议。奥巴马的这些动议均与《不扩散核武器条约》的三大支柱相符,④ 即条约第二款所规定的不扩散、条约第四款所规定的和平利用核能及条约第六款所规定的核裁军。毫无疑问,《不扩散核武器条约》是美国核裁军动议的国际法来源及合法性基础。

具体而言,奥巴马政府核政策调整的主要议题包括如下一些内容:

1. 实施核裁军。建设一个无核武器世界的首要任务是进行核裁军。目前美国拥有的核弹头总量达到了 9400 枚,俄罗斯则有 13000 枚,两国

---

① 在 1986 年 10 月 11—12 日的雷克雅未克峰会上,里根总统和戈尔巴乔夫总书记论及多个话题,但核武器是谈话的核心,如果不是美国发展战略导弹防御系统,两国领导人几近达成在十年内消除各自的核武器的共识。

② George P. Shultz, William J. Perry, Henry A. Kissinger and Sam Nunn, "A World Free of Nuclear Weapons," *The Wall Street Journal*, January 4, 2007, Page A15; George P. Shultz, William J. Perry, Henry A. Kissinger and Sam Nunn, "Toward A Nuclear Free World," *The Wall Street Journal*, January 15, 2008.

③ "Arms Control Today 2008 Presidential Q & A: President Elect Barack Obama," *Arms Control Today*, December 2008, https://www.armscontrol.org/print/7363.

④ Article II, IV, VI, "Treaty on the Non-Proliferation of Nuclear Weapons," https://www.iaea.org/sites/default/files/publications/documents/infcircs/1970/infcirc140.pdf.

的核弹头总数占世界核武器总量的95%以上。① 在美俄仍然拥有巨量核弹头的时候谈论建设一个没有核武器的世界没有多少说服力，因此，奥巴马提出要继续美俄之间的核裁军谈判。1991年签署的《第一阶段削减战略武器条约》于2009年12月5日到期，美俄核裁军谈判就从该条约的替代条约谈判开始。奥巴马主张的核裁军并不仅限于美俄两个超级核大国，他在布拉格讲话中亦明确表示未来将把其他核武器国家纳入核裁军的进程，敦促其他国家采取核裁军行动。②

2. 降低核武器在国家安全战略中的作用。核武器是用于威慑他国发动核攻击还是胁迫他国在安全冲突中做出让步？是"以核制核"还是也用于应对生物武器和化学武器攻击？如果不降低核武器在国家安全中的作用，很难真正实现深度核裁军，枉谈无核世界，因此奥巴马政府提出要降低核武器的作用。不仅如此，即使美俄完成了《第一阶段削减战略武器条约》和《莫斯科条约》规定的裁减，两国仍将各有2200枚核武器处于一触即发状态，即通常所称的"预警即发射"（Launch on Warning，LOW）。③ 美国拥有超强的常规武器能力，但仍然保持核武器的高度戒备状态，这很难说服其他无核国家不寻求发展核武器。因此，奥巴马也提出要与俄罗斯一起努力，增加发射核武器之前的预警和决策时间，④ 这是降低核武器作用的具体措施。

3. 加强防扩散。这包括：加强军控和防扩散的制度建设，主要体现

---

① Robert S. Norris and Hans M. Kristensen, "U. S. Nuclear Forces, 2009," *Bulletin of the Atomic Scientists*, March/April 2009, Vol. 65, No. 2, p. 60；Robert S. Norris & Hans M. Kristensen, "Nuclear Notebook：Russian Nuclear Forces, 2009," *Bulletin of the Atomic Scientists*, May/June 2009, Vol. 65, No. 3, pp. 55 – 56.

② Barack Obama, "Remarks by President Barack Obama in Prague as Delivered," Prague, Czech Republic, April 5, 2009, https：//obamawhitehouse. archives. gov/the-press-office/remarks-president-barack-obama-prague-delivered.

③ 所谓预警即发射是指使用核武器报复被认为的核攻击，核武器的这种戒备状态意味着可能在接到进攻导弹的警报后即须发起攻击，决策者仅有数分钟的时间做出是否进行核报复的决定，也可能因为错误的预警导致核战争。Alan F. Phillips, "No Launch on Warning," *Ploughshares Working Paper* 02 – 1, https：//ploughshares. ca/pl_publications/no-launch-on-warning/.

④ "Arms Control Today 2008 Presidential Q & A：President Elect Barack Obama," *Arms Control Today*, December 2008, https：//www. armscontrol. org/print/7363.

为寻求国会尽早批准《全面禁止核试验条约》（CTBT）；① 明确支持启动"禁止生产核武器用裂变材料条约"（FMCT）谈判，以尽早达成一项可以核查的条约。另外，奥巴马政府也表示改变处理两个地区防扩散问题的政策，准备在朝核和伊核问题上综合运用经济、军事、政治、外交、文化等"巧实力"，对话、接触与施压、制裁并用。

4. 加强核安全、推动反核恐。奥巴马总统一再表示将加强对核武器、核材料的管控，从源头上防范核扩散。奥巴马政府加强核安全的努力已经在由美国推动通过的联合国安理会第 1887 号决议中得到体现，即改进核安全措施，提高核安全标准，减少核恐怖主义风险，在四年内达到所有易流失的核材料都能免遭此类风险的目标；在技术和经济可行的范围内尽量减少为民用目的使用的高浓缩铀；提高本国在其全境探测、慑止和阻止非法贩运核材料的能力，并加强相应的国际合作；采取措施防止扩散融资和运输，确保敏感材料安全，控制无形技术转让等。②

在加强防扩散和核材料安全的同时，奥巴马政府亦呼吁解决防扩散与和平利用核能之间的矛盾，尝试解决无核国家发展民用核能的核燃料供应问题。总体来看，美国的核裁军动议所包含的一揽子议题覆盖了与核裁军、防扩散及和平利用核能的各个方面。

第二节　美国核政策调整的动因与机遇

布什执政期间，美国对其核军控和防扩散政策做出了显著的调整，

---

① 奥巴马总统已经为争取国会批准条约做了一些准备工作：2009 年年初，《华盛顿邮报》载文称副总统拜登将负责推动国会批准条约；2009 年 6 月，国务院、能源部及国家科学院联合资助国家科学院国际安全和军备控制委员会（Committee on International Security and Arms Control）就与《全面禁止核试验条约》相关的技术问题进行研究，该项目预计 18 个月完成。Walter Pincus, "Biden to Shepherd Test Ban Treaty Vote," *Washington Post*, April 8, 2009, A08; "Project Information: Review and Update of Technical Issues Related to the Comprehensive Nuclear Test Ban Treaty," http://www8. nationalacademies. org/cp/projectview. aspx? key = 49131.

② "S/RES/1887 (2009): Maintenance of International Peace and Security: Nuclear Non-proliferation and Nuclear Disarmament," https://www. securitycouncilreport. org/un-documents/document/nkorea-sres – 1887. php.

这些调整意味着美国从克林顿政府的核裁军、核军控、防扩散制度建设转向布什政府的志愿者同盟。① 与布什政府相反，奥巴马政府在核问题上的政策立场完全改变了布什政府在这些问题上的政策偏好，这似乎意味着美国核政策逐渐回摆：从布什政府的志愿者同盟转向核裁军、军控及防扩散的制度建设。促使奥巴马政府调整核政策的基本背景是复杂多样的。

第一，核扩散问题日益严峻，而且短期内获得解决的希望渺茫。朝鲜已经进行了核试验，并且分离了足以制造六到八枚核武器的钚材料；伊朗执意进行铀浓缩，建立独立的核燃料循环能力。美国应对这两个地区核扩散挑战的政策成效有限：为解决朝核问题举行的六方会谈迄今仅达成了原则性共识，尚未实质上迈向朝鲜半岛无核化；为解决伊朗核问题的多边会谈亦进展不大。同样，由于能源紧缺及气候变暖，很多发展中国家正计划发展民用核能作为解决能源安全的替代方案，其中一些国家计划发展独立的核燃料循环能力，这相应增大了核技术、核材料的扩散风险。另外，恐怖分子涉足核扩散的风险也逐渐增大，而美俄两国拥有的庞大核武库，仍处于部署状态的战术核武器，疏于安保的、散布在各国的核材料，都为非国家行为体涉足核扩散提供了可能。卡迪尔·汗地下核走私网络的曝光进一步说明，恐怖组织可以通过多种渠道涉足核恐怖。

第二，在核扩散挑战日益严峻的同时，布什政府的核政策却无助于应对核扩散威胁。布什执政期间，核武器的作用不仅没有下降反而得到了提升：美国试图研制新型核武器，并拟对所谓的"流氓国家"实施"先发制人"的军事打击。布什政府的核政策导致美国在防扩散问题上面临话语权危机，② 并且难以得到国际社会对其政策的有效支持；地区核扩散问题不但没有解决，反而变得严重；无核国家也质疑防扩散机制是否仍能有效防止核武器的扩散。由于美国不愿意在核裁军、军控与防扩散问题上继续发挥领军作用，其国际形象在过去几年大大受损；美国面临

---

① 樊吉社：《美国军控政策的调整与变革：从制度建设到志愿者同盟》，《美国研究》2006年第4期。

② 樊吉社：《防扩散与话语权危机》，《人民日报》2006年10月9日。

的核扩散威胁也因此呈现恶化趋势。

第三，美国要想有效应对日益严重的核扩散威胁，就必须恢复美国在核裁军、军控问题上的领军地位，修复美国受损的国际形象，重建国际社会对防扩散机制的信心。因此，奥巴马总统明确表示与俄罗斯谈判新的裁军条约以取代 2009 年 12 月 5 日到期的《第一阶段削减战略武器条约》，以可核查的、具有法律约束力的条约方式实现美俄核武库的削减。奥巴马政府在《全面禁止核试验条约》批约及 "禁止生产核武器用裂变材料条约" 谈判问题上的表态亦有助于恢复国际社会对防扩散机制的信心。唯此，美国才可能重新夺回在防扩散问题上的话语权，实现核裁军与防扩散的平衡、和平利用核能与防扩散的平衡。美国调整核政策亦有助于其获得其他国家在地区防扩散、防范核恐怖主义、加强核武器、核材料安全等问题上的支持。恰如无核世界倡议者之一、前参议院军事委员会主席纳恩所言："美国不展示领导作用，不展示世界最终将消除核武器的远见，我们将无法得到国际上对保护我们自己的社会所必需步骤的合作。"①

通过提出包括核裁军、防扩散及和平利用核能在内的一揽子动议，奥巴马总统为国际社会描绘了一幅致力于核裁军的美好图景。说易行难，美国核政策调整的这种姿态在多大程度上能够转化为可行的行动？

目前来看，奥巴马总统拥有一些推行核政策调整的有利条件。

其一，奥巴马本人高度重视核裁军这个议题，在竞选期间以及当选后他均将核裁军列为外交的首要议题之一。奥巴马本人虽然是国家安全事务的 "新面孔"，但有军控和防扩散政策的 "老经验"。他任职参议院时就曾与共和党元老级的军控和防扩散领军人物卢格参议员共同倡议了延续 "合作削减威胁法" 的《卢格－奥巴马法》；在讨论美印核协议期间，他也在《海德法》中贡献了限制南亚核武器试验和部署的两条修正案。同等重要的是，奥巴马作为总统能够深刻影响美国的

---

① James Kitfield, "Road to Zero Nukes Remains Fraught," *National Journal*, May 30, 2009, https：//www.nationaljournal.com/s/287622/road-zero-nukes-remains-fraught.

军控政策。① 如果他将军控议题看作外交政策中至关重要的组成部分，那么他可以在政策形成的三个阶段——确定议程、制定政策和执行政策——都可以施加非常重要的影响。目前，奥巴马总统的确做到了这一点，即将核裁军议题提升到各政府官员和机构必须关注的程度，在一些关键议题的决策过程中起到主导作用，并且持续关注该政策的实施。另外，奥巴马总统的核政策调整也得到了国际社会的积极回应。从奥巴马发表布拉格讲话、访问俄罗斯推动核裁军谈判、推动联合国安理会通过第 1887 号决议，到准备 2010 年 4 月的核安全峰会，可以看出奥巴马政府对核政策调整的重视程度。

其二，奥巴马还组建了一个具有丰富军控和防扩散政策经验的外交和安全团队，这对贯彻核政策调整非常有利。副总统拜登不仅弥补了奥巴马自身经历中的薄弱环节，而且他曾是六任参议院元老、参议院外交委员会主席，数十年来一直都是国会有关国家安全辩论的重要角色，具有丰富的军控和防扩散经历。在白宫负责协调防止大规模杀伤性武器扩散和反恐政策的盖瑞·萨默尔（Gary Samore）也是一位经验丰富、较少政党色彩的军控和防扩散谈判专家。克林顿总统的两届任期几乎是美国军控和防扩散政策最为活跃的时期，现任国务卿希拉里曾作为第一夫人耳濡目染，参与"创造历史"。副国务卿詹姆斯·斯坦伯格（James B. Steinberg）曾任克林顿时期国务院情报与研究局助理国务卿帮办、政策规划主任、国家安全事务副顾问等，谙熟外交安全事务。负责核查和履约事务的助理国务卿罗斯·戈特莫勒（Rose Gottemoeller）曾数次在能源部和国务院任职，具有丰富的军控和防扩散政策实践经验；她熟谙美俄关系，是主谈《第一阶段削减战略武器条约》后续条约的最佳人选。曾在克林顿时期主管军控和防扩散事务的助理国务卿罗伯特·艾因霍恩（Robert J. Einhorn）则成了国务卿希拉里的军控和防扩散事务高参。克林顿政府主管军控和防扩散的老班底"卷土重来"，有助于修复当前严重受损的国际军控和防扩散机制，重建美国在该议题上的主导权，政策变革将因此更有"底气"。

---

① 美国总统在外交政策方面的权力具体到军控议题上主要表现为：缔结军控条约或者协议的权力，任命负责军控问题官员的权力，倡议、否决或者签署各项涉及军控政策法案的权力。

其三，国会民主党和共和党议员的分布亦有利于奥巴马总统推行核政策调整。总统的军控政策偏好并不意味着一定能够体现在最后的美国军控政策中，国会既可以是总统军控政策的"推进剂"，也可以是总统政策的"刹车片"。国会通过立法、拨款、批准或者否决条约、确认或者拒绝确认总统的政治任命等手段影响美国军控政策。总统通常能够在多数外交议题上得到本党议员的持续支持，却难以获得反对党的支持。民主党和共和党在诸多军控议题上存在类似"意识形态"般的思想分野和政策偏好差别，① 政党身份决定了国会议员在外交、安全等议题上的投票倾向。当总统和国会均由同一政党掌握的时候，该党的军控政策理念较为容易在政策中得到体现，虽然并不能保证国会中同一政党议员全部支持该党总统的所有政策动议，但也不会出现很大的差异。目前民主党是参众两院的多数党，在参议院控制了 58 席，众议院有 256 席。在参众两院的多个委员会中，民主党的多数保证了涉及军控的议题能够朝着符合奥巴马总统政策偏好的方向发展，也可以避免出现极端的党派政治，诸如通过冗长发言阻碍议事日程等。② 在参议院的两个重要委员会——军事委员和外交委员会中还有一些比较支持军控政策的共和党参议员。总体来看，国会政治力量的分布有利于奥巴马总统将其军控政策倡议转化为政策实践。

第三节　美国核政策调整面临的挑战

奥巴马总统个人支持军控政策的强烈意愿，经验丰富的外交和安全团队，以及国会有利的政治力量分布，这都是奥巴马政府推行核政策调整的有利条件，但他同样面临一些比较严峻的挑战。

一　《核态势评估》如何平衡各部门的政策偏好

根据美国国防部的解释，新的《核态势评估》报告将为未来 5—10

---

① Lee Sigelman, "A Reassessment of the Two Presidencies Thesis," *The Journal of Politics*, Vol. 41, No. 4, 1979, pp. 1202, 1204.

② 参议院的议席分布：民主党参议员有 58 席，2 席为独立参议员，共和党参议员有 40 席；众议院的议席分布：民主党众议员有 256 席，共和党众议员有 178 席，另有一个席位空缺。

年确立美国核威慑政策、战略和核力量态势。该报告将评估核力量在美国军事战略、军事规划中的作用；维持一个安全、可靠和可信的核威慑态势的政策和目标要求；核威慑政策、瞄准战略与军控目标之间的关系；导弹防御能力和常规打击力量对确立美国核力量规模所起的作用；核运载系统的组成和水平等。这份报告将由国防部和参谋长联席会议主导完成，并与能源部长和国务卿直接磋商，也将与国会相应的委员会进行沟通。① 这是指导美国核裁军、军控和防扩散政策的纲领性文件，只有这份文件出台后美国才可能真正确立在核裁军、"禁止生产核武器用裂变材料条约"谈判、《全面禁止核试验条约》批约等问题上的政策。奥巴马政府决定在该报告出台之前即谈判《第一阶段削减战略武器条约》的后续条约已经遭到了部分共和党人的质疑。② 在如何调整美国核政策的问题上，国防部也与国务院、国家安全委员会有不同见解。报告原定于 2009 年底完成，但一再延迟报告的发布时间，可以想象各机构之间对报告的分歧之严重。③

二　如何界定核武器的作用

核武器到底应该在美国军事战略、军事规划中发挥什么样的作用？这个问题的答案是美国所有核政策的关键。冷战虽然早已结束，但美国核武器的作用并没有实质性的变化。克林顿政府和布什政府曾分别于 1994 年和 2001 年进行过两次核态势评估，但美国的核政策基本上维持了冷战时期的态势。目前，许多美国政治家和学者均认为到了一个重新界定美国核武器作用的关键时刻。在奥巴马当选总统之前，很多相关的研究报告即已经在撰写之中，这包括美国国会战略态势委员会的报告、外交委员会特别小组的报告、美国科学家联盟与自然资源保护委员会的报

---

① U. S. Department of Defese, "2009 NPR Terms of Reference Fact Sheet," June 2, 2009, https：//archive. defense. gov/news/d20090602NPR. pdf.

② John Isaacs and Kingston Reif, "Will the Senate Support New Nuclear Arms Reductions?" *Bulletin of the Atomic Scientists*, June 23, 2009, http：//www. thebulletin. org/web-edition/features/will-the-senate-support-new-nuclear-arms-reductions.

③ Anya Loukianova, "The Nuclear Posture Review Debate," *Issue Brief*, August 19, 2009, https：//www. nti. org/analysis/articles/nuclear-posture-review-debate/.

告、巩固核武器综合体政策网络的报告、新威慑工作组的报告等。① 这些报告评估了美国核政策的方方面面，提出了各种不同的政策建议。其中美国国会战略态势委员会发布的报告最具有代表性，该委员会是由两位前国防部长共同主持，报告最终版本兼容了各种不同的观点。有关核武器的作用，这份报告提出"美国的核力量旨在威慑对美国或其盟友的任何攻击，且仅作为最后手段使用"，建议应该强调"美国只在极端情况下为保护自身和盟友才考虑或者准备使用核武器"。这种表述对美国核武器的作用仍然保持了模糊的态度，并没有解释什么是"极端情况"，因为报告仍然建议美国"不应采取不首先使用的政策而放弃刻意的模糊政策"。② 该报告努力在维持现状的一派和试图改变的一派之间寻求平衡和妥协。外交委员会则建议将核武器的作用界定为："美国核武器的唯一目的是为美国及其盟友提供威慑。"③ 也有人建议不讨论美国什么时候使用核武器，而阐释美国拥有核武器的目的是"威慑，如果必要，回应对我们、我们的军事力量或者我们的盟友的核打击"。这实际上间接表述核武器的作用是"以核制核"。④ 核武器在美国安全和军事战略中到底应该发挥什么样的作用？这个问题不解决，核裁军能走多远是一个疑问。

---

① 外交委员会的报告为：William J. Perry, Brent Scowcroft, and Charles D. Ferguson, "U. S. Nuclear Weapons Policy," *Council on Foreign Relations Independent Task Force Report*, No. 62, April 2009。美国科学家联盟与自然资源保护委员会的报告为：Hans M. Kristensen, Robert S. Norris, and Ivan Oelrich, "From Counterforce to Minimal Deterrence: A New Nuclear Policy on the Path Toward Eliminating Nuclear Weapons," *Federation of American Scientists and the Natural Resources Defense Council Occasional Paper*, No. 7, April 2009。巩固核武器综合体政策网络的报告为：The Nuclear Weapons Complex Consolidation（NWCC）Policy Network, "Transforming the U. S. Strategic Posture and Weapons Complex for Transition to a Nuclear Weapons-Free World," April 2009。新威慑工作组的报告为：The New Deterrent Working Group, *U. S. Nuclear Deterrence in the 21st Century: Getting it Right*, Washington, D. C. : Center for Security Policy Press, 2009。

② William J. Perry, James R. Schlesinger, *America's Strategic Posture—The Final Report of the Congressional Commission on the Strategic Posture of the United States*, Washington, D. C. : United States Institute of Peace Press, 2009, pp. xii, 37.

③ William J. Perry, Brent Scowcroft, and Charles D. Ferguson, "U. S. Nuclear Weapons Policy," *Council on Foreign Relations Independent Task Force Report*, No. 62, April 2009, p. xiv.

④ Jeffrey Lewis, "Declaratory Policy," http://www. armscontrolwonk. com/2583/declaratory-policy.

三　如何为建设一个无核武器世界实现真正的深度核裁军

美俄核裁军谈判确立了裁减处于部署状态的核弹头和运载工具的上限和下限区间，无论最终条约达到的是上限还是下限，都距离无核世界遥遥无期，也不足以说服其他有核武器国家加入核裁军的进程。因此，美俄应该在新条约达成后继续谈判核武器的深度裁减。对于未来的核裁军，美国的一些学者提出了不同的裁军路线图。在 2007 年 10 月 "再论雷克雅未克：建设无核武器世界的步骤" 会议上，有学者提出比较稳妥的、渐进的裁军路线图，认为未来核裁军应该分四个阶段：第一阶段美俄分别将各自处于部署状态的战略核弹头削减到 1000 枚，另有一些核弹头作为 "响应力量"（Responsive Force）；第二阶段美俄将各自处于部署状态的核弹头限定为 500 枚，另有 500 枚作为 "响应力量"；第三阶段美俄将各自的战略核力量限定为 500 枚核弹头，所有的弹头均处于储备状态，这时候其他有核国家承诺不增加核力量、同意更大的核透明并且不将核力量置于部署状态；第四阶段所有有核国家的任何型号或者种类的核弹头均不能超过 500 枚，且均为非部署状态。① 最为激进的是 "巩固核武器综合体政策网络" 所发布的报告，该报告提出下一步应将美俄各自拥有的所有核弹头裁减到 500 枚，并提出如何才能达到 500 枚的方法。② 比较保守的报告则提出，美国不应该将核弹头裁减到《莫斯科条约》所界定的 1700 枚以下，因为这将影响美国三位一体的核力量结构。③

实际上，如果美国未来真正深度裁减核武器，将难以在较低核弹头数目下仍然维持三位一体的核力量结构，必然要调整其核力量结构。任何一种调整都会影响某一兵种的利益，部门间争权夺利难以避免。另外，随着深度裁军，美国必然要撤回部署在海外军事基地的核武器；非战略

---

① David Holloway, "Further Reductions in Nuclear Forces," in George Shultz, Steven Andreasen, Sidney Drell, and James Goodby, eds., *Reykjavik Revisited*: *Steps Toward a World Free of Nuclear Weapons*, Stanford: Hoover Institution Press, 2008, pp. 1–2.

② Nuclear Weapons Complex Consolidation Policy Network, "Transforming the U. S. Strategic Posture and Weapons Complex for Transition to a Nuclear Weapons-Free World," April 2009, pp. 1–5.

③ The New Deterrent Working Group, *U. S. Nuclear Deterrence in the 21st Century*: *Getting it Right*, Washington, D. C.: Center for Security Policy Press, 2009, p. 54.

核弹头亦应纳入裁减的范围。这些都是存在较大争议的问题。

四　如何平衡核裁军与维持美国有效核威慑之间的关系

无论是深度裁减核武器还是撤回部署在海外的核武器，美国未来的核裁军将对其核威慑能力和可信性产生双重的影响：一是美国延伸威慑（Extended Deterrence）的可信性，二是美国自身核威慑的可信性。美国现在仍然向其盟友提供核保护伞，如果美国撤回海外部署的核武器，将导致盟国怀疑美国的核保护伞是否仍然可信。如果美国将核武器裁减到一个较低的数目，美国盟友亦会怀疑美国核武器在威慑其他国家对美国本土进行核攻击之余，是否仍然能够帮助盟国对抗其他国家的核威胁。核保护伞是美国军事同盟体系的重要组成部分，美国降低核武器的作用、深度削减核武器均将对这种军事同盟产生冲击。与美国核态势评估相关的多个报告都提出，美国的核裁军不应该影响到向盟友提供核保护伞，甚至应该在延伸威慑问题上征询盟友的意见，这将增大未来核裁军的难度。

另外一个更重要的问题是在美国进行核裁军的同时如何确保其核武库的安全性、有效性和可信性，这涉及核武器综合体未来的使命和命运。美国的核武库将逐渐缩小是一个趋势，不确定的是缩小到什么程度。这种情况下，美国核武器综合体应负有的使命是维持现有核武库的规模并承担解除核武器的任务，还是保持核武器综合体应对未来不确定变化的能力？即使对于前者也有一个是继续以前的核武器"延寿"项目，还是设计甚至制造新型核武器的问题。布什政府提出制造新型核武器的逻辑是：有了更可靠的核武器，美国就可以减少核武器的数量。① 如果美国最终决定仍然研发并制造新型核武器，那么其他有核国家很难最终参与到核裁军的进程中来。另外，在美国有关核裁军的辩论中，未来如何处理美国与中国的关系也是一个争论的焦点。一些美国人担忧随着美国的核

---

① Anya Loukianova，"The Nuclear Posture Review Debate，" *Issue Brief*，August 19，2009，https：//www.nti.org/analysis/articles/nuclear-posture-review-debate/. 盖茨一直支持"可靠替代弹头"研发，在被奥巴马留任国防部长之前他即重申了他的主张，称发展新型核弹头关系到美国核武库的可靠性和安全性，可以让美国更有信心深度裁减核武库。

武器逐渐裁减，中国有可能在数目上争取同美国的对等地位，因而主张美国应该应对未来的不确定性，保持美国的核武器综合体随时恢复制造核武器的能力，确保美国拥有绝对的优势。美国有关保持未来核威慑有效性的争论也将影响未来《全面禁止核试验条约》的批约问题，而最大的可能是，奥巴马总统以继续支持核武器综合体、保持美国政策选择灵活性来换取国会支持条约的批准。这种妥协将损害无核世界动议的可信性。

五　在核裁军的进程中如何处理导弹防御问题

导弹防御与核裁军之间的关联早在 20 世纪末就已建立。冷战期间，美国和苏联不愿意在防御领域展开另一场军备竞赛，因此通过签署《反导条约》限定了各自的导弹防御能力，通过保持"相互脆弱性"（Mutual Vulnerability）来维持战略稳定。里根政府推行"星球大战计划"曾经让美苏有关核裁军的谈判进展异常缓慢，1986 年 10 月美苏首脑雷克雅未克会晤期间，如果不是因为美国发展战略导弹防御系统，两国领导人几近达成在十年内消除各自核武器的共识。克林顿执政期间，因为美俄在导弹防御问题上的分歧，《第二阶段削减战略武器条约》批约一再延宕，第三个削减战略武器条约因而无从谈起。布什政府退出《反导条约》后，《第二阶段削减战略武器条约》随之被废弃。美俄现在进行的《第一阶段削减战略武器条约》后续条约谈判也因美国计划在欧洲部署导弹防御系统受到了影响。目前，奥巴马政府对东欧部署导弹防御系统的政策做出了调整，[①] 暂时缓解了美俄两国在这个问题上的深刻分歧。鉴于导弹防御政策一向得到国会共和党议员的支持，而且美俄之间并没有签署任何有约束力的条约或者议定书对未来导弹防御系统的发展进行限定，导弹防御政策很可能再次出现反弹，届时必将影响美俄的深度核裁军，也将会影响其他国家加入核裁军进程的意愿。

奥巴马政府面临的严峻挑战决定了美国的核政策调整不会在短期内

---

① "Remarks by the President on Strengthening Missile Defense in Europe," September 17, 2009, https: //obamawhitehouse. archives. gov/the-press-office/remarks-president-strengthening-missile-defense-europe.

取得重大突破，但奥巴马政府拥有的有利条件的确有助于美国在以下几个问题上取得一定的进展和成效：（1）通过确立无核世界这个遥远的目标，美国在较短的时期内修复其受损的形象，再次夺得核裁军、防扩散问题上的主导话语权；（2）凝聚国际社会对于加强核安全、防范核恐怖主义的共识，强化从源头上防控扩散的措施；（3）重建国际社会对国际防扩散机制的信心，包括重新以条约的形式实现核武器的裁减、推动原有的军控条约生效、谈判新的军控条约等；（4）在地区防扩散问题上争取更多国家的合作与支持，特别是在伊朗问题上获得俄罗斯的支持。

第四节　美国核政策调整与中国面临的压力

截至 2010 年 4 月，奥巴马政府的各项核政策调整已经大致成型：4月6日，美国发布《核态势评估》报告；4 月 8 日，美俄签署《新削减战略武器条约》；4 月 12—13 日，美国主办了核安全峰会。综合美国的官方政策文献、双边条约协议、多边政策动议，可以看出美国核政策调整的内容：第一，通过新的裁军条约，美俄将各自部署的核弹头限定为 1550枚，部署和非部署的运载工具限定为 800 件。[①] 由于计数规则的变化，这个条约的实际裁军意义比较有限。第二，通过核安全峰会，美国提升了国际社会对核材料保安的重视，将加强核保安塑造为新的国际议程，并推动国家间的合作。第三，新出台的《核态势评估》报告则对美国的核政策做出了较为明显的调整。[②] 一是显著调整了对核威胁来源的判断。报告调低了对传统大国之间核威胁的认知，突出了来自核恐怖主义和核扩散的挑战。二是改变了对国际军控和防扩散机制的态度和政策，准备强化防扩散机制，加强核安全，推动核裁军、军控和防扩散的制度建设。三是降低了核武器的作用，将"威慑别国不对美国及其盟友发起核攻击"界定为核武器的"根本作用"。美国还对那些签署并遵守《不扩散核武器

---

① "Treaty Between the United States of America and the Russian Federation on Measures for the Further Reduction and Limitation of Strategic Offensive Arms," https：//www. state. gov/new-start/.

② U. S. Department of Defense, "Nuclear Posture Review Report," April, 2010, https：// dod. defense. gov/Portals/1/features/defenseReviews/NPR/2010_Nuclear_Posture_Review_Report. pdf.

条约》的无核国家做出承诺，不对它们使用核武器。报告还进一步界定了使用核武器的条件，即只在最极端的情况下，为保护美国及其盟友的核心利益，才会考虑使用核武器。四是强调维持与中国和俄罗斯的战略稳定，并承诺不发展新型核武器，继续推动核裁军。但同时，报告重申要加强地区威慑能力，维持前沿部署能力，继续发展远程打击能力；美国重申维持一个"安全、有效"的核威慑能力，并为此加大对核武器项目的投入；美国还打算加强先进常规武器能力建设，包括即时全球打击能力等，但不准备对导弹防御能力的研发、部署做任何限定。

从核政策调整的结果来看，奥巴马政府在主张维持现状的保守派与主张大幅降低核武器作用的自由派之间走了"第三条道路"。"激变"或者"急变"可能遭遇五角大楼与国会共和党的强烈抵制；"不变"则背离当下的国际安全现实，也会增加美国协调各国裁军和防扩散立场的难度。为了使美国政策调整体现奥巴马总统布拉格讲话的基本精神，奥巴马总统本人亲自介入了这个过程。在十轮美俄裁军谈判过程中，奥巴马曾经与俄罗斯总统梅德韦杰夫会晤和通话14次以解决谈判中遇到的分歧；[1]在《核态势评估》报告撰写过程中，曾经召开了150次部门间的协调会，其中30次是由国家安全委员会召集的；奥巴马亦曾要求重新撰写报告。[2]报告之所以未能及时发布，据称原因之一是奥巴马亲自批阅了这份报告。[3] 此外，《核态势评估》报告有关美国将不再研发新型核武器的表示表明，奥巴马抵挡住了来自国防部的压力。虽然美国核政策的调整结果并不符合理想的预期，但所有这些政策调整措施，包括有限的核裁军、核安全峰会、《核态势评估》报告等，均体现了奥巴马总统的核政策调整理念。虽然无核世界短期内无法实现，但美国核政策正从"不变"中"谋变"。

虽然中国的核裁军、军控与防扩散政策大致保持了稳定，而且早在1964年就主张全面、彻底地销毁核武器，但随着中国国际地位的变化，

---

① Peter Baker, "Twists and Turns on Way to Arms Pact with Russia," *The New York Times*, March 27, 2010, Page A4.

② David E. Sanger, Peter Baker, "Obama to Limite Scenarios to Use Nuclear Weapons," *The New York Times*, April 6, 2010, Page A1.

③ 作者对美国某大学一位学者的访谈，此人曾在小布什政府担任要职，2010年3月31日。

美国核政策的调整将对中国造成多方面的压力和挑战。

一　核透明的压力

中国在核政策方面通过表述不首先使用核武器、消极安全保证等体现了意图的透明，但在核武器发展战略、核力量运行战略、核作战战略方面没有表述。这种刻意的模糊，一方面有助于维持中国核威慑的有效性，另一方面也导致其他国家特别是美国因为模糊而产生疑虑。这种疑虑最终以"中国威胁论"的方式表现出来。美国声称它所担忧的不是中国核力量的现状，而是未来的不确定性。这种担忧背后的逻辑是：经济实力和军事实力可以相互转化，中国经济上强大之后就有可能将经济实力转化为军事实力，从而导致中国也很快成为军事大国。当中国不具备经济实力的时候，中国在核武器发展的问题上保持克制；现在中国经济实力日益增强，中国是否仍然会保持克制？中国是否在美俄进一步裁军的时候增加核武器的数量，并最终寻求与美国的数量平等？近年来，美国在各种交流中均提出核透明问题，希望中国澄清未来的核发展战略。随着美国逐步裁减核武器并降低核武器的作用，中国面临的压力将继续加大。

二　国际舆论的压力

此种压力来自两个方面：一是美俄核裁军造成的间接压力；二是来自其他有核国家及无核国家的直接压力。虽然美苏在冷战期间生产了巨量的核武器，[1]但美苏/俄通过《中导条约》《第一阶段削减战略武器条约》《莫斯科条约》和《新削减战略武器条约》已经进行了核裁军。尽管经过裁减后，两国拥有的核弹头总量依然非常惊人，但两国将侧重强调"裁减"的趋势，从而给没有在裁减问题上表态的中国以压力，并可能将中国塑造成唯一的其他有核国家削减核武库规模，而中国在扩大核武库规模、增加部署方式的国家。这种压力并非要求中国立即加入核裁

---

① 据估计美国保有的核弹头数量在 1967 年达到惊人的 32000 个，随后逐渐减少。Robert S. Norris & Hans M. Kristensen, "U. S. Nuclear Warheads, 1945 – 2009," *Bulletin of the Atomic Scientists*, July/August 2009, Vol. 65, No. 4, pp. 72 – 81.

军的进程，而是希望中国在核裁军问题上做出更明确的表态，特别是中国将在美俄裁减到什么水平下才会加入核裁军的表态，以及中国不会大幅扩大核武库规模的承诺。

另外，虽然英法两个有核国家没有通过条约进行核裁军，但两国近年来调整了核力量的规模和结构。例如，在2009年2月发布的白皮书中，英国表示已将可用于作战部署的核弹头削减到160枚以下，仅保留潜射导弹一种部署方式。在最新的裁减完成后，法国拥有的核弹头将降低到300枚以下，并且取消了陆基部署。① 美俄目前通过条约进行核裁军、英法自行裁减核力量，这很容易造成五个核国家之中仅有中国不履行《不扩散核武器条约》第六条的印象。不仅如此，奥巴马的核裁军倡议发表前后，世界各国均积极呼吁核裁军。在新一轮的核裁军呼吁中，无核国家对有核国家的裁军压力正逐步上升。

三 如何平衡国际形象与国家利益的挑战

自从核武器面世迄今，在核裁军问题上中国一向享有"超脱"地位。冷战期间，中国一直呼吁美苏核裁军。冷战结束后，中国也是核裁军问题上的主流声音。中国在核武器发展问题上的长期克制，以及中国作为有核国家对核裁军的一再呼吁，获得了广大发展中国家的呼应与支持，也让美苏/俄感受到国际社会的压力。事实上，随着中国国力的增强和影响力的扩大，中国在核裁军问题上的"道德高地"必然面临所谓"中国军事威胁论"的挑战。如果美俄继续深度裁减核武器，英法继续调整自身核力量与结构，而中国仍然不做出响应，中国拥有的"道德高地"与"和平"国际形象将受到损害，其他无核国家在核问题上对中国的支持也将受到影响。不仅如此，美俄在核裁军谈判的过程中也将涉及导弹防御问题。目前，美国迫于俄罗斯的压力，已经调整了在东欧部署导弹防御系统的政策，部分缓解了俄罗斯的安全关切。未来美俄如果深度裁减核武器，两国必然将对防御能力做出限定。届时，能够照顾俄罗斯安全关切的导弹防御系统未必符合中国利益。美国不仅在本土部署导弹防御系

---

① British Foreign and Commonwealth Office, "Lifting the Nuclear Shadow: Creating the Conditions for Abolishing Nuclear Weapons," February 4, 2009, pp. 12, 29.

统，也同中国周边的国家和地区如日本、韩国、澳大利亚以及印度等进行导弹防御合作。未来美国导弹防御能力的发展未必会对仍拥有较多核武器的俄罗斯的战略威慑能力产生重大影响，但可能严重影响到核力量比较有限的中国的核威慑能力。如何既保持中国在核裁军问题上的"道德高地"，又将核裁军、导弹防御、中国核力量现代化相互关联，争取中国应有的国家利益，这将是一个严峻的挑战。

四　在军控及地区防扩散问题上希望中国承担更大责任的压力

奥巴马总统一再表示将争取国会尽快批准《全面禁止核试验条约》，并推动其他国家也批准条约，争取条约尽早生效。如助理国务卿戈特莫勒所言："在美国所采取的步骤中，没有任何一个比批准《全面禁止核试验条约》能更有效地恢复我们的道义领导地位，并提高我们重新激励国际防扩散共识的能力。"[1] 美国也拟在 2010 年推动"禁止生产核武器用裂变材料条约"谈判。《全面禁止核试验条约》能否最终生效、"禁止生产核武器用裂变材料条约"谈判能否获得成功，中美均是至关重要的国家。美国在调整政策的同时，必然对中国施加压力，敦促中国采取类似的政策行动，甚至期望中国在这两个条约上表现得比美国更积极一些。另外，目前处于僵局中的朝核问题和伊核问题是对国际防扩散机制的最大挑战，中国同朝鲜和伊朗都维持着较为特殊的关系，在过去几年中也发挥了建设性作用，有效防止了两个防扩散问题失控。美国同样希望中国在这两个地区防扩散问题上发挥更大作用。

第五节　美国核政策调整与中国的应对之策

奥巴马政府的政策调整不仅显著改善了布什政府时期美国在相关议题上的被动局面，而且也对中国构成了核透明、国际舆论、要求中国在军控和防扩散问题上承担更多责任的挑战和压力。当前核裁军与军控问

---

[1]　Josh Rogin, "Push for Controversial Nuke Treaty Expected Next Spring at the Earliest," *Foreign Policy*, October 2, 2009, https：//foreignpolicy. com/2009/10/02/push-for-controversial-nuke-treaty-expected-next-spring-at-the-earliest/.

题虽非中国外交议程上首要处理的问题，但在未来几年中国将不得不应对这些问题。因此，中国有必要未雨绸缪，确立中短期应对之策，以避免国家利益、国际形象受损，并争取在相应问题上的话语权。

一 中国应该鼓励美国那些符合中国安全利益的核政策调整

奥巴马政府各项核政策调整在诸多方面契合了中国以往的政策诉求。（1）核裁军。中国一直主张最终完全、彻底销毁核武器，奥巴马政府也倡导建设一个没有核武器的世界。目前美俄已经达成了《新削减战略武器条约》，虽然新条约有关计数的规则决定了双方的裁减仍然是有限的，但裁减能够重新启动，并且以具有法律约束力的条约形式进行裁减，符合中国的利益。中国应该敦促美俄继续核裁军谈判，并实现可核查的、不可逆转的裁减。（2）降低核武器在国家安全政策中的作用。中国一直主张降低核武器在国家安全政策中的作用，奥巴马政府在新出台的《核态势评估》报告中做出了调整，对无核武器国家做出了有条件的"消极安全保证"并对使用核武器的条件做了限定。报告同时表示，虽然目前美国不准备采取核武器仅仅用于威慑核攻击（类似不首先使用核武器）的政策，但将致力于创设采取这种政策的条件。美国这种政策调整更有利于中国宣扬不首先使用核武器的政策及对无核国家提供"积极"和"消极"安全保证的承诺。（3）对国际核军控和防扩散机制的态度和政策。最近十多年来，中国一直是维护现存国际军控和防扩散机制的重要力量，奥巴马政府也改变了布什政府对国际军控和防扩散机制的态度和政策，更强调国际合作并主张加强这些机制。中国应该继续敦促美国在军控和防扩散问题上采取多边合作的姿态。

二 中美有必要加强在国际舞台上的合作

同为有核武器国家，中美两国在广义的核裁军、军控与防扩散问题上拥有共同利益，两国可在以下这些领域进行合作：（1）核材料保安。奥巴马政府将核材料安全问题提升到至关重要地位，并呼吁其他国家响应、支持这种政策。最近几年，中国提高了对核恐怖主义的认识，也采取了一些防范措施。中美两国在此问题上没有冲突，中国亦可通过核安全议题增进中美两国的合作。（2）重建有关防扩散的国际共识。中美同为核武器国家，重建国际社会有关防核扩散的共识符合两国的安全利益。
（3）和平利用核能与燃料银行。致力于发展民用核能的很多国家均为发
展中国家，且位于地缘安全比较敏感的地带，这些国家发展民用核能可
能催生核扩散风险。一旦出现防扩散问题，中国与美国的利益不同，处
理方式有别，某些地区防扩散问题却可能成为中美之间的麻烦之一。既
不能限制民用核能，又要防范核扩散，建立国际社会对燃料的控制符合
中国利益，中美在此问题上有合作空间。

三　中美在一些存在政策分歧的地区防扩散问题上要控制分歧、减少损害

中美两国在多边领域的合作并不能掩盖在某些地区防扩散问题上的
分歧，这主要包括：（1）美印民用核能合作。美印民用核能合作协定缓
解了印度的核材料压力，有助于印度将本来用于民用的核材料转用于军
事项目。美印合作损害南亚印巴之间的平衡，也损害中国的安全利益。
虽然无法改变美印民用核能合作的事实，但要防范这种合作促进印度核
力量的发展。（2）朝核危机、日本核材料的累积与美日韩导弹防御合作。
多年来未得到彻底解决的朝核危机诱发了日本有关核政策的公开讨论，
短期内日本不会走上拥核道路，但日本已经累积了大量的钚材料，并且
每年还在继续分离更多的钚材料。日本的钚累积应该引起关注，应敦促
美国及国际社会对日本进行适当的约束。同样，朝核危机也为美日韩导
弹防御合作提供了借口，未来美日韩在区域导弹防御问题上的合作有可
能加强，中国应该影响并塑造美国与日韩两国导弹防御合作的内容和方
式，防止美日韩以朝鲜威胁为借口损害中国的安全利益。（3）伊核问题。
奥巴马政府调整了对伊核问题的政策，但这种政策尚未收到实效，美国
计划推动国际社会加强对伊朗的制裁。由于中国在伊朗拥有能源投资和
其他经济合作，美国强化对伊朗的制裁不符合中国的利益。此种情况下，
中国如何既积极协调解决伊核问题，又可以保障中国在伊朗的利益，或
者实现利益交换，这将是中美之间需要协调的问题。

四　中国应争取在核裁军、军控和防扩散问题上的话语权

这包括两方面内容：（1）核政策。中国核力量的发展极为克制，中

国对无核国家和无核武器区做出了无条件的"消极"和"积极"安全保证，并承诺不首先使用核武器，这都是中国独有的政策。它不仅符合广大无核国家的利益，也是奥巴马政府核政策调整应该采取的措施。中国应继续突出强调这些政策对建设一个无核武器世界所具有的重要性，重新建立中国在核裁军问题上的话语权。（2）防止核扩散。中美在防扩散问题上并无基本分歧，但中美两国对于如何处理扩散问题所采取的方式不同。中国主张"标本兼治、综合处理"，通过对话和谈判处理有关分歧，认为构建一个稳定、合作与互信的安全环境是消除核扩散威胁的根本办法。中美处理方式的区别不应该被放大成利益甚至意识形态的分歧。两国合作可以实现不同解决方式的互补，两国纷争则对双方不利。中国亦可将这种中国特色的应对核扩散问题的处理方式，上升到处理一般地区安全问题的基本准则，并争取广大无核国家的支持。

五 中国宜在适当时机发布核政策白皮书

迄今为止，中国分别在 1995 年、2003 年和 2005 年发布了三份有关中国核裁军、军控与防扩散基本政策或者原则的白皮书，并自 1998 年起每两年发布一份《中国的国防》白皮书。以白皮书的形式宣示中国的国防政策、核裁军、军控与防扩散政策，这种做法受到了国际社会的欢迎，起到了增信释疑的作用，有助于缓解各国对中国的疑虑，亦可宣传中国在相应安全问题上的政策立场。白皮书未必能够完全消除有关"中国崛起"的担忧，也未必能够完全缓解"透明"的压力，但白皮书的确展示了中国在国防、军控等问题上的"意图透明"。尽管上述白皮书中部分述及了中国的核政策，但那些原则性的阐释仍不足以降低"中国威胁论"的喧嚣。国际社会对中国是否及何时发布核政策白皮书有所期待，当前中国的地区和全球影响已经不容忽视，择机发布核政策白皮书也许更符合中国的国家安全利益。

中国核政策白皮书可以缓解核透明的压力，它不仅应进一步解释中国核政策的基本内容，也应阐明影响中国核政策的各类外部因素。白皮书至少可以阐述如下议题：中国怎样看待核武器的作用？中国为什么在核力量建设方面保持克制？中国为什么不会参加核军备竞赛？中国在核问题上的各种承诺为什么是可信的？中国在核安全方面做了哪些工作？

中国如何看待核裁军？彻底消除核武器的中国思路是什么？哪些外部因素将影响到中国核力量的发展及对核裁军的态度和政策？前一部分内容可以减少美国及其他国家对中国的疑虑，后一部分则可为中国核政策未来的调整奠定舆论基础。

六　尝试重新定位中美战略安全关系

历经三十多年的发展，中美关系已经发生了量和质的变化。中美关系更具韧性，两国在地区性和全球性问题上加强合作符合双方的利益，但双边安全关系进展严重滞后。两国对对方的战略疑虑甚至战略焦虑阻碍两国建立真正的战略互信，而这些安全问题上的分歧极有可能损及两国经济关系的成就。奥巴马政府公布的《四年防务评估》报告、《弹道导弹防御评估》报告和《核态势评估》报告中，有关中国内容的陈述和判断已经做出了比较显著的调整，突出强调中美关系的重要性、中美相互依赖的程度，以及中美未来共担处理全球安全议题责任的重要性。美国国防部国防开支改革计划削减了陆海空三军的大型作战平台，而这些平台是为了与传统的大国发生冲突做准备的，美国亦在《核态势评估》报告中强调与中国保持战略稳定的重要性。这些政策调整表明美国开始考虑中国的安全关切，有意愿同中国探讨导弹防御问题，并考虑接受中国核威慑的有效性。两国具备了讨论建立平等战略关系的基本条件。中美两国宜展开真正的战略对话，讨论两国战略安全关系。战略安全关系一经确立，核问题将更容易处理。

第 三 章

中美关系中的战略稳定问题[*]

中美两国以及很多其他国家的专业人士认为，中美关系正变得越来越不稳定，并且越发危险，[①] 这是对中美关系发展前景的悲观评估。2013年的中美关系比历史上任何时候内容都更加广泛、更加多样、更加相互依赖，中美两国对彼此以及全球体系都更加重要，但是，两国间的相互猜疑和互不信任仍持续存在，并有强化趋势。尽管国际体系已历经变革，中美两国也需要处理经久存在的问题，两国依然在过去40年中维持了战略稳定。中美关系远非很多人认为的那般脆弱和易变，中美战略稳定得以维系有赖于多种因素的相互促进，这些因素限制了损害中美关系的各种事态所产生的影响。[②] 中美两国均不应满足于现状，如果两国无法有效管理彼此的误解和互不信任，中美关系走向恶性互动并非不可想象。

＊ 此文系托马斯·芬加（Thomas Fingar，中文名为冯稼时，第一作者）和樊吉社合著论文。此文原题为《中美关系中的战略稳定问题》，原刊于《外交评论》2014年第1期。感谢《外交评论》授权，收入本书时作者对原文做了适当调整。

① Minxin Pei, "The US-China Reset," *The International Herald Tribune*, November 14, 2012; Kenneth G. Lieberthal and Jonathan D. Pollack, "Establishing Credibility and Trust: The Next President Must Manage America's Most Important Relationship," Brookings, March 16, 2012, https://www.brookings.edu/research/establishing-credibility-and-trust-the-next-president-must-manage-americas-most-important-relationship/. 对中美关系的夸张描述另见 Mark Landler, Jane Perlez, and Steven Lee Meyers, "Dissident's Plea for Protection Deepens A Crisis," *The New York Times*, May 4, 2012, Page A1。

② Zhang Tuosheng, "Tighter Sino-US Ties Need More Trust and Less Suspicion," *China-US Focus*, August 5, 2012, http://www.chinausfocus.com/foreign-policy/tighter-sino-us-ties-needs-more-trust-less-suspicion/. 对中美关系脆弱性的更早描述参见 Harry Harding, *A Fragile Relationship: The United States and China Since* 1972, Washington, D.C.: Brookings, 1992。

第一节　中美战略稳定：缘起与发展

战略稳定系指大国间不会发生战争的一种状态。互信、共同的价值观、相同的目标当然有助于加强战略稳定，但对战略稳定更重要的先决条件是：大国相信使用武力将招致无法承受的报复。① 例如冷战时期，大国主要通过确保有能力使用核武器反击来维持战略稳定关系，此即所谓的"恐怖平衡"。② 这种"恐怖平衡"并不需要同等数量的或者类型的核弹头以及运载工具。③ 除了核因素，即中美维持"相互脆弱性"，其他几个"支柱"也支撑了中美双边关系的战略稳定：共同的敌人（现在已经被日益增加的共同利益所取代）、日益加深的经济和政治相互依赖（包括中美之间的相互依赖和中美两国对国际体系的相互依赖）。

中美关系缓和并走向稳定的时间大致与中国在 20 世纪 60 年代开始部署核武器同步。④ 中国认为拥有能够对美国造成无法承受之损害的能力是威慑美国的军事攻击的最重要因素，这也是防止美国用"核讹诈"对中国进行要挟的关键。然而，当中国拥有核能力的时候，美国并没有意图对中国采取未经挑衅的军事行动，对美国而言，确保摧毁的脆弱性对中美战略稳定的意义远没有中国认为的那么重要。当然，"相互脆弱性"的确改变了美国对中国的行为方式。中国获得核能力之前，美国曾经考虑并且威胁对中国使用核武器。虽然中国仍然认为美国可能试图运用"核

---

① Elbridge A. Colby and Michael S. Gerson, *Strategic Stability*: *Contending Interpretations*, Carlisle Barracks, PA: Strategic Studies Institute and US Army War College Press, 2013.

② Andrei Kokoshin, "Ensuring Strategic Stability in the Past and Present: Theoretical and Applied Questions," Cambridge, MA: Belfer Center for Science and International Affairs, 2011, http://belfercenter. ksg. harvard. edu/files/Ensuring%20Strategic%20Stability%20by%20A. %20 Kokoshin. pdf. Albert Wohlstetter, "The Delicate Balance of Terror," Rand Corporation, 1958, http://www. rand. org/about/history/wohlstetter/P1472/P1472. html.

③ Lawrence Freedman, *The Evolution of Nuclear Strategy*, *Third Edition*, New York: Palgrave MacMillan, 2003; Yao Yunzhu, "Chinese Nuclear Policy and the Future of Minimum Deterrence," *Strategic Insights*, Vol. 4, No. 9, September 2005, http://csis. org/files/media/csis/pubs/issuesinsights_v06n02. pdf.

④ John Wilson Lewis and Xue Litai, *China Builds the Bomb*, Stanford, CA: Stanford University Press, 1988.

讹诈",但自从中国获得核报复能力,美国再也没有使用核武器威胁中国。[1] 这种认知差异依然存在,并且是当前中国担忧战略稳定的关键。中国没有试图建立"确保相互摧毁"的能力,而是寻求建立并维持"相互脆弱性"以确保战略稳定。[2] 然而近年来,中国对美国加强导弹防御能力建设以及日益依赖先进常规军事武器深表担忧,认为这些能力将减少美国的"脆弱性",并有可能导致数十年来中国维持对美战略稳定的方法不再可行。[3]

　　核领域的相互脆弱性并非维持战略稳定的唯一支柱。中美关系得以维持稳定并非仅仅因为双方都有能力给对方造成无法承受的损害,而是因为双方自缓和以来都需要彼此以实现更为重要的目标。面对共同的敌人让中美有理由进行有限的合作以构筑反对苏联霸权的统一阵线,[4] 这是中美维持战略稳定关系的又一支柱。与其说中美是因为相互威慑而导致双边关系缓和,不如说这是一种巧合。中国在 1964 年进行了第一次核试验,随后在 1967 年进行了热核试验。[5] 同年,尼克松表达了改善中美关

---

① Lewis and Xue, *China Builds the Bomb*; Gordon H. Chang, "To the Nuclear Brink: Eisenhower, Dulles, and the Quemoy-Matsu Crisis," *International Security*, Vol. 12, No. 4, Spring 1988, pp. 96 – 123. 对此问题的不同解读,参见 Evan Thomas, *Ike's Bluff: President Eisenhower's Secret Battle to Save the World*, New York: Little, Brown and Company, 2012。

② Jeffrey Lewis, "The Fifty-Megaton Elephant in the Room: Why Aren't America and China Talking About Their Nukes?" *Foreign Policy*, September 20, 2012, https: //foreignpolicy. com/2012/09/20/the-fifty-megaton-elephant-in-the-room/.

③ 此观点以及与美国核态势相关的其他关切,可参见 Thomas Fingar, "Worrying About Washington: China's Views of the US Nuclear Posture," *The Nonproliferation Review*, Vol. 18, No. 1, March 2011, pp. 51 – 68。

④ U. S. Department of State, Office of the Historian, "Joint Statement Following Discussions with Leaders of the People's Republic of China," (即《上海公报》) *Foreign Relations of the United States*, *1969 – 1976 Volume XVII, China, 1969 – 1972*, Document 203, February 27, 1972, http: //history. state. gov/historicaldocuments/frus1969 – 76v17/d203. 对此问题更详细的描述,参见 Beth Green, *Issues in US-China Relations, 1949 – 84*, Washington, D. C.: Federal Research Division, Library of Congress, 1984, p. 2, http: //www. dtic. mil/cgi-bin/GetTRDoc? AD = ADA310513; Zhang Tuosheng, "China's Relations with Japan," Ezra F. Vogel, Yuan Ming, and Tanaka Akihiko, Editors, *The Golden Age of the US-China-Japan Triangle, 1972 – 1989*, Cambridge, MA: Harvard University Press, 2002, p. 195。

⑤ John Wilson Lewis and Xue Litai, *China Builds the Bomb*.

系的意愿，但没有提及核武器。① 基辛格在其 1971 年秘密访华以及次年尼克松访华的记录中，也没有提到中国拥有核武器的影响。② 尼克松和基辛格更多关注中苏关系的恶化给美国带来的机遇。现在并不清楚中国拥有核武器在何种程度上影响了毛泽东有关调整中美关系的思考。在当时，中美能够建立战略稳定关系，首先是因为中美都认为苏联威胁将持续存在，其次是因为中国逐渐获得了更为可信的核威慑能力。这种现实政治的考虑降低了直面冲突的风险，这是当时非常重要的成就。

1979 年中美正式建交后，两国战略关系的范围和基础发生了根本性的转变。中美正式建交之前的 1978 年中期，邓小平等中国领导人已经为实行改革开放政策奠定了基础。③ 卡特政府认识到，中国发展战略的变化是一个契机，通过帮助中国实现发展目标，中美能够强化战略伙伴关系，并有可能根本上改变与中国的关系。④ 卡特政府主动提出为中国参与美国领导的"自由世界"提供培训、技术、市场和资本，邓小平接受了卡特政府的帮助。中国融入世界从根本上改变了中国，也改变了中美关系的内涵和外延，任何一方都没有充分预计到这一结果。

邓小平的改革开放政策让中国日益依赖美国主导的国际体系。中国的改革开放需要西方的市场、培训、资本和技术，这反过来要求中国与美国维持稳定而积极的双边关系。中国对西方主导的国际体系的不对称依赖最终发展成相互依赖，战略稳定关系的经济和政治基础不断加强，这成为中美两国维持战略稳定的最重要支柱。中美相互依赖主要体现在经济领域，但中美也不断增进在国际问题上的合作，以达到对双方都很重要的政治和安全目标。经济和政治相互依赖关系的加强限制了中美两国的选择，并使双方都意识到，中美已经形成了"一荣俱荣、一损俱损"

---

① Richard M. Nixon, "Asia after Vietnam," *Foreign Affairs*, Vol. 46, No. 1, October 1967, pp. 111 – 125.

② Henry Kissinger, *The White House Years*, Boston, MA: Little, Brown, 1979, chapters 6, 18, and 19.

③ Ezra F. Vogel, *Deng Xiaoping and the Transformation of China*, Cambridge, MA: Harvard University Press, 2011, chapter 7.

④ Ezra F. Vogel, *Deng Xiaoping and the Transformation of China*; Zbigniew Brzezinksi, *Power and Principle: Memoirs of the National Security Advisor, 1977 - 1981*, New York, NY: Farrar, Straus and Giroux, 1983.

的关系。① 不仅如此,中美两国在过去几十年建立了几十个政府间的对话机制,特别是中美战略与经济对话。这些对话机制有助于管理并限制中美之间可能损害战略稳定的分歧。

中美的发展均有赖于一个和平的国际环境,这促使两国竭力避免双边关系危及全球稳定。当中美并不那么相互依赖,中国在世界舞台上的作用还相对较小的时候,两国的分歧和争议对彼此和全球的影响仍比较有限。如今,中国在全球各个地区和各个领域日益活跃——包括公海、外空、网络空间,而这都曾经是美国主导的领域,中美在这些领域的互动日益频繁。频繁的互动可能导致潜在争议增多,因而需要更多机制化解分歧。不仅如此,中美之间的分歧还可能影响其他利益攸关方的利益。

中美两国都依赖其他国家以获取资源、市场、政治支持等,中美之间的争议可能导致这些国家的利益受损。因此,如果中美战略稳定关系恶化,中美两国的官员将不仅面临国内利益攸关方的压力,还将面临外部利益攸关方的压力。为了保护并实现自身的利益,中国和美国的领导人必须重视这些外部压力。

概言之,从中美关系发展历程来看,中美各自的核能力曾经是两国战略稳定关系的第一个支柱。随后,共同的敌人成了支撑中美战略稳定关系的第二个支柱。随着苏联的解体,共同敌人已经不复存在,但这并没有从根本上损害两国的战略稳定。恐怖主义、核扩散和其他跨国威胁成了中美新的“共同敌人”。由于中美建交和中国实行改革开放政策,相互促进的经济和政治相互依赖关系的发展为中美关系提供了第三个支柱,这个支柱正变得愈发重要。近年来,随着中国深度融入国际体系并发挥重要作用,中美均从中受益的、一个和平与稳定的国际环境成为中美维持战略稳定关系的最重要支柱。

第二节　中美战略稳定关系面临的挑战

随着时间的推移,中美战略稳定关系获得了越来越多、越来越强的

① Thomas Fingar, "China's Vision of World Order," Ashley J. Tellis and Travis Tanner, eds. , *Strategic Asia 2012 – 13: China's Military Challenge*, Seattle, WA: National Bureau of Asian Research, 2012, pp. 343 – 373.

"支柱"的支撑。中美战略稳定的基础日益广泛而深刻，但这并不意味着回避中美对彼此核与常规军事力量发展的关切。坊间之所以对中美战略关系的未来表示担忧，源于中美之间的"战略不信任"。① 中美之间的战略疑虑可以溯源到两国均持有的相互猜忌：中国认为美国致力于围堵中国、限制中国崛起；美国则担心中国致力于取代美国在世界上的领导地位。完全、迅速消除中美之间的相互猜忌殊非易事，但中美两国均有必要管理彼此之间的分歧和面临的共同挑战，避免这些分歧损及战略稳定。

这些分歧和挑战未必像很多学者预见的那样会对中美关系产生深远影响，但确有可能损害中美战略稳定。这些分歧和挑战如果不能得到有效管理，中美关系脱离当前轨道并非没有可能。总的来看，对中美战略稳定构成潜在挑战的问题包括如下几种：现实主义宿命论、中国军事力量的发展、美国在亚洲的"再平衡"政策、双方的核态势，以及双方审慎的对冲战略。

第一是现实主义宿命论。中国的崛起将不可避免地挑战美国的主导地位，并将导致中美争霸，这种信念是对中美战略稳定关系的最严重威胁。② 约翰·米尔斯海默将崛起大国和守成大国之间的冲突倾向概括为大国政治的悲剧。③ 中国成语"一山不容二虎"则是对中美此种可能态势的形象描述。

冲突不可避免的信念难免会塑造彼此的认知和行为。例如，很多中国人本能地将美国采取的任何可能对中国产生负面影响的行动都视为"遏阻""围堵"中国。面对朝鲜的挑衅，美国强化了与韩国和日本的同盟关系；为了支持在阿富汗的军事行动，美国与中亚国家达成了准入协

---

①　Kenneth Lieberthal and Wang Jisi, *Addressing US-China Strategic Distrust*, Washington, D. C.：John L. Thornton China Center at Brookings, 2012, https：//www. brookings. edu/wp-content/uploads/2016/06/0330_china_lieberthal. pdf; David M. Lampton, *Power Constrained：Sources of Mutual Strategic Suspicion in US-China Relations*, Seattle, WA：The National Bureau of Asian Research, 2010, http：//www. nbr. org/publications/nbranalysis/pdf/2010_US_China. pdf.

②　Aaron L. Friedberg, *A Contest for Supremacy：China, America, and the Struggle for Mastery in Asia*, New York, NY：W. W. Norton, 2011; Avery Goldstein, *Rising to the Challenge：China's Grand Strategy*, Stanford, CA：Stanford University Press, 2005.

③　John J. Mearsheimer, *The Tragedy of Great Power Politics*, New York, NY：W. W. Norton, 2001.

议；甚至美国与缅甸关系的改善，都被看作美国致力于围堵中国以为未来的军事冲突做准备。[1] 同样，美国学者、媒体和政客也常常宣称，中国的军事现代化和中国在世界各地的活动都有着真实但不曾明言的挑战美国主导地位的意图。[2] 两国领导人都决心避免局势失控，但公众舆论不仅难以管控，而且有时候还会迫使政府采取可能损害战略互信甚至导致冲突的行动。

毋庸置疑现实主义理论诠释国家间关系的效用，但全球化、相互依赖以及双方避免冲突的意图宣示已经改变了大国关系的发展轨迹。[3] 或许这种认识并不为多数人认可，然而，如果双方都认为冲突不可避免，两国的态度和政策行为都会受到影响，现实主义宿命论最终可能成为"自我实现的预言"。[4]

第二是中国的军事力量发展。中国军事力量持续增长，[5] 这是不争的事实。中国认为需要一支强大的军队以保卫辽阔的疆土、众多的人口和沿海的经济活动、迅速扩展的商业利益和在全球范围内的其他利益。[6] 中

---

① Bonnie Glaser, "US Pivot to Asia Leaves China off Balance," *Comparative Connections*, Center for Strategic and International Studies, January 2012, http：//csis. org/files/publication/1103qus_china. pdf.

② Friedberg, *A Contest for Supremacy*; John J. Mearsheimer, "The Gathering Storm: China's Challenge to US Power in Asia," *The Chinese Journal of International Politics*, Vol. 3, No. 4, pp. 381 – 396, http：//cjip. oxfordjournals. org/content/3/4/381. full.

③ 中美领导人均表达了相似的观点，参见 "Full Text of Hu Jintao's Speech at Welcome Luncheon by US Friendly Organizations," January 20, 2011, http：//news. xinhuanet. com/english2010/china/2011 – 01/21/c_13700418. htm; Thomas Omestad, "Secretary Clinton, Minister Yang Lay Out US-China Relations at USIP Event," March 8, 2012, http：//www. usip. org/publications/secretary-clinton-minister-yang-lay-out-us-china-relations-usip-event。

④ Friedberg, *A Contest for Supremacy*; Thomas Fingar, "China's Rise: Contingency, Constraints, and Concerns," *Survival*, Vol. 54, No. 1, February-March 2012, pp. 195 – 204.

⑤ 对中美军事能力和战略意图不确定性的详尽分析，参见 Ashley J. Tellis and Travis Tanner, eds., *China's Military Challenge*, Seattle, WA: The National Bureau of Asian Research, 2012; Richard D. Fisher, Jr., *China's Military Modernization: Building for Regional and Global Reach*, Stanford, CA: Stanford University Press, 2010。

⑥ Foreign Ministry Spokesman, "Rising Military Power is in Line with China's Defense Needs," *Xinhua*, June 5, 2012 at http：//eng. mod. gov. cn/TopNews/2012 – 06/05/content _4373953. htm; Information Office of the State Council, *China's National Defense in 2010*, March 2011, http：//english. gov. cn/official/2011 – 03/31/content_1835499. htm.

国认为自身军事力量的发展是为了防御，但美国和亚太地区的其他国家担心中国怀有更大的企图。①

现实主义宿命论者倾向于将中国军事力量的增强看作宏大的战略手段，其意图是在西太平洋地区和全球范围内取代美国的主导地位。中国的言论和一些决定强化了这种认知，即中国军事力量的增强是为了针对美国。相应的例证包括中国发展具有打击美国航空母舰能力的弹道导弹、反卫星武器和网络战能力。其他国家关注这些发展，担忧中国的雄心和美国的反应将使中美陷入行为—反应的恶性循环。②

军费开支是威胁战略稳定的另一种形式。中美两国均通过列举它们试图应对的威胁为军费开支的增加正名。对两国而言，唯一能够证明其庞大军费开支合理的威胁来自对方。美国认为必须要对中国军事力量的增强做出回应，否则就是"不负责任的"，而很多中国人认为美国的举措要么意在将中国拖入耗资不菲的军备竞赛，而类似的军备竞赛曾是导致苏联解体的主要原因之一；要么是为"不可避免"的中美军事冲突做准备，以遏阻中国的崛起。

第三是美国在亚洲的"再平衡"政策。无论是经济增长率、贸易流通量，还是军事力量的规模、核武器国家的数量，抑或人口规模，东亚都是世界上最具活力同时也是潜在危险最大的一个地区。本地区的持续和平、繁荣和稳定对美国至关重要。在中国经济崛起之前美国就已经深度介入了这个地区，即使当前中国综合能力和影响均大幅增加，美国未来仍将保持在这一地区的存在。事实上，中国的崛起和中美关系的相互依赖都使得这个地区对美国愈加重要。美国宣称"重返"这个美国从未离开过的地区显得非常笨拙，而"转向"亚洲最初主要是指军事部署的调整。由于"淡出"在伊拉克和阿富汗的反恐战争并面临预算压力，美国削减其他地区的军事力量并做出必要调整势在必行，美国希望依然是

---

① Nanae Kurashige, "Japan Clearly Concerned About China's Growing Military Buildup", *The Asahi Shimbun*, July 31, 2012, http://ajw.asahi.com/article/behind_news/politics/AJ201207310087.

② Julian E. Barnes, Nathan Hodge, and Jeremy Page, "China Takes Aim at US Naval Might," *The Wall Street Journal*, January 4, 2012, https://www.wsj.com/articles/SB10001424052970204397704577074631582060996.

亚太地区的重要力量。①

在某种程度上,中国对美国亚洲"再平衡"政策的解读类似美国对中国军事力量增强的解读,这是有趣的"镜像"反应。中美两国在军事领域的互动通常被描述为:中国诱发了不稳定局势的连锁反应,美国的回应则进一步危及地区稳定。现实主义宿命论者的视角放大了此种认知的危险。中美两国相互指责无助于问题的解决,但值得关注的是,对中美相互威胁彼此的"建构性"认知可能侵蚀维持中美战略稳定的所有"支柱"。

第四是中美的核态势。中美核态势的变化亦有可能损害战略稳定关系。美国核态势的一系列变化,旨在裁减美国及其他核国家的核武器数量、降低核武器在国家安全战略中的作用。当核武器降低到一定数量,为了增强较小数量核武器的生存能力,美国认为很有必要建立有效的导弹防御能力。中国理解美国的政策,但也担忧美国在减少美国战略武器系统脆弱性的同时会损害中国的核威慑能力。换言之,中国认为美国的导弹防御系统是损害稳定的,因为相互脆弱性构成的战略稳定将不复存在。②

中国的地缘政治家还担忧美国致力于发展先进的常规武器系统,因为具有精确制导和超强杀伤力的常规武器能够摧毁中国的核威慑能力,而不需要动用核武器。为了应对这种局势,中国可以增加核武器和运载工具的数量以恢复较多核武器状态下的战略稳定,但这种行动对两国都没有益处。

同样,美国也担忧中国核态势的调整和变化,特别是核导弹和同型号常规导弹在同一基地的混合部署。冷战时期,美苏达成了导弹的计数规则,而根据这样的计数规则,美国通常将能够携带核弹头的导弹视为核武器,特别是如果一枚导弹从核与常规导弹混合部署的基地发射时。③

---

① Mark E. Manyin, et al., *Pivot to the Pacific? The Obama Administration's "Rebalancing" Toward Asia*, Congressional Research Service, March 28, 2012, http://www.fas.org/sgp/crs/natsec/R42448.pdf.

② Fingar, "Worrying About Washington".

③ John W. Lewis and Xue Litai, "Making China's Nuclear War Plan," *Bulletin of the Atomic Scientists*, Vol. 68, No. 5, September-October 2012, pp. 45 – 65.

在中美仍然未能进行有意义核对话的时候，如果中美出现可能的冲突，这种形势将是危险的。

第五是审慎的对冲战略。中美两国都呼吁建立一种新型的大国关系，不走现实主义宿命论者指明的老路。尽管如此，任何一方都不能排除这样的可能性，即确保战略稳定的最大努力仍然是不够的，冲突依然无法避免。换言之，中美都在"抱最好的期待，做最坏的打算"，双方都在为虽然不期待但可能发生的不测事态做准备。美国对中国的抵近侦察被认为即使不是出于敌意，也是非常不友好的。中国致力于发展一旦面临冲突能够破坏美国外空和网络空间能力的技术和装备。双方都在密切关注对方的力量发展，均担忧对冲行为可能转变成实际上的战争准备。

对冲行为和对更坏情形的担忧是自然的，在某种程度上甚至是难以避免的，但考虑到中美之间欠缺战略互信，并且宿命论者认定崛起大国和守成大国之间的冲突难以避免，审慎的对冲战略的确可能存在真正损害中美战略稳定的风险。中美战略关系的确面临如上所述种种挑战，回避问题不是健康的思路，中美应该认真思考如何维持并增进两国的战略稳定关系。

第三节　维持并增强中美战略稳定关系

如果中美两国有关某些具体问题的分歧被夸大成可能损害中美关系大局，那么中美两国就很难化解分歧、达成共识。如果某些问题被视为"原则性的"问题，或者被描述成后果严重的问题，小分歧变成了检验中美关系的试金石，那么妥协的空间就会被压缩。中美利益不可能完全一致，两国之间的分歧应该得到妥善处理。一些与中美关系大局密切相关的既得利益者和"权威人士"希望夸大中美分歧的严重性，以期引起重视，使这些分歧获得解决。① 中美两国的官员对此都有清醒的认识。②

---

① Liam Dann, "US-China Tension a Tricky Challenge," *The New Zealand Herald*, October 15, 2012, http：//www. nzherald. co. nz/business/news/article. cfm? c_id＝3&objectid＝10840486.

② Jeffrey Bader, "US-China Relations Under Obama and Xi Jinping," transcript, Brookings-Tsinghua Center for Public Policy in Beijing, China, November 29, 2012, http：//www. brookings. edu/~/media/events/2012/11/29%20us%20china%20obama%20jinping/1129transcripten1. pdf.

中美关系对双方和对全球各国都至关重要，因而不能想当然地认为中美相互依赖一定能够抵消损害中美战略稳定的力量。盲目自信而任由中美关系进入"漂流"状态可能最终损害地区和全球稳定，并进而增大大国冲突的风险。尽管中美关系日益复杂，并且分歧愈来愈引人关注，但两国官员致力于化解分歧，拓展合作。应采取什么措施维持并增强中美战略稳定关系？中美应在如下多个领域做出努力。

首先，共同敌人曾经是中美战略稳定关系的最重要支柱之一，如今苏联早已解体，共同敌人不复存在，短期内也不可能出现一个与苏联同等分量、足以促使中美合作应对的敌人。共同敌人的消失让美国丧失了帮助中国提升军事能力的动力，并导致中美相互猜忌对方的军事能力和战略意图。将对方视为潜在对手而非事实上的朋友，这种倾向助长了"最坏情况"的评估，导致相互猜疑并采取对冲最坏情况的战略。寻找一个新的共同敌人以促进战略稳定显然是不现实的，因为没有任何一个国家、一批国家或者非国家行为体有能力对现存国际秩序构成挑战。

中美没有共同的敌人，但拥有共同的利益并面临共同的挑战，例如国际恐怖主义、核武器及其他先进技术的扩散、失败国家、气候变化，以及其他能够危及经济增长和繁荣的威胁。这些挑战并不像冷战时期的苏联霸权那样紧迫，因而很难向公众、政治家和那些对崛起大国与守成大国合作持有疑虑的人"推销"。但是，这些挑战的严重性毋庸置疑，中美任何一国单独行动都不可能顺利解决这些问题，没有中美的合作，这些挑战也很难管理。①

复杂的扩散问题和非传统安全挑战需要中美之间的合作，这也为两国对话、协调政策、共同领导提供了机遇。② 合作应对这些挑战需要双方克服彼此间的分歧，诸如问题的因果关系、挑战的后果、问题的轻重缓

① National Intelligence Council, *Global Trends 2030: Alternative Worlds*, Washington, D. C. : National Intelligence Council, 2012, http://www.dni.gov/files/documents/GlobalTrends_2030.pdf.

② Robert A. Manning, Principal Drafter, *Envisioning 2030: US Strategy for a Post-Western World*, Washington, D. C. : The Atlantic Council, 2012, http://www.acus.org/files/publication_pdfs/403/Envisioning2030_web.pdf.pdf; "China-US Cooperation: Key to the Global Future," Atlantic Council, China – U. S. Joint Working Group, September 17, 2013, http://www.atlanticcouncil.org/publications/reports/china-uscooperation-key-to-the-global-future.

急、可能的最佳解决方案等。合作过程可能面临困难，但合作本身有助于增进相互了解、增加共同目标、增强战略稳定。

用跨国挑战取代共同敌人有助于强化双边关系，但仅仅是这种合作并不能解决对彼此军事能力和战略意图的忧虑。为了减少可能损害信任和稳定的误解、误判造成的风险，两国应该经常进行坦率的政府间对话，解决"你在做什么，你为什么这样做"的问题。如前所述，两国均有很多具体的问题关切，这些关切应该得到解决。

其次是中美之间的相互脆弱性问题。中美关系中最重要的不对称因素是两国赋予核武器的重要性区别显著。例如，中国认为有能力使用核武器对美国造成无法承受的损害才能威慑美国对中国使用或者威胁使用核武器。美国为了减少面临核攻击的脆弱性而建立反导系统，这被中国看作意在损害中国的核威慑能力，甚至是诱使中国卷入耗资不菲的核"军备竞赛"。①

美国认为，在中美关系缓和、中国获得使用核武器进行报复的能力之前的十年，即自艾森豪威尔政府以来美国就不曾威胁对中国使用核武器，美国现在也无意使用核或者其他武器攻击或者侵略中国。换言之，中国倾向于认为其报复能力对于威慑来自美国的威胁是必要的，而美国倾向于将核武器看作对冲战略的组成部分，是为了应对中国用核武器攻击美国、美国盟国或伙伴国家这种极低可能性的手段。②

先进常规武器是引发关切的另一个来源，它反映了两国对此类武器系统的不同认知。美国认为先进的常规武器能力有助于减少对核武器的依赖，因而使用核武器的可能随之降低。中国则认为美国的常规武器有可能威胁中国的核设施而不需要跨越核门槛。美国认为中国发展蓝水海军和针对海军的弹道导弹是为了增加美军的脆弱性，以常规武器威慑潜在的美国军事行动。

如上这些略显简单化的分析忽略了其中诸多细节和假设，但足以说

---

① Fingar，"Worrying About Washington"．

② Sun Xiangli，"China's Nuclear Strategy，" *China Security*，No. 1，Autumn 2005，pp. 23 - 27，http：//www. chinasecurity. us/pdfs/Issue1full. pdf；U. S. Department of Defense，"Nuclear Posture Review Report，"April，2010，https：//dod. defense. gov/Portals/1/features/defenseReviews/NPR/2010_Nuclear_Posture_Review_Report. pdf.

明双方认知的本质区别以及通过严肃对话防止误解的重要性。对相互脆弱性的关切主要源自相互的猜疑和对彼此战略意图的担心。关键的问题不是某个或者某些具体的行动会危及相互的脆弱性进而损害战略稳定，而是中美能否避免现实主义宿命论者所谓的"大国政治悲剧"。因此，建立"新型关系"是当前中美两国压倒一切的挑战。在"新型关系"中，相互脆弱性扮演何种角色尚不清楚，但应作为探寻持久稳定需要解决的问题之一。

在美国 2010 年发布的官方文献《弹道导弹防御评估报告》和《核态势评估》报告中，美国表示寻求中美对话，探讨战略稳定，并称"对本届政府而言，维持中美关系的战略稳定与维持美国与其他大国的战略稳定同等重要"。[1] 这种表述可以作为两国应对战略稳定挑战的起点。

中美两国还可以在谈判东亚地区安全新架构的过程中处理共同敌人和相互脆弱性的问题。谈判东亚地区安全新架构的目标显而易见，即设计一种包容性的地区安排，确保所有国家的利益都能得到保护。当然，这种集体安全机制既要体现延伸威慑，又要避免延伸威慑与不首先使用核武器之间的矛盾，殊非易事。两国还可以在外空和网络空间展开合作，建立一种机制，确认两国在这两个领域的脆弱性。

最后是中美之间的经济和政治相互依赖。目前，经济和政治相互依赖是维持中美战略稳定最重要的基石，但经济和政治领域的一些事态也可能诱发不稳定。原因之一在于相互依赖产生的结果喜忧参半，大家对于相互依赖对中美关系的影响认知有别，有人认为相互依赖对中美关系产生了积极影响，有人则认为相互依赖对中美关系的影响是消极的。人们对相互依赖的后果赋予不同的重要性，并根据个人偏好支持或者反对某些可能强化相互依赖的举措。例如，那些重视经济增长、繁荣和绩效合法性的人倾向于接受相互依赖带来的约束和限制，而另外一些侧重维持本国特色的人则反对相互依赖带来的约束和限制。

相互依赖的范围和轨迹影响中美关系的性质，中美关系的性质反过

---

① *Nuclear Posture Review Report*；U. S. Department of Defense, *Ballistic Missile Defense Review Report*, Washington, D. C.：2010, https：//archive. defense. gov/bmdr/docs/BMDR% 20as% 20of% 2026JAN10% 200630_for% 20web. pdf.

来又影响相互依赖的程度。相互依赖越强，中美越有动力化解那些损害双方获益或者损害双边、地区以及全球稳定安排的分歧。不仅如此，其他从全球化和中美战略稳定中获益的国家也将迫使中美致力于化解分歧。

相互依赖还限制了中美两国各自追求自身国家利益的能力。部分中国人认为这让美国有能力限制中国崛起以维系其主导地位。反之，部分美国人认为中美相互依赖的状态不仅是愚蠢的，而且是危险的，因为这削弱了美国在国际体系中保持其主导地位的能力。

相互依赖的此种后果让扩展并深化相互依赖以加强战略稳定的努力面临挑战。在某种程度上，相互依赖是全球化中一个意想不到的结果，它将随着全球经济、技术进步和政府政策的变化而进一步拓展，或者逐渐收缩，其发展趋势并不会因为对中美关系具有潜在影响而发生改变。

综合来看，相互依赖有助于战略稳定，并有利于采取行动和措施来管理那些限制相互依赖的各种后果。在全球层次上，现在很有必要采取措施维持并改善第二次世界大战结束以来建立的世界经济和政治秩序，当然这不是说要维持现状不变，因为这个世界经济和政治秩序过去发挥了作用，给各国人民带来了前所未有的繁荣，但它未必仍能管理当下的世界。美国和中国是世界两大经济体，两国均有特殊的责任和义务保留既往世界经济和政治秩序中好的内容，改革或者取代那些不再适用的内容。

第四节　中美关系的历史经验和教训

尽管在过去 40 年中世界历经冷战结束、社会剧变、5 位中国领导人的权力交接、8 位美国总统的更换，以及国际体系的根本性转变，但中美战略关系保持了相当程度的稳定。其间，中美两国所宣示的对彼此的政策，以及两国对国际问题的政策基本保持不变。两国的变化，特别是中国的变化，让两国更加接近，政策趋同的过程仍在继续。中美两国都不可能变成对方，但如果不出现意想不到的、可能对中美关系产生重大冲击的事态，两国的相似性、兼容性以及相互理解将会持续增加。

在过去 40 年中，两国学会了面对问题并解决问题，虽然并非所有的问题都能得到解决，但中美两国在解决问题的过程中积累了经验，积累了双边关系的资本。其中一些问题得到了临时性的解决，这些问题涉及核心或者根本性的议题。例如，20世纪90年代将贸易与人权"脱钩"，意识形态在中美关系中的重要性持续下降等。另外一些问题对中美双方都很重要，诸如美国对台军售和中国的人权问题，虽然未能解决，但中美关系依然变得越发稳定。

宣称有关这些问题的抗议和公开声明已经成为原则问题，这是非常不准确的。中美在过去的互动中学会了管理分歧，双方都认识到"管理"分歧并没有导致分歧恶化。海峡两岸关系的发展比以往任何时候都更好，中美因为台湾问题爆发军事冲突的危险比几年前小了很多。中美在人权问题上互动亦然。

中美之间仍有很多问题未能完全解决，这些问题被认为是"原则问题"或者"核心利益"，两国均有人对此不满，但两国政府认识到这些问题太难而不容易马上解决，未来解决可能变得更加容易。双方都避免将局部分歧当作中美关系总体状态的试金石，避免将这些分歧视为"原则问题"，以防妥协空间受到限制。概言之，两国已经从过去的互动中学会了管理分歧、管理双边关系，限制分歧对中美关系的影响，维持中美关系的发展势头，这些经验和教训对于促进中美战略稳定至关重要。

第四部分

美国与朝核问题

第 一 章

美朝框架协议评析[*]

 1993 年 3 月朝鲜宣布退出《不扩散核武器条约》，导致美朝之间的第一次核危机，随后双方经过旷日持久的对峙与谈判，最终于 1994 年 10 月在日内瓦达成《美朝框架协议》，原则上解决了朝鲜核问题，并因此催生了美朝之间在军控问题上的互动。随后，朝鲜的导弹问题也成了两国探讨的议题，并从客观上增加了美朝互动的频度。尽管克林顿总统任期行将结束之时力促朝鲜导弹问题的解决，但国内政治的掣肘使其作为空间大受局限。虽然朝鲜导弹问题没有获得解决，但《美朝框架协议》的存在和维系基本上解决了美国的核关切。新任总统布什重新评估美国对朝鲜政策，不仅没能促进朝鲜导弹问题的进一步解决，反而诱发了美朝之间的第二次核危机。布什总统在 2002 年 3 月拒绝向国会证实朝鲜完全遵守了《美朝框架协议》，[①] 这已经为后来助理国务卿凯利 2002 年 10 月访朝期间朝鲜承认从事浓缩铀计划并废止《美朝框架协议》埋下了伏笔。

 美朝或者朝鲜同包括美国在内的国际社会将通过何种方式解决自 2002 年 10 月开始的这次受到普遍关注的核危机，《美朝框架协议》这种模式是否仍然可能成为双方或者各方的选择之一？本章将分析美朝框架协议的缘起，美朝达成框架协议的动因，协议的实施与终结，并评析美国对朝鲜的不扩散政策。

---

 [*] 此文原题为《美朝框架协议评析——兼论美对朝鲜的不扩散政策》，原刊于《国际政治研究》2003 年第 3 期。感谢《国际政治研究》授权，收入本书时作者对原文做了适当调整。

 [①] Paul Kerr, "North Korea Admits Secret Nuclear Weapons Program," *Arms Control Today*, November 2002, pp. 19 – 24.

第一节　美朝框架协议的缘起

朝鲜建设核反应堆并不是冷战之后出现的新问题，也不是美国和朝鲜之间的问题，它首先是朝鲜和国际原子能机构之间在核查方面的矛盾，然后是朝韩两国之间的问题。由于朝鲜同国际原子能机构在核查问题上的分歧无法解决，朝鲜于 1993 年 3 月宣布退出《不扩散核武器条约》，朝鲜的核问题逐步发展成一次危机，美国真正介入，核问题成为美朝关系改善的重要筹码。

朝鲜于 1974 年加入国际原子能机构。1985 年 12 月，朝鲜为了获得苏联的四座反应堆，签署了《不扩散核武器条约》，承诺不生产核弹并开放所有核设施供核查，但没有同国际原子能机构签署监测其设施的保障监督协定，原因是朝鲜反对美国在韩国部署核武器。1985 年，朝鲜开始建造一座 200MW 的反应堆，并随后建造可以提炼用于制造核武器的钚的工厂。到 1987 年时，朝鲜已经超过了开始国际核查的 18 个月期限，但朝鲜获准继续延期 18 个月，18 个月后将对朝鲜的所有核设施进行核查。1988 年，朝鲜再度超过展开国际核查的限期，并要求美国向朝鲜提供不威胁使用核武器的"法律保证"，否则拒绝接受核查。① 1989 年 2 月和 5 月，布什政府曾经动员苏联、中国、日本和韩国，希望国际社会对朝鲜施加压力，迫使朝鲜签署保障监督协定，接受国际原子能机构对其核设施的核查。但是，朝鲜认为在受到美国核武器威胁的情况下，它不会签署保障监督协定，也不会接受对其核设施的核查。② 1990 年，朝鲜还曾威胁，如美国不从朝鲜半岛撤出所有核武器，它将退出《不扩散核武器条约》。这是 1993—1994 年美朝核危机的前奏。

美朝之间自从 1988 年年末首次在北京举行参赞级外交接触后，双方此后还在联合国总部进行了不同层级的接触，美国曾经向朝鲜提出解决

---

① 有关朝鲜核与导弹的发展历史，详情参阅"North Korea：Nuclear/Missile Chronology，" *The Risk Report*，Vol. 6，No. 6（November-December 2000）。

② David Reese，*The Prospects For North Korea's Survival*，Adelphi Paper 323，New York：Oxford Univeristy Press，1998，p. 44.

朝鲜的核以及向海外出售大规模杀伤性武器等问题，但并没有实质性进展。1991 年 10 月，美国宣布撤出部署在韩国的所有战术核武器，并允许朝鲜视察美国在韩国的军事基地；1992 年 1 月，美朝实现朝鲜战争以来的首次高级别会晤，并宣布取消当年的美韩"协作精神"联合军事演习。美国的积极姿态得到了朝鲜的善意回应，朝韩两国间有关朝鲜半岛无核化的谈判很快取得进展，双方于 1991 年在板门店草签了《关于朝鲜半岛无核化共同宣言》草案；1992 年 1 月 30 日，朝鲜政府同国际原子能机构签署保障监督协定并接受核查。自 1992 年 5 月起，国际原子能机构对朝鲜核设施展开核查，但朝鲜和国际原子能机构之间的矛盾随着核查的进行而不断加深。1993 年年初，由于国际原子能机构要求对宁边两处未申报的设施进行"特别核查"，① 要求朝鲜提供更多的信息以便了解朝鲜核项目的发展历史，以及美朝恢复"协作精神"联合军事演习，朝鲜于 3 月 12 日宣布退出《不扩散核武器条约》，随后还中断了同韩国的无核化会谈。朝鲜和国际原子能机构之间的分歧开始向美朝之间过渡，并导致一场几乎爆发第二次朝鲜战争的核危机。

克林顿政府决定采取两手策略，一方面与朝鲜进行谈判，另一方面警告朝鲜继续冒险的后果。1993 年 6 月，美朝开始第一轮谈判，这次谈判部分地缓和了危机。双方就以下三个原则达成一致意见：反对威胁使用武力，包括动用核武器；保证朝鲜半岛的和平与安全，包括公正地执行保障监督协定；互相尊重主权，互不干涉内政。朝鲜宣布暂时中止退出《不扩散核武器条约》的决定，并接受国际原子能机构的"公正"核查。紧接着在 7 月的第二轮谈判期间，朝鲜同意接受国际原子能机构的

---

　　① 《不扩散核武器条约》最初是针对欧洲和东亚各国的。在核查问题上，一方面，一些国家尤其是德国反对进行过分严格的核查；另一方面，这些国家也不太可能秘密制造核武器。在这种情况下，美国在条约中增加了第 73 段和第 77 段，使国际原子能机构拥有了执行"特别核查"（Special Inspections）的权力，但这一条款直到朝鲜问题出现从来没有付诸实施。有关该问题的分析详见 Matthias Dembinski, "North Korea, IAEA Special Inspections, and the Future of the Nonproliferation Regime," *The Nonproliferation Review*, Winter 1995, p. 32。朝鲜反对特别核查有其合理的理由：1. 国际原子能机构利用了美国提供的情报要求对朝鲜的核设施进行核查，但美国是朝鲜的敌对国，这违背了国际原子能机构的精神；2. 国际原子能机构将核查结果通知了美国，如果朝鲜默认这种状况继续下去，国际原子能机构可能根据美国的要求对朝鲜所有的军事设施进行核查。Bruce Cumings, "Time to End the Korean War," *The Atlantic Monthly*, February 1997, pp. 71 - 79.

常规核查，恢复朝韩间关于无核化协议的对话，同时表达了获得帮助建设新的轻水反应堆以取代宁边旧反应堆的意向，美朝解决核危机出现希望。但美国当时仅希望解决朝鲜同国际原子能机构之间在核查问题上的矛盾，希望朝鲜不要退出《不扩散核武器条约》，因此要求在朝鲜同国际原子能机构就核查问题的协商、朝韩两国之间的对话取得进展之后，美朝才能进行第三轮谈判。① 美国不希望朝鲜绕过韩国直接同美国交涉，实际上这埋下了核危机升级的种子。

朝韩之间的对话、朝鲜和国际原子能机构之间就核查问题的协商到1994年年初陷入僵局。尽管通过谈判朝鲜同意国际原子能机构进行核查，但两者的合作很不愉快，朝鲜禁止核查人员在钚再处理工厂收集样本，国际原子能机构终止核查，决定将核查问题提交联合国安理会。美国取消了拟议中的会谈，并致力于寻求国际社会的支持对朝鲜实施制裁，朝鲜则警告国际社会，制裁就意味着战争。1994年5月，朝鲜同国际原子能机构之间的谈判破裂，6月宣布退出国际原子能机构，命令核查人员离开宁边，宣布准备加工用过的燃料，核危机逐步升级。美国国内对于如何处理这次危机有各种争论，一些共和党议员主张"为战争做好准备"，国防部也考虑实施5027号作战计划，对朝鲜的反应堆进行军事打击；② 有人则主张恢复同朝鲜谈判。与此同时，美国开始在韩国加强军事力量，就在战争一触即发之时，1994年6月15—18日，前总统卡特应邀访问朝鲜化解了这次核危机。金日成提出通过冻结朝鲜核项目来换取朝美高级别会谈，卡特传达了朝鲜希望同美国就核问题进行谈判的意向。此时，美国意识到朝鲜愿意放弃国际原子能机构而直接同美国打交道，美国也希望制止并最终解除朝鲜制造核武器的能力，没有必要再对朝鲜进行"特别核查"。美国答复朝鲜愿意谈判，但条件是谈判期间，朝鲜必须冻结在宁边的一切活动，通过谈判永远结束朝鲜的核威胁。③ 美朝于8月5

① David Reese, *The Prospects For North Korea's Survival*, Adelphi Paper 323, Oxford Univeristy Press, New York, 1998, p.49.
② 艾什顿·卡特、威廉姆·佩里：《预防性防御：一项美国新安全战略》，胡利平、杨韵琴译，上海人民出版社2000年版，第122—129页。
③ 艾什顿·卡特、威廉姆·佩里：《预防性防御：一项美国新安全战略》，胡利平、杨韵琴译，上海人民出版社2000年版，第129—130页。

日恢复谈判，最终于 10 月 21 日签署《美朝框架协议》，朝鲜的核问题原则上得到了解决。

第二节　美朝达成框架协议的动因

朝鲜发展核项目有其复杂的历史原因和现实原因，美朝因此而引发的核危机走到战争边缘但没有滑向战争，将朝鲜拉回谈判桌的原因是朝鲜自身所面临的安全压力和经济压力。换言之，美朝能够达成框架协议对朝鲜而言，就是因为朝鲜期望能够缓解这两种压力。

第一，缓解来自美国的安全压力。朝鲜半岛的分裂局面源于冷战时期的对抗，但冷战的结束并没有带来朝鲜半岛对抗局面的终止。朝鲜失去了苏联的支持，美国的驻军却仍然留在韩国。美韩军事联盟和美国在朝鲜半岛的军事存在对朝鲜构成了巨大的安全压力。其一是美国的核阴影。20 世纪 50 年代末公开的文件表明，美国在朝鲜战争爆发后的确认真考虑过动用核武器对朝鲜军队实施打击，以遏阻朝鲜军队迅速推进的势头。这种核阴影长期存留在朝鲜领导人的头脑之中，这也能说明为什么朝鲜同苏联缔结《朝苏友好合作互助条约》，它同样期望在这种冷战背景下获得苏联的核保护伞。70 年代末，美国迫使韩国放弃核选择，却秘密地将战术核武器部署在韩国，为韩国提供核保护伞。① 尽管冷战结束后，美国于 1991 年撤出了部署在韩国的战术核武器，但由于美国超强的远程军事投送能力，一旦战争爆发，美国即可在极短时间内向韩国提供包括战术核武器在内的援助。而朝鲜却不再可能获得俄罗斯的同等军事支持，在朝鲜半岛的军事对峙中，朝鲜并不占有军事优势，因而也就不可能有安全感。

朝鲜同样面临着巨大的常规军事压力。就军备数量而言，似乎朝鲜优于韩国，但是，冷战后由于朝鲜经济状况恶化，它缺乏足够的军费投入来维持常规的军事训练，武器系统的更新也无法同韩国相比。相反，由于韩国经济在 20 世纪 90 年代的腾飞，相应的军费投入加大，军队能够得到较好的训练，能够适应现代形势下的战争，武器系统在技术上优于

---

① Alexandre Y. Mansourov, "The Origins, Evolution, and Current Politics of the North Korea Nuclear Program," *The Nonproliferation Review*, Spring/Summer 1995, p. 29.

朝鲜。韩国在单位军事力量上的军费投入是朝鲜的两倍还多。① 除了韩国在军事上的质量优势外，还应考虑到美韩军事联盟对韩国军事能力的增强。自 1977 年以后，美韩每年都进行"协作精神"联合军事演习，其根本目的是训练美韩军队在针对朝鲜的战争中的协调作战能力。朝鲜不可能不将美韩的合作解读为针对朝鲜的军事威胁。

美朝之间的敌对关系决定了两国不可能进行坦诚沟通，超强的美国也无法理解朝鲜对美国的恐惧和不信任感。解决该问题的唯一途径是通过核问题缓解美朝关系，从而缓解安全压力。朝鲜在核危机爆发前后也做出过类似的努力。1991 年美国决定撤出部署在韩国的战术核武器，1992 年美朝实现副部长级会晤和取消当年的"协作精神"军事演习后，朝鲜很快就同国际原子能机构签署了安全保障协定，朝韩两国之间在无核化问题上的谈判也取得了进展。1993 年美朝在核危机之后进行了第一轮谈判，双方达成三个共识后，朝鲜同样宣布暂时中止退出《不扩散核武器条约》。朝鲜做出的每一个让步都是与其安全压力的缓解同步的。

朝鲜期望通过解决核问题达到的第二个目标是缓解国内的经济压力。朝鲜的经济压力来自多个方面。其一，是朝鲜自身的计划经济制度已经不能适应经济形势的发展，经济结构不合理，重工业所占比重过大。尽管朝鲜政府早在 1984 年就意识到这个问题，但采取的措施有限，担心外部投资对国内稳定造成负面影响，经济状况并没有多大改善。其二，在经济形势恶化的情况下，朝鲜仍然维持了较多的军费投入。根据美国军控署的估计，20 世纪 90 年代朝鲜军费投入约占国内生产总值的 25%。伦敦国际战略研究所估计，1991—1994 年，朝鲜每年在防务方面的费用维持在 50 亿美元以上。② 其三，由于国际形势的变化，苏联于 1989 年中止了对朝鲜的经济援助，到 1991 年时，朝鲜同苏联/俄罗斯之间的贸易往来就必须使用硬通货，这导致朝鲜的进口规模急剧缩小，当年的进口额仅相当于 1990 年的 2%。③ 中国和朝鲜之间的贸易在 1993 年也改用现金支

---

① Denny Roy, "North Korea As An Alienated State," *Survival*, Winter 1996–1997, p. 26.

② David Reese, *The Prospects For North Korea's Survival*, Adelphi Paper 323, New York: Oxford Univeristy Press, 1998, pp. 26–27.

③ The International Institute For Strategic Studies, *Strategic Survey 1991–1992*, Brassey's For IISS, 1992, p. 136.

付，朝鲜同东欧国家的贸易额也在下降。这对朝鲜本来就恶化的经济形势而言无疑是雪上加霜，由于石油进口下降，朝鲜工厂开工率不足，农业由于同样的原因也面临危机。据韩国国家统一委员会的估计，1991 年朝鲜的粮食缺口达 37 万吨，此后逐年上升，到 1994 年时更是高达 230 万吨。据国际货币基金组织估计，1992—1996 年，朝鲜的国内生产总值下降达 50% 之多。①

朝鲜曾经试图采取一些措施缓解国内经济压力，比如，1991 年，朝鲜宣布了"罗津—先锋经济贸易区构想"，并于 1993 年完成"罗津—先锋地区国土建设总计划"；1992 年开始完善有关对外开放的各种法规；1992 年 7 月派遣副总理访问汉城（今首尔），与西欧、中东、东南亚和原苏联加盟共和国建立经济联系；1993—1994 年，进一步完善有利于吸引外资的法律体系；等等。② 但是，这些努力并不足以缓解如此巨大的经济压力，由于美国的制裁，朝鲜无法吸引较多的外资。加之朝鲜被贴上了"支持恐怖主义国家"的标签，如果不同美国改善关系，朝鲜就无法改善其国际形象，不但不可能从国际货币基金组织这样的国际机构获得援助，也不可能获得欧洲、美国、日本等发达国家和地区的投资。要解决经济问题，必须缓解同美国的关系，核问题的出现恰好提供了这样的一个机会。从美朝签署框架协议后朝鲜不断要求美国解除制裁也可看出，解决核问题的背后朝鲜有着比较强烈的经济需求。

对美国而言，框架协议解决了其重要关切。美国希望通过同朝鲜的间接或直接接触迫使朝鲜的核项目接受国际原子能机构的核查，制止朝鲜退出《不扩散核武器条约》，以维持国际核不扩散机制的完整性和有效性，消除朝鲜开发核项目对美国利益构成的直接和间接的威胁，缓解朝鲜半岛的紧张局势。

美国最初并没有考虑完全消除朝鲜的核项目。在朝鲜核问题浮出水面到 1992 年之前，美国期望通过直接施压和通过国际社会以及国际组织

---

① David Reese, *The Prospects For North Korea's Survival*, Adelphi Paper 323, New York: Oxford Univeristy Press, 1998, pp. 25 – 38.

② The International Institute For Strategic Studies, *Strategic Survey 1992 – 1993*, Brassey's For IISS, 1993, p. 149.

的间接施压，迫使朝鲜同国际原子能机构签署安全保障协定，使朝鲜的核项目纳入国际监督的范围。1992 年之后，美国要求朝鲜同国际原子能机构合作，接受常规核查和特别核查。1993 年朝鲜核危机爆发后，美国希望朝鲜不要退出《不扩散核武器条约》，接受国际原子能机构的核查，并曾设想通过军事打击的手段一次性从根本上消除朝鲜的核问题，直到前总统卡特访朝传递出朝鲜愿意直接同美国谈判核问题的信息，美国才开始认真考虑通过谈判方式彻底解决核问题。

正是美朝双方在核问题上各有需求，谈判又能够满足各自的需求，双方才能够达成 1994 年 10 月的框架协议。就框架协议本身的内容来看，美朝基本上达到了各自的目标。

朝鲜在三个方面达到了自身的安全和经济目标：美国将向朝鲜提供保证，不对朝鲜使用或者威胁使用核武器；根据协议，双方将提升政治、经济关系，最终实现全面正常化，协议签署后三个月，两国减少贸易和投资壁垒，包括对电信服务和金融往来的限制，在两国首都开设联络处，将双边关系提升到大使级；为了弥补冻结朝鲜核反应堆对朝鲜造成的损失，组建一个美国为首的国际财团，在 2003 年之前帮助朝鲜建设两座发电能力各为 1000MW 的轻水反应堆，在轻水反应堆建成之前每年向朝鲜提供 50 万吨重油。[①] 承诺不对朝鲜使用或者威胁使用核武器，并致力于美朝政治关系的正常化以消除朝鲜的安全忧虑；提升美朝经济关系并向朝鲜提供轻水反应堆和重油满足了朝鲜的经济需求。

美国同样达到了它的目标：冻结并最终拆除了朝鲜的 5MW 核反应堆，封存再处理设施，最终将核燃料棒不经处理运出朝鲜；冻结 50MW 和 200MW 核反应堆及其处理厂的建设并最终拆除；朝鲜必须完全解释过去的核活动，国际原子能机构有权获得它需要的信息，朝鲜有义务同国际原子能机构合作执行临时和特别核查；朝鲜不得退出《不扩散核武器条约》。[②] 实质上，通过签署框架协议，美国基本上达到了在朝鲜核问题

---

① "Agreed Framework Between the United States of American and the Democratic People's Republic of Korea," *Arms Control Today*, December 1994, p. 19.

② Warren Chirstopher, "Ensuring Peace and Stability on the Korean Peninsula," *U. S. Department of State Dispatch*, November 14, 1994.

上的所有目标，包括消除朝鲜未来的核威胁，制止朝鲜的核扩散，稳定东北亚局势，防止因为朝鲜发展核力量可能引发的核军备竞赛，维护《不扩散核武器条约》和国际原子能机构的安全保障系统。[①]

美朝框架协议从原则上解决了朝鲜的核问题，满足了双方的需求，应该说美朝双方对于这次核危机的处理是比较成功的。但评价框架协议成功与否不仅要看协议本身的内容，还要看协议的执行情况。

第三节　框架协议的实施与终结

《美朝框架协议》的达成不是基于相互的信任，而是基于协议所包含的成本和收益。框架协议从文本上满足了美朝双方的期望目标，只有将协议的条款转变成现实，兑现做出的承诺，才能真正顺利地实施该协议。

朝鲜基本上履行了协议所规定的义务。协议签署后不久，朝鲜宣布完全停止了正在运行的核反应堆及相关设施，停止了另外两座反应堆的建设，封闭了有关实验室、核燃料仓库、核燃料制作装置等设施。国际原子能机构的检查证实了朝鲜采取的措施；美国国防部发言人也承认朝鲜的做法都得到了国际原子能机构监督人员的证实，而且是按照《美朝框架协议》的时间表进行的。在国际原子能机构的监督下，美国技术人员于 1996 年 5 月 2 日开始拆除朝鲜宁边核设施的大约 8000 根废核燃料棒。尽管美朝两国在两座轻水反应堆由谁提供的问题上曾经存在严重分歧并几乎导致协议破裂，但最终朝鲜仍然接受了实际上由韩国主导提供的反应堆。核反应堆废料的封存始于 1996 年 4 月，并于 2000 年 4 月宣告完成。1998 年底，美国怀疑朝鲜在金仓里建设核设施并要求检查，虽然朝鲜最初强烈反对，但最终仍然同意美国以"参观"的名义对金仓里进行了检查。朝鲜还基本上履行了同国际原子能机构的合作；朝鲜在 1998 年 8 月用"大埔洞－1"号发射卫星后，《美朝框架协议》一度面临危机，但此后通过磋商，朝鲜同意美朝高级别会谈期间不再试射导弹。总的来

---

① Walter B. Slocombe, "The Agreed Framework with the Democratic Peoples' Republic of Korea," *National Defense University Strategic Forum* (Institute fro National Strategic Studies) Number 23, March 1995.

看，朝鲜比较诚实地兑现了框架协议中的承诺。即使美朝第二次核危机爆发前夕，朝鲜对协议的履行都得到了美国的承认。①

相反，美国在履行框架协议的承诺方面做得非常不够。在安全方面，尽管美国取消了美韩每年举行的"协作精神"联合军事演习，但从来没有停止过对朝鲜的军事施压。协议签署后的几年内，美国以联合或者单独的名义又举行过多次大规模军事演习，同韩国的军事合作也得到了加强。不仅如此，美国还以朝鲜的导弹威胁为借口同日本合作研发战区导弹防御系统，仍然将朝鲜列入"支持恐怖主义国家"的名单。在提升两国关系方面进展也不大。1994 年 12 月，当负责互设联络处谈判的助理国务卿帮办汤姆·哈伯德提到联络处的级别时表示，美朝将要建立的联络处代表级别是 1961 年《维也纳外交关系公约》规定的最低一级，联络处主任不享有大使衔，这似乎预示两国在此问题上很难取得进展。尽管两国经过多次接触，在联络处领事业务、建筑位置方面达成了协议，但在联络处工作人员活动范围方面的分歧使得两国谈判止步不前。两国关系唯一一点象征性的提升是克林顿总统第二任期末，国务卿奥尔布赖特于 2000 年 10 月访问了朝鲜，尽管当时克林顿总统也表达了访朝的意愿，但毕竟任期行将结束，"跛鸭总统"难有大的作为，最后宣布因时间所限不能访问朝鲜，但应该继续推进两国关系的改善。②

美国在消除贸易和投资壁垒问题上动作迟缓、过于谨慎。1995 年 1 月 20 日，美国国务院发表声明放松对朝鲜的制裁，其中包括授权美国电信部门在两国间建立直接的电信联系，允许访朝的美国人在旅游方面不受限制地使用信用卡，允许两国的新闻机构建立记者站，从事部分金融业务，等等。1996 年，美国解除了对朝鲜旅游和人道主义援助的限制；2000 年 6 月，美国正式公布了解除部分根据《与敌国贸易法》《防务产品法》《出口管理法》对朝鲜的制裁，以促进两国间的贸易、金融和投资。这些措施有其积极意义，但美国仍然禁止军品、敏感的两用物品贸

---

① 美国国务卿鲍威尔曾在 2002 年 2 月参议院外交委员会作证时表示，朝鲜仍然遵守了协议。"Chronologyof U. S. – North Korean Nuclear and Missile Diplomacy," Arms Control Associatation Fact Sheets and Briefs, https: //www. armscontrol. org/factsheets/dprkchron.

② The White House, "Clinton December 28 Statement on U. S. Policy Toward N. Korea," December 28, 2000, http: //www. fas. org/news/dprk/2000/dprk –001228zws. htm.

易，也不向朝鲜提供除人道主义援助之外的其他援助。而且，美国仍把朝鲜列入"支持恐怖主义国家"的名单，朝鲜无法得到世界银行和国际货币基金组织的贷款，这对于期待通过解决核问题来缓解美朝关系，并进而获得国际社会援助以缓解国内经济压力的朝鲜来说，无疑是一个沉重打击。

根据框架协议，美国负责组建国际财团为朝鲜建设两座发电能力各为 1000MW 的轻水反应堆，并在建成之前每年向朝鲜提供 50 万吨重油补偿朝鲜的能源损失。负责建设轻水反应堆的国际财团"朝鲜半岛能源开发组织"（Korean Peninsula Energy Development Organization，KEDO）于 1995 年 3 月成立，截至 2002 年 3 月，该组织有 13 个成员国。在建设轻水反应堆问题上，由于分摊费用的问题，筹建工作直到框架协议签署两年零十个月之后才正式启动，经过准备、选址等工作，2002 年 8 月主体工程开工建设，但根本不可能在 2003 年如期完成。向朝鲜提供重油的问题也因为美国国内原因一再推迟，甚至有过几次中断，到 2000 年 9 月时，美国共向朝鲜提供了 233.68 万吨重油。[1] 美国在建设反应堆和提供重油方面的拖延引起了朝鲜的强烈不满，朝鲜指责美国只关心朝鲜履行冻结核设施的义务，而对自己在提供轻水反应堆方面的义务并不热心，这使双方在履行协议义务上失去了对等原则和均衡性。[2]

2000 年，朝鲜在改善与韩国和日本的关系方面迈出了较大的步伐，进而鼓励了美国采取比较积极的对朝政策。经过 1996 年 4 月以来的 6 次关于朝鲜导弹问题的谈判，两国都似乎看到了大幅改善双边关系的曙光。2000 年 10 月 8—12 日，朝鲜领导人金正日的特使、朝鲜国防委员会第一副委员长赵明录次帅对美国进行了为期 4 天的历史性访问，美国国务卿奥尔布赖特 10 月 23—24 日对朝鲜的访问更是破冰之举，解决核问题的框架协议本无任何问题，现在分歧颇多的导弹问题也有望解决。但克林顿总统在任期末作为有限，未能实现对朝鲜的访问，不过两国进一步改善关系的势头依然存在。新任总统布什的一系列政策扭转了这个势头，进

---

[1]　"Heavy Fuel Oil Project," KEDO Fact Sheet No. 7, http：//www. kedo. org.

[2]　David Wright, "Cut North Korea Some Slack," *Bulletin of the Atomic Scientists*, March/April 1999, pp. 54 – 58.

而葬送了框架协议。

布什总统在外交政策上的强硬作风从一开始就预示着美朝关系可能遭遇"寒流"。2001年3月初韩国总统金大中访问美国期间,布什总统公开质疑朝鲜是否在履行框架协议,并以重新评估政策为由中止了两国间的会谈。6月6日,政策评估结束之后,美国提出了一个雄心勃勃的谈判议程,不仅要谈判加强框架协议的履约,还要谈判朝鲜的导弹项目、导弹出口以及常规军事力量。双方磋商有关谈判事宜,但没有多大进展。2002年年初,布什总统在国情咨文中将朝鲜同伊朗、伊拉克并列为威胁世界和平的"邪恶轴心";同年3月泄露出来的《核态势评估》报告更是将朝鲜列为可能使用核武器进行打击的国家之一,两国关系的恶化几乎无法避免。助理国务卿凯利在10月3—5日访朝使得两国积怨爆发出来,朝鲜承认正在从事浓缩铀计划,框架协议遭遇危机。11月14日,朝鲜半岛能源开发组织宣布中止向朝鲜提供重油,朝鲜于12月12日宣布重新启动冻结的核设施,履行了8年之久的框架协议终于走到了尽头。框架协议的终结意味着未来任何解决朝鲜核与导弹问题的努力均需从头开始,美朝关系又回到了起点。

第四节 美国对朝鲜的不扩散政策评析

20世纪90年代以来美国对朝鲜的不扩散政策主要涉及两个问题:朝鲜的核与导弹。在克林顿总统执政的8年当中,美国对朝鲜的不扩散政策可以说成败参半。就核问题而言,通过同朝鲜签署框架协议,核问题的解决应该是比较成功的。就解决危机的方式而言它也是成功的。当时美朝关系已经走到了战争的边缘,但朝鲜战争的历史教训使得双方意识到战争的惨重代价,即使美国采取军事打击的方式解决朝鲜核问题,美国及其盟友付出的代价自然不用多言,它还要面对一个更加不稳定的朝鲜半岛。相反,通过谈判这种和平方式对美朝来说都是有利的,美朝均达到了其预期目标,避免了一场后果难以预测的军事冲突。这种对话而非对抗的解决分歧的模式,为改善"非正常"的美朝双边关系,"建立两国信任",并促进朝鲜南北双方恢复政治对话创造了良好气氛,它是从根本上消除东北亚不稳定局势的重要途径。

框架协议更重要的成就在于，它解决了朝鲜半岛一个潜在的不稳定因素。协议成功冻结并将最终解除朝鲜的核反应堆及相关设施，说服朝鲜不退出《不扩散核武器条约》，加强了国际核不扩散机制。根据美国的估计，如果朝鲜的核问题得不到解决，在几年内朝鲜将具备每年制造 10 枚核弹的能力，21 世纪初朝鲜将具备每年生产 50 枚核弹的能力。① 它很可能诱发日本和韩国的核诉求，这将给东亚地区的安全环境带来新的不稳定因素。

同时，就框架协议本身以及协议六年多的执行情况来看，协议又是脆弱的，克林顿政府的政策又是失败的，其原因有多个。

第一，双方在履约方面的不对称、不均衡造成双方付出和收益的不对称和不均衡。由于美国所期望的目标与其通过签署和实施协议达到的目标基本相符，对美国而言，协议是很成功的，这归因于朝鲜基本上诚实地履行了协议中的承诺。而对朝鲜来说，它所期望的目标和通过协议实际达到的目标并不相符。朝鲜履行了承诺，但美国在提供重油和帮助建设轻水反应堆方面一再拖延，在改善美朝关系和解除制裁方面做得也远远不够，这种成本和收益的不对称、不均衡，导致了朝鲜的强烈不满。因此，朝鲜无法建立对美国的信任，也就难免威胁退出框架协议并且试验发射卫星，金仓里风波也可以看作朝鲜表达不满的一种方式。

第二，协议本身也蕴含着脆弱的因素。首先，框架协议不是具有法律约束力的国际条约，美朝在执行协议方面依靠的是相互的信任，而美朝两国长期以来的敌对很难发展出相互信任的关系，两国国内政治和偶发事件又强化了这种互不信任的气氛。协议条款的每一步实施都需要双方共同努力，缺乏信任就很难为协议的下一步实施缔造条件。在执行协议的过程中，每一个争议和分歧都可能葬送这个协议。其次，协议中规定的建设轻水反应堆费用分摊问题。美国承诺组建一个国际财团负责此事，但由于两座轻水反应堆的费用估计高达 46 亿美元，在朝鲜半岛能源开发组织成员国之间如何分摊费用成为美、韩、日三国不容易协调的一个问题。尽管三国经过协商，韩国同意负担 70% 的费用，日本同意负担

---

① "A Triumph of Quiet Diplomacy," *Arms Control Today*, November 1994.

10 亿美元，美国和国际社会负担剩余部分①，但每个国家的经济出现问题后，费用分摊仍将难以解决，必然造成提供重油和建设轻水反应堆的迟缓。

第三，美国国内政治对框架协议的负面影响。1994 年美国国会中期选举后，共和党控制了参众两院，自此克林顿在外交问题上不断受到国会的责难，党派政治的影响难免投射到框架协议上来。相当一部分国会议员秉持冷战思维，期望对朝鲜施加压力，加速朝鲜的崩溃。他们从框架协议签署之初就提出质疑和批评，认为美国让步太多，协议是"酬赏敌人"，"鼓励大规模杀伤性武器的扩散"，对朝鲜应该更多动用"大棒"而不是"胡萝卜"。1996 年美国预算危机期间，国会一直迟迟不拨付用于购买重油的费用。1998 年 9 月初，在"金仓里地下核设施风波"和朝鲜用"大埔洞-1"号发射人造卫星前后，美国参议院通过一项外援法修正案，对用于购买重油的 3500 万美元拨款附加了严厉的限制条件。② 规定总统必须确认朝鲜"不积极谋求"获得核武器能力，并且不向被美国列为支持恐怖主义国家的政府出售导弹，否则国会将不支持对朝鲜提供重油。同时，由于美国在履行框架协议条款方面的拖延，朝鲜曾威胁废止框架协议，这反过来加强了反对协议的国会议员的立场。这种互动对框架协议的履行构成了很大麻烦。

第四，美国缺乏一项总体政策，逐个问题解决的方式并不能化解美朝之间的根本分歧。直到《美朝框架协议》被废止之前，美朝关系有限的改善仍然仅限于核和导弹问题，而且是出现一个问题解决一个问题，"头痛医头，脚痛医脚"，属于短期的权宜之计，不是从根本改善美朝关系的角度全盘解决问题。签署框架协议之时，美国对朝鲜政策是基于朝鲜在两三年内迅速崩溃的错误判断。朝鲜并没有崩溃，美国国内在对朝政策问题上到底是"施压促垮"还是"接触促变"等方向性问题上也没有形成共识。这种分歧在美国政策上表现为执行框架协议的动摇，在具体实施框架协议的谈判中将其他问题与框架协议挂钩。例如，美国在

---

① "Breach of Contract in Korea," *CEIP Proliferation Brief*, Vol. 1, No. 14, October 14, 1998.

② Jason T. Shaplen and Michael J. Green, "Congressional Curbs Imperil Antinuclear Pact with North Korea," *The Boston Globe*, Oct. 8, 1998.

1995 年协议履行之初曾考虑将框架协议与韩朝重开对话联系在一起；1995 年 5 月 18 日，当美朝关于轻水反应堆的讨论陷入僵局时，美国国务卿表示在轻水反应堆供应问题得到满意解决之前，美国将不讨论石油问题，并威胁不再提供任何石油；朝鲜的导弹问题出现后，美国又将导弹问题与框架协议搅在一起。缺少总体政策还导致美国在美朝谈判出现波折时，要么威胁不再执行框架协议，要么威胁对朝鲜实施制裁。这当然不利于美朝两国建立信任，美朝两国国内也不容易达成共识。

　　克林顿政府也曾意识到这一点，并采取措施对美国的朝鲜政策进行全面、综合审议。1998 年 10 月，参议院通过"1999 财年综合拨款法"授权跨部门组织负责此项工作；11 月 12 日，克林顿总统任命前国防部长威廉·佩里负责对朝政策审议的协调工作。经过 8 个月的调查研究、同相关国家的协商，政策审议得出如下结论：（1）朝鲜政局并不像美国想象的那样会在短期内崩溃，对朝鲜的政策应该基于朝鲜的现状；（2）由于朝鲜半岛爆发一场战争造成的危害巨大，美国在实现其政策目标时应该审慎、耐心；（3）尽管框架协议并不是完美的，但它的确冻结了朝鲜的核设施，导弹问题出现后，美国的目标应该是补充这个协议，而不是破坏或者取代框架协议。为此，美国应该采取两手战略。一方面，采取全面一致的谈判策略，通过谈判解决美国关心的核与导弹问题。如果消除了这些威胁，美国就应该实现美朝关系的正常化，解除对朝鲜的经济制裁，采取积极措施为朝鲜提供机会。另一方面，一旦第一种政策行不通，美国要做好准备遏制这些威胁，保卫美国和盟国的安全。[1] 实际上，美国对朝政策审议的结论是要求美国政府将朝鲜的导弹问题纳入讨论范围，采取连续一致的接触为主、遏制为辅的政策。从 2000 年美朝关系的大幅度改善可以看到，美国对朝政策的确出现了一些调整，这些调整也得到了朝鲜的善意回应，可惜美国的这一政策改变因为政府换届未能持续下去。

　　在解决导弹问题上，克林顿政府的政策基本上是不成功的。美朝之间的分歧主要是朝鲜的导弹研发、部署以及出口。框架协议解决核问题

---

① Dr. William J. Perry, "Review of United States Policy Toward North Korea: Findings and Recommendations," October 12, 1999, https://nsarchive.gwu.edu/NSAEBB/NSAEBB87/nk20.pdf.

之后，美朝从 1996 年 4 月 21—22 日就导弹问题开始第一轮谈判，直到 2000 年 11 月的第七轮谈判，美国希望朝鲜能够遵守《导弹技术控制制度》，在导弹射程、载荷和出口问题上有所节制，朝鲜则希望在导弹问题上的任何让步都能得到美国的经济补偿。美国曾表示，如果朝鲜在导弹问题上做出让步，美国可以解除对朝鲜的制裁。朝鲜则认为，解除经济制裁本是框架协议中美国应该履行的承诺，而美国在履行框架协议时的消极政策更是让朝鲜大为不满，将导弹问题同框架协议相联系根本无益于问题的解决。谈判期间，朝鲜曾经做出一些让步，但没有得到美国的善意回应。1999 年 9 月，美朝柏林会谈期间，朝鲜承诺在高级别会谈存续期间朝鲜不会试验远程导弹，这种承诺后来又被重申；2000 年 7 月 19 日，在俄罗斯总统普京同金正日会晤期间，朝鲜曾提出终止导弹项目，但条件是对朝鲜导弹项目表示关切的国家（美国）应为朝鲜的卫星发射提供帮助。① 朝鲜的这些积极倡议没有得到美国的善意回应，因此丧失了彻底解决导弹分歧的机会。直到克林顿总统任期结束，两国很有希望达成的导弹协议也没有现出曙光。

如果说克林顿总统执政时期美国对朝鲜的不扩散政策成败参半，那么布什就任总统后的对朝政策可以说完全失败。其实，布什在竞选期间所表述的军控和不扩散政策主张就已经预示着美朝之间的不扩散问题将恶化而不是得到改善。布什就任总统后，不是利用克林顿总统在任期间创造的良好气氛推进美朝之间导弹问题的解决，而是要重起炉灶。他上任伊始就挑战《美朝框架协议》，质疑朝鲜是否履行了协议；随后中止了双边高层会谈。美对朝政策评估结束后提出了囊括朝鲜核、导弹和常规武器等所有问题在内的宏大谈判计划，奢谈朝鲜应该做出何种让步，而不提美国应该有什么善意回报。布什政府更是在 2002 年的国情咨文中将朝鲜列为"邪恶轴心"成员；同年 3 月的《核态势评估》报告将朝鲜列为可能使用核武器进行打击的国家。布什上任后的工作重点之一是反扩散，侧重强调强化美国自身实力，轻视同其他国家的合作，在不扩散问题上不是继续克林顿执政时期的制度建设，而是重视军事能力，低调处

---

① "Chronology of U. S. – North Korean Nuclear and Missile Diplomacy," Arms Control Association Fact Sheets and Briefs, https：//www. armscontrol. org/factsheets/dprkchron.

理外交手段。这些政策很容易被朝鲜解读为敌对政策，即使朝鲜做出让步也无济于事，毒化了两国间仅存的谈判解决分歧的良好气氛。再加上美国专注于处理伊拉克问题，忽视朝鲜发出的和谈信号。即使在助理国务卿凯利访朝之时，美国的态度仍然被认为是"自负和傲慢的"，这让朝鲜无法接受，因此才导致朝鲜重新实行边缘政策，将两国关系再次导向危机，框架协议难免成为第一个牺牲品。随后，朝鲜要求美朝进行双边谈判，美国则要求进行多边谈判，两国难以找到共同语言，危机进一步恶化。朝鲜不仅在2003年1月10日宣布退出《不扩散核武器条约》，还于5月12日宣布废除《朝鲜半岛无核化共同宣言》。就这样，经过多年努力谈判签署的、能够制约朝鲜核能力发展的所有文件丧失效用，美国对朝鲜的不扩散政策宣告彻底失败。

第 二 章

朝核问题与中美战略共识[*]

2013 年 6 月,中美两国元首在美国加利福尼亚州安纳伯格庄园(An-nenberg Estate)会晤期间,双方同意构建中美新型大国关系。王毅外长在布鲁金斯学会的演讲中以朝核为例,指出"中美应共同努力,争取在亚太热点问题的合作上取得实质性成果。这样既可以为在全球范围内开展战略合作积累经验,又能对外展示中美共同维护地区和平稳定的能力和决心"。[①]

从朝核问题的发生、发展和走势来看,朝核危机很有可能成为检验中美能否建立新型大国关系,以及建立何种战略关系的试金石。自 1993年朝核危机首次爆发迄今的二十余年中,朝核危机既是助推中美关系的积极因素,又是中美关系的重要挑战。近年来,朝鲜核能力继续提升,如何实现朝鲜半岛的稳定和无核化成为中美两国不得不直面的问题,两国就此问题的互动也日益密切。[②] 中美能否在朝核问题上构建战略共识,共同应对东北亚地区安全挑战,这是本章探讨的主题。

本章将评估朝鲜核能力的现状及其发展趋势,此种发展趋势对中美

---

　* 此文原题为《朝核问题与中美战略共识》,原刊于《美国研究》2014 年第 2 期。感谢《美国研究》授权,收入本书时作者对原文做了适当调整。

　① 王毅:《如何构建中美新型大国关系——王毅外长在布鲁金斯学会的演讲》,2013 年 9月 20 日,参见中华人民共和国外交部网页。

　② 2013 年 6 月习近平主席与奥巴马总统在庄园会晤期间就朝核问题交换意见。2013 年 12月美国副总统访华期间,朝核成为核心议题之一,中美就此进行了广泛而深入的讨论。"Back-ground Briefing by Senior Administration Officials on the Vice President's Asia Trip," Beijing, China, De-cember 04, 2013, https: //obamawhitehouse. archives. gov/the-press-office/2013/12/04/background-bri-efing-senior-administration-officials-vice-presidents-asia.

关系的影响，分析中美在朝核问题上的根本分歧及其原因，进而探讨中美化解分歧、构建战略共识以确保朝鲜半岛的稳定并实现朝鲜半岛无核化的可能途径。

第一节 朝鲜核能力及对中美关系的影响

朝鲜核能力的发展关系到朝鲜半岛实现无核化的可能性，并会影响东北亚地区安全形势的发展，因而评估朝鲜核能力对于认知朝核危机的地区影响尤为重要。朝鲜的核能力主要是指宁边的钚项目，外界了解极为有限的浓缩铀项目，核试验、导弹能力发展以及武器化潜力。

首先是朝鲜的钚项目。朝鲜主要通过宁边的五兆瓦反应堆获得钚材料。1980 年朝鲜开始建设该反应堆，并在 1986—1987 年建成运行。这个反应堆使用的燃料为朝鲜储量较多的天然铀，经辐照后的燃料棒从反应堆内卸出并后处理可以获得钚材料。根据每年运行时间长短的评估，朝鲜对这个反应堆的乏燃料棒进行后处理每年可以获得 4—8.5 公斤的钚材料。[①] 1993 年 3 月，第一次朝核危机爆发后，美朝通过谈判达成《美朝框架协议》，宁边的核项目包括五兆瓦反应堆被冻结。2002 年年底，第二次朝核危机爆发后，朝鲜随后重启这个反应堆，并对该反应堆卸出的乏燃料棒进行了后处理，获得了可以制造核武器的钚材料。经过数轮六方会谈，朝鲜于 2007 年 7 月关闭了五兆瓦反应堆，封存了宁边的核设施，并在一年后炸毁了这个反应堆的冷却塔。关闭反应堆、炸毁冷却塔都是朝鲜"去功能化"的步骤之一。由于 2008 年年底之后，六方会谈陷入停滞，"去功能化"进程停止。2009 年 4 月，朝鲜因为发射卫星而遭到联合国安理会主席声明的谴责，朝鲜随后宣布退出六方会谈，并将国际原子能机构的监察员赶出朝鲜，自此外界无从获悉朝鲜的核活动。2013 年 4 月，朝鲜宣布调整和变更现有核设施的用途，发展自主的核电工业并从"质"和"量"两个方面加强朝鲜的核力量。这不仅包括重启宁边的五兆

---

① "Yongbyon（Nyongbyon），" http：//www.globalsecurity.org/wmd/world/dprk/yongbyon - 5.htm.

瓦反应堆,还包括调整铀浓缩工厂。[1] 目前五兆瓦反应堆已经重启,这意味着朝鲜有能力每年分离 6 公斤左右的钚材料。[2]

朝鲜在过去分离了多少钚材料依然是一个很有争议的问题,各国专家的评估非常不同。据报道,朝鲜在 2007 年 12 月告知美国官员其钚材料库存约为 30 公斤。[3] 根据科学与国际安全研究所专家奥尔布赖特(David Albright)的估计,"截至 2007 年 2 月,朝鲜拥有的钚材料库存总量为 46—64 公斤,估计其中 28—50 公斤是分离形态,能够用于制造核武器"[4]。据前美国洛斯阿拉莫斯国家实验室(Los Alamos National Laboratory)主任、现斯坦福大学教授海克(Siegfried S. Hecker)估计,朝鲜可能获得了 40—50 公斤钚材料,这些钚材料足以制造 6—8 枚核弹头。[5] 因为朝鲜分别于 2006 年、2009 年和 2013 年进行了三次核试验,其钚材料库存已经被消耗了一部分。[6] 目前,朝鲜还在建设一座装机容量为 25—30 兆瓦的轻水反应堆,如果这座反应堆投入运营,它也有潜力生产钚材料,但利用轻水反应堆获得的钚材料并不如从五兆瓦反应堆乏燃料棒中分离出的钚材料更适宜制造核弹头。

其次是朝鲜的铀项目。对所有朝核问题专家乃至与朝核有关的政府官员而言,朝鲜的浓缩铀项目依然是一个谜。向世界公开其浓缩铀项目之前,朝鲜做了一些政策铺垫工作。2009 年 4 月,朝鲜宣布将为其轻水反应堆建设独立的燃料循环系统,五个月后朝鲜宣布其铀浓缩技术取得重大进展。2010 年 11 月,朝鲜向包括海克教授在内的斯坦福大学代表团展示了位于宁边的铀浓缩设施。海克教授估计,宁边的这处铀浓缩工厂约有 2000 台离心

---

[1] "DPRK to Adjust Uses of Existing Nuclear Facilities," *KCNA*, April 2, 2013, http://www.kcna.co.jp/item/2013/201304/news02/20130402-36ee.html.

[2] "North Korea Can Produce Plutonium for 1.5 Bombs in 6 Months," *Japan Economic Newswire*, April 25, 2009.

[3] Warren Strobel, "North Korean Nuclear Documents Challenge CIA Assertions," *McClatchy Newspapers*, May 28, 2008.

[4] David Albright and Paul Brannan, "The North Korean Plutonium Stock, February 2007," http://www.isis-online.org/publications/dprk/DPRKplutoniumFEB.pdf.

[5] Siegfried S. Hecker and William Liou, "Dangerous Dealings: North Korea's Nuclear Capabilities and the Threat of Export to Iran," *Arms Control Today*, Vol.37, No.2, pp.6-11.

[6] 在 2013 年的核试验中,朝鲜使用了钚材料还是高浓铀存在争议。

机，并且从离心机设施的建设速度、所达到的先进程度以及过去发现的铀浓缩痕迹来看，他所看到的铀浓缩厂绝非唯一的铀浓缩设施。[1] 朝鲜宣称此处的铀浓缩设施是为了生产轻水反应堆所需要的低浓缩铀材料，然而很多美国专家认为这是朝鲜寻求扩大其核材料库存的第二条道路。

最后是朝鲜的武器化努力。截至目前，朝鲜已经试爆三个核装置，但这并不意味着朝鲜已经拥有了核武器。将裂变材料武器化并进行核试验仅是制造核武器的第一步，朝鲜还需要将核弹头小型化并将其搭载在运载工具上。理论上，朝鲜只要能够制造出核弹头就可以用于攻击，例如将核弹头装载在卡车上运到攻击目标附近引爆或者用飞机投放核弹头，但现代战争条件下，这种核武器的生存能力极低，只有将核弹头搭载到导弹上才可算作拥有了"核遏制力"。经过三次核试验，没人怀疑朝鲜将核材料制造成核弹头的能力，朝鲜官员也的确向美国的朝鲜问题专家哈里森（Selig S. Harrison）表示，朝鲜申报的钚材料已经武器化。[2] 朝鲜是否已经掌握了将核弹头小型化并将其搭载到导弹上，这仍是一个疑问。中央情报局前官员认为，经过第三次核试验，朝鲜正接近拥有但仍未获得此种能力。[3] 也有专家认为，朝鲜"非常接近将核装置搭载到导弹上的能力"。[4]

除了核能力发展，朝鲜也致力于发展运载能力。各国对朝鲜的短程导弹能力并没有多少质疑，朝鲜还致力于发展中远程导弹技术。2010 年 10 月，朝鲜在阅兵式中展示了一种没有经过试验的导弹"舞水端"（Musudan），据估计，其射程在 3000 公里。朝鲜还在纪念金日成诞辰一百年的阅兵式中展示了陆基机动导弹 KN - 08。[5] 朝鲜在过去十余年中

---

[1]　2011 年作者对海克教授的访谈。

[2]　"Chronology of U. S. - North Korean Nuclear and Missile Diplomacy," Arms Control Association Fact Sheets and Briefs, https://www.armscontrol.org/factsheets/dprkchron.

[3]　"Assessing North Korea's Ability to Weaponize as Kim Jong-un Sends Stark Message," *PBS News Hour*, April 2, 2013, http://www.pbs.org/newshour/bb/world/jan-june13/koreanukes2_04 - 02.html.

[4]　"North Korea's Latest Nuke Stunt Signals Country Closer to Missile Capability, Experts Say," *Fox News*, February 12, 2013, http://www.foxnews.com/world/2013/02/12/experts-say-north-korea-nuclear-test-important-step-towards-weaponization/.

[5]　Markus Schiller, *Characterizing the North Korean Nuclear Missile Threat*, RAND Corporation, 2012, pp. 32 - 34.

试射了光明星系列卫星，经历数次失败后终于在2012年12月的试射中获得成功，这被认为朝鲜发展洲际弹道导弹努力取得了重大突破。

纵览朝鲜过去二十多年的核项目发展与进展，大致可以对朝鲜核项目的未来发展做出几点判断。第一，朝鲜已经累积了足以制造数枚核弹头的裂变材料，朝鲜已经掌握了制造核武器的技术。每当朝鲜对其核武器发展项目做出政策宣示时，各国学者和政府官员通常对此持有怀疑的态度，但过去二十余年的发展表明，各国专家学者不仅低估了朝鲜"拥核"的意志，也低估了朝鲜制造核武器的能力。第二，朝鲜不但通过宁边的五兆瓦反应堆获得了制造核武器所需的钚材料，而且正在寻求获得裂变材料的第二条道路，此即朝鲜的浓缩铀项目。如果未来朝核问题的僵局继续，朝鲜有能力进一步扩大其裂变材料库存。第三，如果朝核问题僵局继续，朝鲜有潜力实现核弹头"小型化"，并将其搭载在运载工具上，最终拥有可信的远程核打击能力。

朝核问题历经二十余年的外交努力仍未获得真正解决，而朝核却已显著牵动本地区安全形势的发展趋向。如果朝鲜拥核不可逆转，其地区安全影响将极为复杂。第一，因为朝核问题久拖不决，韩国提升自身军事实力的倾向日益明显。近年来，韩国正逐步提升其军事能力，包括增加军费开支、训练和演习等。朝核问题还改变了韩国在导弹防御问题上的态度和政策。韩国曾经对是否发展导弹防御系统犹豫不决，但现在的政策逐渐坚定，并明确提出要建立独立的导弹防御系统，即韩国防空导弹防御系统（Korea Air and Missile Defense，简称KAMD），并寻求发展分层导弹防御能力。[①] 2012年10月，美朝还达成协议，允许韩国导弹射程从300公里延长到800公里，但有效载荷保持不变，韩国因此拥有了打击朝鲜全境的能力。不仅如此，在天安舰事件和延坪岛炮击之后，韩国还改变了对朝鲜半岛统一的认识，强调朝鲜半岛局势的不确定性，并为可能突如其来的统一机遇做好准备。第二，日本军事力量增强的势头强劲。

---

① Kim Eun-jung, "S. Korea Seeks Multi-layered Missile Defense Against North," October 15, 2013, http：//english. yonhapnews. co. kr/news/2013/10/15/25/0200000000AEN20131015002500315F. html.

日本曾经将朝鲜视为首要的安全关切，[①]并因此加入了美国的导弹防御系统。近年来，日本更是以朝鲜的导弹能力和核项目为由，大力拓展与美国的导弹防御合作、大幅增加与美国的联合军事演习，并增加对美国武器系统的采购。如果朝鲜拥核不可逆，日本常规军事力量的发展将获得重要借口，而其国内有关是否发展核武的辩论将更趋激烈，日本以朝鲜拥核为借口决定制造核武器并非不可想象之事。第三，朝核问题久拖不决，以及朝鲜拥核不可逆转的可能让美国军事上重返亚太获得了新的助力。美国不仅调整了针对朝鲜的军事力量部署，将原定部署在波兰的拦截弹调整到阿拉斯加，并计划增加 14 枚拦截弹，提前在关岛部署终端高空区域防御系统（THAAD）。美国还为促进美日韩三边军事合作搭建平台，进行联合军演，甚至未来实现三国的导弹预警信息共享。

韩国自身军事力量的建设让其更有能力独立应对半岛局势的发展，因此，朝鲜半岛未来出现的任何挑衅行动都有可能诱发军事冲突。朝鲜战争结束 60 年后，半岛重燃战火并非中美乐见的发展趋势，而朝鲜半岛可能的军事冲突也将让中美陷入要如何介入的两难境地。日本军事力量的发展已经导致东北亚的区域军备竞赛，这似乎也非美国所愿。韩国和日本发展导弹防御能力确有针对朝鲜的意图，但如果日本和韩国最终致力于发展分层导弹拦截能力，中国的战略威慑能力将受到消极影响，中国必将采取应对之策。美国将朝鲜作为强化区域和国家导弹防御能力的借口，但这种能力将损害中国的安全利益。不仅如此，朝核问题还成了中美关系中的重要分歧之一。2010 年美国航空母舰以威慑朝鲜为由进入黄海参加军事演习，遭到中国强烈反对，朝核问题成为中美互疑的来源之一。[②]

中美两国都不希望朝核危机的僵局持续下去，两国也不希望朝鲜半岛出现新的挑衅事态。如果相关各方当前的政策继续下去，最糟糕的情况有可能是朝鲜半岛的稳定无法维系，朝鲜也不会弃核。因为美国高调

---

① 作者 2010 年短期访问日本期间，曾走访政府官员、国会议员、防卫大学教授、智库学者和民间团体，受访人员普遍将朝鲜列为首要安全威胁。

② Kenneth Lieberthal and Wang Jisi, *Addressing US-China Strategic Distrust*, Washington, D. C.：John L. Thornton China Center at Brookings, 2012, https：//www. brookings. edu/wp-content/uploads/2016/06/0330_china_lieberthal. pdf.

重返亚太，中国有理由认为美国所谓"针对朝鲜"的军事举动，包括其导弹防御政策调整、美韩和美日双边以及美日韩三边军事合作等，均会损害中国的安全利益。就此而言，中美在朝核问题上的分歧有可能转化成中美之间的矛盾。如果两国在朝核问题上无法深化合作，中美之间的互疑只会加剧而不会得到缓解。

第二节　中美在朝核问题上的分歧

中美两国都致力于防范核武器、核技术、核材料在朝鲜半岛的横向扩散并维护本地区的和平与稳定，因而两国在过去二十余年中曾在朝核问题上进行了合作。在第一次朝核危机期间，"中方以自己独特的方式做朝方工作，并敦促有关各方谨慎行事，相互照顾彼此关切，避免采取过激言行使局势失控。在中方的反复劝说下，美朝举行了双边谈判，并着力通过磋商与谈判解决问题"。① 在过去十年中，中国主办了旨在解决朝核问题的六方会谈，支持并执行了联合国安理会多个制裁决议。

虽然中美在朝核问题上存在共同利益，有过良好合作，但两国对于如何处理朝核问题存在显著分歧。第一，中美对于如何平衡无核化和半岛稳定两个目标存在分歧，对稳定和无核化的重视程度不同。中国致力于推动朝鲜半岛实现无核化，但同样担忧朝鲜半岛的稳定局势，特别是朝鲜出现不稳定可能产生的地区影响。在既往的中国政策立场中，中国更重视在实现朝鲜半岛无核化过程中维持稳定。美国通过政权更迭的方式解决了伊拉克大规模杀伤性武器扩散问题，却导致了伊拉克政局持续动荡；中国反对任何可能导致朝鲜半岛出现动荡的政策。中国认为半岛无核化和半岛稳定两个政策目标不可偏废，即使中国支持联合国安理会对朝鲜的制裁，也反对过度施压朝鲜而导致半岛局势动荡。美国将朝鲜实现无核化列为最优先的目标，并且愿意采取任何有助于朝鲜实现无核化的强硬政策。

---

① 王晓琳：《中美在军控、裁军与不扩散领域的合作：成就与经验教训》，提交第三届中美军控、裁军和不扩散研讨会的发言，2000 年 9 月 13—15 日。

第二，中美在应对朝鲜核扩散问题上的路径也存在显著区别。[①] 中国强调，防扩散问题"必须标本兼治，综合治理"。[②] 因此，中国敦促美国调整对朝政策，通过政治和外交而非施压、对抗的方式解决朝核危机；主张美朝双边对话或者谈判改善政治关系，消除朝鲜进行核扩散的根源，进而解决朝核问题。美国更愿意"就核论核"，直接讨论核扩散问题，并强调对话、谈判、制裁、威胁使用武力、军事打击均为政策选项。美国认为，如果解决不了核扩散问题，政治关系的缓和无从谈起，因而要求中国施压朝鲜，迫其弃核。中国认为核扩散问题首先是政治问题，对于解决朝核问题至关重要，只有达成了政治解决的框架，核扩散问题才可能顺利解决。美国则认为只有解决了核扩散问题，才可能讨论政治解决框架。中美在防扩散问题上的根本逻辑思路分歧阻碍了两国的深度合作：中国批评美国秉持僵硬而强硬的对朝政策，美国则批评中国"袒护"朝鲜，不愿对朝鲜施加足够的压力，并且在执行安理会制裁决议时半心半意。

第三，对于朝核问题与东亚冷战状态的关系，中美两国的认知区别明显。美国将朝核问题定义为狭隘的"扩散问题"，并不认为朝鲜"求核"的冲动与朝鲜半岛的"准冷战"状态密切相关。中国则认为朝核问题是冷战遗产的溢出效应，朝核问题不是简单的"朝鲜的核问题"，而是"朝鲜半岛的问题"，[③] 朝核问题应该放在地区安全框架下处理。冷战已经结束二十余年，但东亚的冷战状态并无根本性改变，朝核问题与其说首先是一个核扩散问题，不如说首先是一个地区安全问题。如果将朝核问题定义为简单的核扩散问题，那么旨在解决朝核问题的六方会谈很容易被朝鲜理解为五国施压朝鲜弃核的平台，而不会解决朝鲜的合理安全关切。如果将朝核问题定义为地区安全问题，那么有关朝核问题的对话或

---

① 防扩散问题在中美外交议程中重要性的区别、对防扩散问题认知的差别和应对防扩散问题的政策偏好不同，可参见樊吉社《中国、美国与防扩散：重建共识、增进合作》，转引自黎弘、刘易斯·邓恩、拉尔夫·科萨主编《构建长期稳定、合作的中美战略关系》，世界知识出版社2013年版，第305—307页。

② 中华人民共和国国务院新闻办公室：《中国的军控、裁军与防扩散努力》2005年9月。

③ 另见朱锋《六方会谈："朝核问题"还是"朝鲜问题"？》，《国际政治研究》2005年第3期。

者谈判应该处理更大的问题，诸如朝鲜认定的所谓"外部安全威胁"、朝鲜所期待的美朝关系改善、朝鲜半岛和平机制的构建问题等。过去二十余年的两次朝核危机中，当朝鲜的合理关切得到重视，危机能够得到缓解甚至解决，如 1994 年签署的《美朝框架协议》；反之，即使朝核危机能得到管控，六方会谈能够达成阶段性成果，却不可能彻底解决朝鲜核扩散问题，如 2003 年以来的六方会谈。中美在朝核问题上存在分歧的实质是，两国对朝鲜半岛乃至东北亚未来的地区安全机制存在不同的设想，两国对于彼此在此种地区安全机制中的作用认识有别。从这个意义上讲，中美在朝核问题上的分歧其实是中美关系基本状态的反映，即彼此欠缺战略互信，仍存相互防范之意。

第四，美国应对朝核问题的政策没有尊重或照顾中国的利益。六十多年前，中国派遣志愿军参加朝鲜战争，自此以后中朝维持了较好的双边关系。中国在朝鲜半岛拥有地缘政治利益、安全利益和经济利益，而朝鲜半岛的任何不稳定状态均可能损害这些利益。朝核问题任何形式的最终解决方案均不应无视中国的这些利益，或者至少要保证中国的相关利益。因此，中美寻求一个应对朝核问题的平衡方案，兼顾中美各自的利益关切，而不是不切实际地期待中国毫无保留地满足无论美国还是朝鲜的要求。

第三节　朝核问题与中美战略共识

过去十余年中，两国在朝核问题上的政策均未能取得成效，关键原因是中美无法就解决朝核问题的根本框架达成共识，即对朝政策是推动政权更迭还是推动政权转型？奥巴马总统第一任期最初的对朝政策被称为"战略忍耐"政策，现在则更像"后果管理"政策，即为朝鲜拥核不可逆转做好准备。[①] 积极推动朝鲜政权更迭未必是当前美国对朝政策的核心目标，但奥巴马政府的政策似乎是等待朝鲜崩溃。如果美国对朝政策

---

① "后果管理"政策包含三项内容：一是通过制裁和施压迟滞朝鲜核能力和导弹能力的发展；二是通过与韩国和日本的合作，以及美国在东北亚军事力量的调整，防范朝鲜挑衅；三是通过与其他国家合作遏阻朝鲜可能的核与导弹扩散。

是为了主动地推动朝鲜政权更迭或者被动地等待朝鲜崩溃，朝鲜不可能主动弃核。朝鲜政权更迭或者政权崩溃也许能够解决朝核问题，但其溢出效应将深度损害东北亚各国的安全利益，中国不可能支持美国的此种政策。中国在过去十多年中致力于推动朝鲜通过改革和开放缓解外部安全环境带来的压力，进而降低寻求核能力的需求和意愿，最终实现朝鲜半岛无核化。中国这种对朝政策如果没有美国的支持，同样很难取得成功。

那么，在中美两国致力于构建新型大国关系或者新型合作关系的大背景下，两国能否重建在朝核问题上的合作？中美能否在朝核问题上达成战略共识对于回答这个问题至关重要。中美不可能在涉及朝核问题的所有细节上达成共识，但两国非常必要在如下三个核心问题上达成战略共识：第一，无论朝核问题当前僵局持续，还是朝鲜继续增强其核与导弹能力，这都不符合中美两国安全利益；第二，中美两国在朝核问题上的利益与核心关切不同、应对朝核问题的政策偏好不同，但两国能够求同化异，中美增进合作与协调有助于新型大国关系的构建；第三，两国应该在朝核问题恶化之前合作管控朝核危机，通过这种合作就朝核问题的最终解决模式和最终解决方案达成基本共识。两国过去的对朝政策未能取得成效，中美有必要尝试新的政策思路。新的政策思路至少应该包括：共同改善朝鲜的外部安全环境，支持朝鲜的"软着陆"。

第一，中美均应该从过去的防扩散案例中吸取经验和教训。冷战结束以后，在防扩散问题上已经出现了多个或成功或失败的案例。苏联解体之后，白俄罗斯、乌克兰和哈萨克斯坦继承了苏联的核武器，但这三国随后同意放弃核国家地位，将各自拥有的核武器转运到俄罗斯，并签署《不扩散核武器条约》。三国选择放弃核武器的原因各有不同，但其共性在于，这些国家认识到保留苏联的核武器并不符合它们的国家利益，无助于其安全环境的改善；美国和俄罗斯的外交努力以及经济援助也在推动三国弃核的过程中起到了重要的作用。南非秘密发展了核武器能力，但最后决定放弃核武器。南非能够自愿弃核则部分是因为其内外安全环境的改善，部分是因为南非期待融入国际社会。利比亚虽然并不像三个苏联加盟共和国或者南非那样实际拥有了核武器能力，但利比亚过去曾致力于获取大规模杀伤性武器能力。经过美、英与利比亚的秘密谈判，卡扎菲选择放弃其大规模杀伤性武器项目，融入国际社会。前述五国是防扩散取得重大成就的案例，印度和巴基斯坦则属于防扩散努力失败的案例。1998年印、巴相继进行数次核试验，并因此受到国际社会的严厉制裁，但这些制裁并没有能够迫使印、巴放弃核武器。印、巴成了虽然不被国际社会承认，但事实上拥有核武器的国家。

上述这些案例中，战争可以解决核扩散问题，缓解涉嫌扩散国家的外部安全环境压力同样能够解决核扩散问题，制裁和孤立的效用则非常有限。具体到朝核问题，战争显然是一个不可能的选项。六十年前朝鲜半岛那场血腥冲突的记忆犹在，没有哪个国家支持通过军事手段解决朝鲜的核扩散问题。同样，朝鲜被美国及其盟国、安理会制裁多年，也被孤立于国际社会之外多年，但这未能迫使朝鲜放弃核选择。各国尤其是美国应从过去或成功或失败的防扩散案例中吸取经验和教训，并反思应对朝鲜核扩散的政策选项。

对朝鲜而言，它也许同样能从过去的防扩散案例中吸取经验和教训。朝鲜已经进行了六次核试验、进行了数次卫星发射，但它却日益孤立于国际社会之外。2013年3月底，朝鲜宣布采取经济发展和增强核力量的"并举"战略，[①]似乎将工作重心从"先军"政治转向经济与军事并重，甚至以经济发展为主。但是，如果朝鲜的外部安全环境无法改善，朝鲜很难将工作重心转移到经济建设上来，朝鲜更不可能同步追求经济发展和军事力量建设两个重要目标。如果朝鲜不愿回到谈判桌，并继续其核项目甚至进行采取挑衅行动，朝鲜面临的外部压力将进一步增强。不仅如此，如果朝鲜半岛再次出现类似天安舰事件或者延坪岛炮击的危机，韩国将很难继续保持克制。就此而言，朝鲜延续当前的政策并不符合其国民利益和国家利益。因此，各国有必要调整各自在朝核问题上的政策。

第二，美国应该重新审视其对朝政策。朝核危机历经二十余年，检视美国对朝政策的发展演变，可以发现美国曾经在防范朝鲜核扩散问题上采取过非常成功的政策。第一次朝核危机期间，美国平衡运用"胡萝卜"和"大棒"政策，在处理朝鲜核扩散问题的时候考虑了朝鲜合理的

---

① "DPRK Unveils Twin Goals of Economic Construction, Nuclear Capability," XinhuaNet, March 31, 2013, http://news.xinhuanet.com/english/world/2013-03/31/c_132274938.htm.

安全关切和政治诉求，因而两国能够达成《美朝框架协议》，将朝鲜位于
宁边的核设施冻结。如果当时美国在改善美朝关系方面采取了更为积极
的政策，也许就不会出现第二次朝核危机。同样，在第二次朝核危机期
间，由于小布什总统在第一任期采取了非常强硬的外交姿态，朝鲜因此
不再接受《美朝框架协议》的约束，重启宁边的五兆瓦反应堆，对该反
应堆卸出的乏燃料棒进行后处理，累积了制造核武器的钚材料，并在
2006 年 10 月进行了首次核试验。小布什总统在其第二任期微调了美国对
朝政策，朝核问题朝着解决的方向迈进了几步，但却没能阻止朝核问题
的反复。《美朝框架协议》之所以部分成功地限制了朝鲜进一步横向甚至
纵向扩散其核能力，关键在于该协议包含了缓和美朝关系的内容。① 过去
十余年中美国对朝政策之所以失败，关键在于美国不愿意满足朝鲜的安
全和政治需求。朝鲜一再将其发展核武器归因于美国对朝的"敌对政
策"，但一直并没有对"敌对政策"做出界定。2012 年 8 月 31 日，朝鲜
外交部发布的备忘录长文诠释了美国"敌对政策"的内涵。这个备忘录
毫不隐讳地称美国"拒绝承认朝鲜是一个主权国家，不愿意在国际社会
中与朝鲜共处"，这就是美国对朝鲜的"敌对政策"。② 未来无论美国对
朝政策出现何种变化，如果无法解决朝鲜的此种关切，很难说服朝鲜主
动、彻底地弃核。

　　第三，中美双方的学者或者官员有必要对朝核问题进行联合评估，
评估朝核问题对双边关系的影响。这种联合评估应该着眼于探寻过去
二十余年中两国朝核问题上的政策成败得失，以及其中蕴含的经验与教
训，并且对如下与朝核密切相关的问题做出回答：朝核问题仅仅是一个
扩散问题，还是一个地区安全问题？朝核问题是一个朝鲜无核化的问题，
还是一个朝鲜半岛无核化的问题？应对朝鲜核扩散时，是否应该考虑朝
鲜的合理关切？美国对朝鲜挑战的政策回应是否损害了中国的安全利益？
中美能否接受一个有核武器的朝鲜？中美是否能够接受朝核成为双方相

---

① "Agreed Framework Between the United States of American and the Democratic People's Repub-lic of Korea," *Arms Control Today*, December 1994.

② "DPRK Terms U. S. Hostile Policy Main Obstacle in Resolving Nuclear Issue," *KCNA*, August 31, 2012, http://www.kcna.co.jp/item/2012/201208/news31/20120831 - 21ee.html.

互指责的根源之一？中美是否应该推动朝鲜转型，进而消除朝鲜拥核的根本动因？这种评估的归宿应该是讨论中美双方在朝核问题上的利益或者核心关切，并探讨中美能否相互照顾各自关切，进而增进在朝核问题上的合作与协调。

第四，如果中美能够在上述问题上达成基本共识，中美非常有必要为朝鲜的经济发展创造条件。① 从过去十余年中朝鲜国内的政策行为来看，朝鲜希望在经济发展和对外开放方面有一些新的举措。例如，2002年，朝鲜成立了新义州特别行政区，这被视为朝鲜进行经济改革的尝试之一；2004年，板门店附近的开城工业园区开始运作；2009年，朝鲜推行货币改革；从2010年起，金正日在去世之前曾经数次访问中国，足迹遍及中国南北，考察多种产业；过去几年，中朝还达成协议共同开发和管理罗先经济贸易区和黄金坪、威化岛经济区。近年来朝鲜的高层人事安排以及国内考察活动也体现了发展经济的热望。

对朝鲜而言，能否采取改革和开放的政策将受到两个至关重要因素的影响：如何将朝鲜的工作重心和资源配置从"先军政治"转向发展经济、如何在改革和开放的过程中维持国内政治稳定。美朝的敌对状态和朝鲜半岛的停战状态如果不是朝鲜发展核武器的唯一原因，也是至关重要的驱动因素。如果美朝政治关系无法改善，朝鲜很难为政府工作重心的转移找到适当的理由，朝鲜也很难将资源分配重心从军队转到经济发展。如果美国能够在解决核问题的过程中给朝鲜提供改善双边关系，乃至最后建立外交关系的希望，朝鲜实现政权转型的希望将大大增加。美朝之所以能够通过谈判解决第一次朝核危机、朝鲜之所以能够较为认真地执行《美朝框架协议》，② 该协议的政治内容显然是最重要的影响因素。同样，中国自从20世纪70年代开始改革开放，其间经历了"摸着石头过河"的多个阶段，积累了丰富的经验，在发展经济的同时维持了国内

---

① 本节个别观点在《中国、美国与防扩散：重建共识、增进合作》一文中有过概略分析，本文根据形势发展更新并细化了相关的分析。详见樊吉社《中国、美国与防扩散：重建共识、增进合作》，转引自黎弘、刘易斯·邓恩、拉尔夫·科萨主编《构建长期稳定、合作的中美战略关系》，第310—311页。

② 有关该协议的执行情况，详见樊吉社《美朝框架协议评析：兼论美对朝鲜的不扩散政策》，《国际政治研究》2003年第3期。

的政治稳定，中国显然能够为朝鲜改革开放过程中可能出现的国内政治稳定问题提供良好的建议。

第五，中国支持任何有助于彻底解决朝核问题的谈判形式，并支持相关各国在谈判解决朝核问题的过程中讨论如何彻底终结东北亚的冷战遗产，谈判一个和平条约来取代停战协定。迄今相关各国已经尝试过双边会谈、秘密磋商、三方会谈、四方会谈和六方会谈来解决朝核问题。双边会谈与多边会谈并非相互排斥的关系，如果协调得当，反而可以相辅相成，相互促进。当然，既往的朝核问题谈判史表明，双边会谈达成的谅解、共识或者协议可能因为各自的解读而难以执行，多边会谈则可能因为参与者众、议题分散而稀释核心议题，并难以达成共识。因此，未来美朝可以双边谈判核心问题，但达成的协议应该通过六方会谈这个平台获得最终确认。与此同时，任何有关东北亚地区安全安排的会谈必须包括中国、美国和朝韩双方。其他国家可以介入这个进程，并为东北亚地区安全安排的形成做出贡献。中、美、朝、韩四方可以尝试激活20世纪90年代曾经进行过的四方会谈，六方会谈则可以为四方会谈达成的共识、声明、协议或者条约提供支持，使之持久有效。

第六，如果中美协同相关国家尝试了各种方法帮助朝鲜进行经济改革，而朝鲜一意孤行采取挑衅行动，中美亦有必要协调应对立场。无论是通过联合国安理会以多边形式还是以单边形式应对朝鲜挑衅，中美之间的充分协商和协调至关重要，要避免中美在朝核问题上的分歧被朝鲜利用，并导致朝核问题上的矛盾转化为中美之间的纷争。如果朝鲜拥核难以逆转，中美很有必要深化在"打击核恐怖主义全球倡议"（Global Initiative to Combat Nuclear Terrorism）框架下的合作，并就东北亚可能出现的局势动荡进行对话和交流。

第 三 章

朝核僵局的根源与影响[*]

朝鲜半岛的任何重大事态都具有深远的地缘政治影响。1894—1895年，因日本侵略当时清政府属国朝鲜，清政府在甲午战争中战败，与日本签署丧权辱国的《马关条约》，日本实现对朝鲜的控制，台湾岛及其所有附属岛屿被割让给日本，日本走上了扩张道路。1904—1905 年，日俄为争夺中国辽东半岛和朝鲜半岛控制权，打了一场被认为改变远东历史的战争。1950 年，朝鲜战争爆发，冷战格局在东亚正式成型。

柏林墙倒塌和苏联解体之后，冷战状态在欧洲已告终结，但冷战格局在朝鲜半岛迄今没有消解。冷战结束后的二十余年中，因为朝鲜涉嫌研发核武器引发的朝核危机历经双边谈判、四方会谈、三方会谈和六方会谈，仍处于"进行时"。2006 年 10 月至 2016 年 1 月，朝鲜已经进行了四次核试验、数次卫星发射、导弹试验，朝鲜核、导能力有了长足发展。朝核危机能否解决或者如何解决，极有可能重塑东北亚地缘安全格局，长远影响与朝核相关的各国之间的关系。第四次核试验之后，朝鲜核能力及其发展趋势如何？朝鲜是否仍有弃核意愿？美国如何应对朝核危机？朝核问题将有何种长远影响？这些问题值得重新评估。

第一节 朝鲜的核能力：现状与趋势

朝鲜核武器研发可以追溯到冷战时期，其主要核设施均位于宁边，

　＊ 此文原题为《朝核问题重估：僵局的根源与影响》，原刊于《外交评论》2016 年第 4 期。感谢《外交评论》授权，收入本书时作者对原文做了适当调整。

包括 5MW 核反应堆、核燃料组件制造厂、乏燃料贮存场、后处理厂等附属设施、一座研究堆、一座在建的轻水反应堆等。朝鲜曾经在宁边建设一座 50MW、在泰川建设一座 200MW 的核电反应堆，1994 年《美朝框架协议》签署后，朝鲜中止建设这两座核电反应堆；5MW 核反应堆及其附属设施也因该协议冻结运行。

《美朝框架协议》包含为朝鲜建设总装机容量为 2000MW 轻水反应堆的条款，但因为各方在轻水反应堆问题上的分歧较大，建设两座 1000MW 轻水反应堆的工作推进异常缓慢，直到协议废止仍未建成；[1] 50MW 核电反应堆因为停工太久而最终被拆除；[2] 200MW 核电反应堆自从 1994 年停工之后再没有进行建设；[3] 位于宁边的研究反应堆偶尔运行，主要用于生产同位素。2009 年 4 月，朝鲜宣布建设一座新的轻水反应堆并自己制造核反应堆的燃料，包括进行铀浓缩；2010 年 11 月，朝鲜向斯坦福大学教授、美国洛斯阿拉莫斯国家实验室前主任海克（Siegfried S. Hecker）展示了在建的 25—30MW 轻水反应堆和铀浓缩厂，该反应堆原定 2012 年完工，但现在仍在建设之中。[4] 朝鲜当前最主要的核设施是宁边的 5MW 反应堆及其附属设施。该反应堆于 1980 年代建设、1986 年开始运行，随后于 1994 年冻结，停止运行。1994—2003 年，朝鲜的 5MW 反应堆处于冻结状态；2003 年 2 月，朝鲜宣布重启该反应堆的运行；根据六方会谈达成的共识，该反应堆于 2007 年 7 月停止运行，其冷却塔在朝鲜核设施"去功能化"的过程中于 2008 年 6 月被摧毁；2013 年 4 月，朝鲜宣布重启该反应堆，随后该反应堆进入运

---

① 参见樊吉社《美朝框架协议评析——兼论美对朝鲜的不扩散政策》，《国际政治研究》2003 年第 3 期。

② Siegfried S. Hecker, "A Return Trip to North Korea's Yongbyon Nuclear Complex," *NAPSNet Special Reports*, November 22, 2010, http：//nautilus. org/napsnet/napsnetspecialreports/areturntrip-tonorthkoreasyongbyonnuclearcomplex/.

③ Mary Beth Nikitin, "North Korea's Nuclear Weapons： Technical Issues," *CRS Report RL34256*, April 3, 2013, p. 6.

④ David Albright and Serena Kelleher-Vergantini, "Update on North Korea's Reactors, Enrichment Plant, and Possible Isotope Separation Facility," February 1, 2016, http：//isis-online. org/uploads/isis-reports/documents/Yongbyon_January_2016_Update_Final. pdf.

行状态。①

朝鲜以前主要通过对5MW反应堆的乏燃料棒进行后处理获得制造核武器的钚材料，现在则有可能通过已经在宁边建造并扩大规模的铀浓缩厂获得制造核武器的高浓缩铀。由于朝鲜核设施并没有国际原子能机构工作人员的保障监督，朝鲜申报的核材料数量可信性存疑，② 朝鲜进行了数次核试验但无从了解朝鲜在试爆的核装置中究竟使用了多少核材料，朝鲜铀浓缩能力更难以准确探测，外界很难对朝鲜核材料的生产进行精确评估。目前，美国的专家学者主要通过跟踪、解读商业卫星图片、对朝鲜核设施的有限访问、与朝鲜官员和核设施工作人员的有限交流了解朝鲜核设施的运行情况，并对其核材料生产状况进行科学推测。③ 国际原子能机构也长期关注和分析朝鲜的核活动。④ 美国和韩国政府还可能通过技术手段和人力情报以及与朝鲜谈判期间对宁边的访问、朝鲜提交的申报材料等渠道了解朝鲜核材料生产状况。⑤ 美国国会在《2012财年国防授权法》中要求国防部长提交有关朝鲜当前和未来军事力量的报告，该

---

① David Albright and Serena Kelleher-Vergantini, "Increased Activity at the Yongbyon Nuclear Site," December 5, 2013, http://isis-online.org/isis-reports/detail/increased-activity-at-the-yong-byon-nuclear-site/10.

② "North Korea Details Size of Plutonium Stockpile," Nuclear Threat Initiative, June 2, 2008, https://www.nti.org/gsn/article/north-korea-details-size-of-plutonium-stockpile/.

③ 美国科学与国际安全研究所（Institute for Science and International Security）和约翰斯·霍普金斯大学保罗·尼采高级国际研究院（SAIS）美韩研究所（U.S.-Korea Institute）运营的网站（http://www.38north.org）长期跟踪并解读朝鲜核设施运行情况，详细报告参见如下网页：http://isis-online.org/countries/category/korean-peninsula/和 http://38north.org/category/sat-analysis/。另外，斯坦福大学教授、美国前洛斯阿拉莫斯国家实验室主任海克曾经数次访问宁边核设施，朝鲜也试图通过他对外释放核项目进展的可信信息，海克教授的相关文章参见 https://profiles.stanford.edu/siegfried-hecker?tab=publications。

④ 参见国际原子能机构相关网页：https://www.iaea.org/newscenter/focus/dprk。

⑤ 根据六方会谈第五轮第三阶段会议达成的协议，"在起步行动阶段和下一阶段期间，朝对其所有核计划进行全面申报"。根据六方会谈第二阶段会议达成的协议，"朝方同意根据'2·13共同文件'于2007年12月31日前对其全部核计划进行完整、准确的申报"。朝鲜延至2008年5月8日才向美国提供了18000页的文件，这些文件主要涉及1986年以来朝鲜5MW反应堆及乏燃料后处理厂的运行记录。根据反应堆的运行日志，可以非常精确地估算有多少钚产生，朝鲜提取这些钚的过程可能会有一些误差范围内的损耗。因此，美国对此前朝鲜生产钚的情况较为清楚，但此后朝鲜生产了多少钚和铀难以估测。参见《落实共同声明起步行动》，中华人民共和国外交部网页，2007年2月13日。《落实共同声明第二阶段行动》，中华人民共和国外交部网页，2007年10月3日。

报告的公开版本中涉及朝鲜核能力的信息比较有限。① 根据美国科学与国际安全研究所所长戴维·奥尔布赖特的估计，截至 2014 年年底，朝鲜可能已经生产出足以制造 10—16 枚核武器的钚和武器级铀。② 2016 年 5 月的商业卫星图片表明，朝鲜可能正在准备或者已经开始对 5MW 反应堆的乏燃料棒进行后处理，以获得更多的钚材料。朝鲜每年最多能够分离 6 公斤钚材料。③ 除了不断增加核材料库存，朝鲜迄今（2016 年 1 月）已经进行四次核试验，朝鲜掌握爆炸核装置的能力已经不存在任何疑问，它甚至宣称第四次核试验是氢弹试验。

评估朝鲜核能力发展状况，应包括朝鲜钚材料和高浓缩铀的库存及其增量、朝鲜进行核试验的能力、朝鲜核弹头小型化的能力、朝鲜运载工具能力等各个方面。如前所述，由于各种原因，朝鲜目前到底拥有多少核材料难以准确判断，但这并不能影响如下判断：如果当前僵局持续，朝鲜有潜力进一步扩大核材料库存。朝鲜已经通过四次核试验对外展示了爆炸核装置的能力。朝鲜是否有能力对核弹头进行小型化以搭载到现有的运载工具上，这是一个极具争议的话题。④ 2015 年 1 月，韩国国防部官员称，朝鲜经过三次核试验后已经取得了核武器小型化的重大技术进步，但尚无情报表明朝鲜已经成功实现了核武器小型化。⑤ 2016 年 3 月，金正恩视察某军工厂的新闻图片展示了朝鲜核武器小型化的进展。新闻报道称，朝鲜通过核弹头小型化，已经将核弹头标准化以搭载到弹道导

---

① 截至 2016 年 1 月，美国国防部已经发布了三份朝鲜军事能力的报告，最新的报告为：Office of the Secretary of Defense, "Military and Security Developments Involving the Democratic People's Republic of Korea 2015," January 5, 2016。

② David Albright, "Future Directions in the DPRK's Nuclear Weapons Program: Three Scenarios for 2020," *ISIS Report*, February 26, 2015, http://www.isisonline.org/uploads/isis-reports/documents/North_Korea_Nuclear_Futures_26Feb2015 – Master-ISIS_Final.pdf.

③ Joseph S. Bermudez Jr. , "New Evidence of Probable Plutonium Production at the Yongbyon Nuclear Facility," May 31, 2016, http://38north.org/2016/05/yongbyon053116/.

④ Jeffrey Lewis, "North Korea's Nuclear Weapons: The Great Miniaturization Debate," February 5, 2015, http://38north.org/2015/02/jlewis020515/.

⑤ "N. Korea 'Making Progress Toward Nuclear Warheads'," *The Chosunilbo*, Jan. 07, 2015, http://english.chosun.com/site/data/html_dir/2015/01/07/2015010701129.html.

弹上，这是朝鲜真正的"核遏制力"。① 朝鲜当前已经拥有较为成熟的打击地区目标的能力，这包括朝鲜拥有的劳动中程弹道导弹、大量的飞毛腿导弹、KN-02短程导弹、伊尔-28轰炸机等；紧急状态下，朝鲜也可能部署数量有限的远程大埔洞导弹。2009年迄今，朝鲜还致力于发展新型的、射程更远的陆基机动导弹，发展海基短程对地攻击导弹以增强生存能力，发展更大的空间运载火箭，发展固体燃料火箭技术等。②

概言之，虽然朝鲜核材料数量、弹头小型化均存在不确定性，但朝鲜目前已经拥有了较为可信的"核遏制力"。如果朝核问题当前的僵局延续，朝鲜将继续进行核武器研发，并有望取得更大进展，建立一定规模的核武库。根据美国朝核问题专家的评估，未来五年朝鲜核能力有低中高三种发展趋势：低限是朝鲜将核武器当量维持在1万吨左右，有能力将核弹头搭载到劳动和大埔洞导弹上，朝鲜的核武器将增加到20枚左右；中限是朝鲜将核武器当量发展到1万—2万吨，有能力将核弹头搭载到各种运载工具上，朝鲜的核武器将增加到50枚左右；高限是朝鲜将核武器当量增加到2万吨以上，有能力将核弹头搭载到短程、中程和远程导弹上，朝鲜的核武器将增加到100枚左右。③

以上三种发展趋势的判断基于朝鲜核能力研发的历史和现状，当然，朝鲜核能力的未来发展还受制于如下因素：朝鲜进行第四次核试验后面临联合国安理会第2270号决议的严厉制裁；④ 朝鲜5MW反应堆能否正常运行，以保证朝鲜能够稳定获得钚材料；朝鲜运载工具能否克服关键的

---

① "Guidance to Development of Nuclear Arsenal," http：//www. naenara. com. kp/en/news/news_view. php? 22+2899.

② John Schilling and Henry Kan, "The Future of North Korean Nuclear Delivery Systems," April 2015, http：//38north. org/wp-content/uploads/2015/09/NKNF_Delivery-Systems. pdf.

③ David Albright, "Future Directions in the DPRK's Nuclear Weapons Program：Three Scenarios for 2020," *ISIS Report*, February 26, 2015, http：//www. isisonline. org/uploads/isis-reports/documents/North_Korea_Nuclear_Futures_26Feb2015 - Master-ISIS_Final. pdf; Joel S. Wit and Sun Young Ahn, "North Korea's Nuclear Futures：Technology and Strategy," February 2015, http：//38north. org/wp-content/uploads/2015/09/NKNF_NK-Nuclear-Futures. pdf.

④ "United Nations Security Council Resolution 2270 （2016）," March 2, 2016, http：//www. un. org/en/ga/search/view_doc. asp? symbol = S/RES/2270 （2016）.

技术障碍;① 各国有关朝核问题的外交斡旋能否取得进展等。朝鲜核能力发展的历史表明,各国在很大程度上低估了朝鲜的技术能力。未来朝鲜核武器能力未必如预测的那么强,但朝鲜已经清楚地展示了核武器研发的技术进步和成就,假以时日,朝鲜完全有可能发展出可信的核威慑能力。因此,朝鲜的核武研发已经超越了是"有"还是"无"的关键问题,进入了核武"多"还是"少"的阶段,这显然是讨论朝核问题最具有实质意义的出发点。

第二节 朝鲜核武研发:从谈判筹码到威慑手段

朝鲜是否具有弃核的意愿?这是讨论朝核危机能否解决以及如何解决的关键,舍此则围绕朝核问题展开的外交斡旋和谈判将失去意义。如何评估朝鲜是否具有弃核的意愿?对此,需要全面检视朝核谈判的历程、朝鲜核能力的发展历程、朝鲜在核问题上的外交表态、既往防扩散案例给朝鲜提供的经验或者教训。

第一,朝核谈判的二十余年是朝鲜弃核意愿不断弱化的过程。为防范朝鲜获得核武器的外交谈判迄今大致经历了三个阶段。第一阶段始于1993年3月朝鲜宣布退出《不扩散核武器条约》,美朝通过谈判达成《美朝框架协议》冻结朝鲜核设施,该协议存续到2002年10月美国助理国务卿凯利访问朝鲜。第二阶段始于2002年10月助理国务卿凯利访朝质疑朝鲜从事铀浓缩活动,朝鲜于2003年1月再次宣布退出《不扩散核武器条约》,中、美、朝、韩、日、俄六国参与的六方会谈于2003年8月启动,到2009年4月朝鲜宣布退出会谈。第三阶段始于2009年4月之后,迄今为止,各国致力于推动六方会谈复谈,其间六方中的各国有过一些与朝核密切相关的外交互动,但无正式多边谈判。

在朝核谈判的第一阶段,美国和朝鲜是谈判主角,中国间接推动谈判达成协议,另有13个国家组成的朝鲜半岛能源开发组织(The Korean Peninsula Energy Development Organization,简称 KEDO)参与了《美朝框

---

① John Schilling, "North Korea: Four times unlucky, or just foolish?" June 5, 2016, http://www.cnn.com/2016/06/05/opinions/opinion-north-korea-musudan-missiles.

架协议》涉及轻水反应堆建设条款的落实工作。① 《美朝框架协议》的达成和履行是这一阶段的核心成果。根据协议，美国承诺不对朝鲜使用或者威胁使用核武器，双方将提升政治和经济关系以最终实现全面正常化；美国推动组建国际财团，为朝鲜建设轻水反应堆并在轻水反应堆建成之前每年向朝鲜提供 50 万吨重油。朝鲜则冻结并最终拆除核设施，接受国际原子能机构核查，不再退出《不扩散核武器条约》。② 《美朝框架协议》存续期间，朝鲜冻结了已经运行多年的 5MW 反应堆，停建另外两座反应堆，封存了核设施。虽然 2010 年朝鲜对外披露了铀浓缩设施，但由于《美朝框架协议》所涉及的核项目主要是当时位于宁边的 5MW 核反应堆，并没有具体提到铀浓缩的问题，因此，从文本意义上朝鲜并没有违背该协议。③ 由于《美朝框架协议》存在漏洞，朝鲜是否违背协议更多是一个"公说公有理，婆说婆有理"的问题。④ 不仅如此，朝鲜也基本上遵守了美朝会谈期间暂停任何远程导弹试验的承诺。朝鲜认真履行了协议所规定的义务，显然希望通过执行协议，换取美朝提升政治和经济关系，以最终实现全面正常化。因此，第一次朝核危机期间，朝鲜的核项目更多可以视为是朝鲜的谈判筹码。

朝核谈判的第二阶段，六方会谈曾经在 2005 年达成"9·19 共同声明"，但美国财政部却在声明达成前夕宣布对澳门汇业银行进行制裁，冻结朝鲜在该行的 2500 万美元资产。美国在"9·19 共同声明"中有关对朝鲜提供轻水反应堆的问题上态度强硬，要求朝鲜先放弃核武器、重返《不扩散核武器条约》，才可与朝鲜展开轻水反应堆等合作。2006 年 10 月，朝鲜进行第一次核试验，朝核问题开始出现"质"的改变。此后，虽然六方会谈曾经陆续达成了《落实共同声明起步行动》

---

① "The Korean Peninsula Energy Development Organization (KEDO)," https://www.nti.org/learn/treaties-and-regimes/korean-peninsula-energy-development-organization-kedo.

② "Agreed Framework between the United States of America and the Democratic People's Republic of Korea," Geneva, October 21, 1994, http://www.armscontrol.org/documents/af.

③ Robert Carlin and John W. Lewis, "Negotiating with North Korea: 1992 – 2007," Center for International Security and Cooperation, Freeman Spogli Institute for International Studies, Stanford University, January 2008, p. 10.

④ Selig S. Harrison, "Did North Korea Cheat?" *Foreign Affairs*, Jan/Feb 2005, Vol. 84, Issue 1, pp. 99 – 110.

（"2·13 共同文件"）① 和《落实共同声明第二阶段行动》（"10·3 共同文件"）②，朝鲜也于 2008 年 6 月炸毁了冷却塔，启动核反应堆"去功能化"，但小布什总统任期临近结束，美朝各方履行文件义务的节奏缓慢，③朝核谈判所取得的进展都具有很大的可逆转风险，美朝所做出的实质性退让都比较有限，双方均持有较强的防范心态，朝鲜弃核的可能性逐渐减小。

朝核谈判的第三阶段实际上仅有有限的双边谈判尝试，并没能恢复六方会谈，没有实质上讨论朝鲜能否弃核或者如何弃核的问题，其间朝鲜核能力得到显著提升。2009 年 1 月，奥巴马在就职演说中对那些与美国敌对的国家释放信息："如果你们愿意松开攥紧的拳头，我们愿意伸出手。"④ 2009 年 4 月 5 日，朝鲜发射"光明星 2 号"，后遭到联合国安理会谴责，朝鲜宣布退出六方会谈，不再受六方会谈达成的任何协议的约束，对 8000 根乏燃料棒进行后处理，驱逐国际原子能机构驻在宁边的工作人员。2009 年 5 月 25 日，朝鲜进行第二次核试验，联合国安理会则在 6 月 12 日通过对朝制裁的决议，朝鲜则宣布对新获得的分离钚进行武器化、发展铀浓缩能力，以回击联合国安理会的制裁决议。如果朝鲜仍然有弃核意愿，面对一个刚刚就任并释放缓和信息的美国总统，朝鲜进行新的卫星发射或者核试验显然不利于其外部环境改善，更难通过在核问题上妥协谋求美国调整对朝政策。2011 年年底，美朝再度进行接触，经过几轮谈判于 2012 年 2 月 29 日达成了"闰日协议"，但这个协议在朝鲜进行"光明星 3 号"卫星发射之后宣告终结。2012 年 12 月，朝鲜再度发射"光明星 3 号"，联合国安理会通过第 2087 号决议制裁朝鲜，朝鲜国防委员会宣布六方会谈和"9·19 共同声明"将不复存在，不再讨论朝鲜

---

① 根据《落实共同声明起步行动》（"2·13 共同文件"），朝鲜做出了关于弃核的重要承诺，美国承诺启动不再将朝列为支恐国家的程序，并将推动终止对朝适用《敌国贸易法》的进程，各方还成立了五个工作组处理朝鲜半岛无核化、朝美关系正常化、朝日关系正常化、经济与能源合作、东北亚和平与安全机制等问题。参见《落实共同声明起步行动》，中华人民共和国外交部网站，2007 年 2 月 14 日。

② 《落实共同声明第二阶段行动》，中华人民共和国外交部网站，2007 年 10 月 3 日。

③ 戴秉国：《战略对话：戴秉国回忆录》，人民出版社 2016 年版，第 238—239 页。

④ "President Barack Obama's Inaugural Address," January 21, 2009, https：//obamawhitehouse. archives. gov/blog/2009/01/21/president-barack-obamas-inaugural-address.

半岛无核，并将继续发射各种卫星和远程导弹、进行高水平核试验。
2013年2月，朝鲜进行第三次核试验，联合国安理会通过第2094号决议
制裁朝鲜，朝鲜则随后宣布重启5MW反应堆的运行。2016年1月6日，
朝鲜宣布成功进行了氢弹试验；2月7日，朝鲜发射"光明星4号"。迄
今，朝鲜已经进行了四次核试验，多次卫星发射和导弹试验，但六方会
谈始终未能重启，朝鲜弃核意愿不断弱化。

朝核谈判的历程是美朝双方通过和平、外交手段解决朝核问题的
意愿不断下降的过程。在第一阶段，《美朝框架协议》集中体现了双
方谈判解决问题的"诚意"，双方也大致履行了各自的协议义务，朝
鲜有意通过放弃核项目换得美朝关系的实质改善。在第二阶段，美朝
双方的政策都体现出明显的"半心半意"，对对方意图的怀疑贯穿六
方会谈始终，双方所做出的退让都不是实质性的，都是可逆的。在第
三阶段，美朝双方不仅欠缺谈判诚意，而且都采取了更激烈的对抗手
段：朝鲜不断提升核武器能力，美国不断强化应对朝鲜拥核不可逆转
的这种可能的措施。

第二，过去二十多年是朝鲜核能力"羽翼日渐丰满"的过程，也是
朝鲜弃核意愿同步下降的过程。1993年3月之前，5MW反应堆运行时间
仍然很短，朝鲜被认为可能分离了仅够制造一枚核弹头的钚材料。从
1994年10月美朝达成《美朝框架协议》到协议终止，朝鲜5MW反应堆
及其附属设施处于冻结状态，另外两座反应堆的建设处于停止状态。其
间，朝鲜于1998年8月进行了第一次三级火箭"大埔洞-1"号发射，
并且涉嫌发展铀浓缩项目。同期美朝开始谈判朝鲜的导弹问题，朝鲜于
1999年9月承诺谈判期间不进行远程导弹试验。美朝导弹谈判期间，朝
鲜曾经提出通过获得补偿换取停止导弹出口，也曾在金正日与俄罗斯总
统普京会见期间提出终止朝鲜的导弹项目换取其他国家提供卫星发射服
务。美朝就导弹问题进行了七轮谈判，朝鲜在发展中远程导弹方面展示
了明显的克制。

朝核谈判的第二阶段，朝鲜重新启动了5MW反应堆及其附属设施，
对乏燃料棒进行后处理，获得了足以制造数枚核弹头的分离钚。即使在
六方会谈存续期间，朝鲜的核活动也没有受到任何约束，这不仅包括对
乏燃料棒的后处理，还包括秘密的铀浓缩活动。其间，朝鲜还进行了首

次核试验。虽然有关朝核问题的谈判达成过"9·19共同声明""2·13共同文件""10·3共同文件"等多项成果，朝鲜也采取了诸如炸毁冷却塔的"去功能化"措施，并申报了既往的核活动，但朝鲜的核能力总体上获得了重大进展。

在朝核谈判的第三阶段，六方会谈迟迟未能恢复，但朝鲜相继进行了第二次、第三次和第四次核试验，并进行了数次卫星发射，对外披露了浓缩铀项目，建设了轻水反应堆。朝鲜还进行了潜射导弹试验、中程导弹试验和导弹固体燃料试验等，朝核谈判停滞时期是朝鲜核能力得到全面提升的时期。如今各国已经很少质疑朝鲜的核能力，并且开始担忧朝鲜可能在较短时间内实现核弹头小型化，建立一个相当规模的核武库，实现多样化的核武器部署。

随着朝鲜核能力提升，朝鲜要么根本不愿意放弃核能力，要么为弃核提出其他国家根本无法支付的价码。美朝谈判导弹问题期间，朝鲜曾经要求美国每年提供10亿美元的补偿，以换取朝鲜停止出口导弹。[1] 由此可以想象，如果要求朝鲜弃核，朝鲜的要价很可能超乎想象。在过去三十多年中，虽然朝鲜的经济状况持续不佳，但投入了大量的人力、物力、财力研发核武器，朝鲜现有的大规模杀伤性武器能力羽翼渐趋丰满，任何国家都难以通过提供经济补偿换取朝鲜弃核。另外，从历史上看，一旦一个国家通过自力更生手段拥有了核能力，它将很难被说服以和平方式放弃这种能力。考虑到朝鲜一再声称美国对其采取"敌对政策",[2]至少在朝鲜看来，核能力已经关涉朝鲜的生死存亡，它已经不可能轻易放弃核武器了。

第三，朝鲜在核问题上的外交表态越来越缺少"弃核"的意愿。与朝鲜不发展、不拥有或者放弃核武器相关的重要"文件"大致包括三类：

---

① "Chronology of U. S. – North Korean Nuclear and Missile Diplomacy," Arms Control Associa-tion Fact Sheets and Briefs, https：//www. armscontrol. org/factsheets/dprkchron.

② 2012 年 8 月 31 日，朝鲜外交部发布的备忘录长文诠释了美国"敌对政策"的内涵。这个备忘录毫不隐讳地称美国"拒绝承认朝鲜是一个主权国家，不愿意在国际社会中与朝鲜共处"，这就是美国对朝鲜的"敌对政策"。"DPRK Terms U. S. Hostile Policy Main Obstacle in Resol-ving Nuclear Issue," *Korean Central News Agency of DPRK*, August 31, 2012, http：//www. globalse-curity. org/wmd/library/news/dprk/2012/dprk – 120831 – kcna01. htm.

一是朝鲜在核问题上的单方面意愿表示，即朝鲜所称金日成、金正日有关朝鲜半岛无核化的"遗训"；二是朝鲜与美国、韩国等签署的双边协议或者宣言；三是朝鲜签署的国际或者多边法律文书；四是联合国安理会通过的涉朝系列决议。朝鲜对这些文献的态度大致可以说明朝鲜在弃核问题上的姿态。

第一次朝核危机初起到初步解决，朝鲜当时的领导人是金日成，他曾明确表示过朝鲜半岛实现无核化的意愿，而当时事态发展也有利于朝鲜半岛无核化的实现。朝鲜所称朝鲜半岛无核化包括南北双方，朝鲜要求美国撤出部署在韩国的核武器。1991 年 9 月，布什总统单边宣布撤出所有部署在海外的海基和陆基战术核武器，包括部署在韩国的大约 100 枚核武器。韩国时任总统卢泰愚也做出了单边声明，即韩国不制造、不拥有、不储存、不部署或者使用核武器，韩国还承诺不建立后处理或者铀浓缩设施。美国撤出部署在韩国的核武器和韩国的单边声明促使朝鲜与韩国签署了《朝鲜半岛无核化共同宣言》，并与国际原子能机构签署了保障监督协定。1994 年 7 月，金日成逝世前夕，美朝已经商定启动谈判，金日成显然具有较为明确的实现朝鲜半岛无核化的意愿。此后，金正日曾在朝鲜核危机期间多次提及实现朝鲜半岛无核化是金日成的"遗训"。2005 年 7 月中旬，胡锦涛主席的特使、国务委员唐家璇访朝期间，金正日重申朝鲜半岛无核化是金日成的遗训。[1] 美国负责六方会谈的希尔大使访朝期间，金正日亦称放弃朝鲜的核项目是金日成的遗训。[2] 如今，金正恩从来不提弃核是金日成、金正日的遗训，与此相反，朝鲜《劳动新闻》于 2011 年 12 月 28 日刊文《金正日同志的革命遗产》称"金正日委员长的三大革命遗产是'核和卫星'、'新世纪产业革命'与'民族的精神力量'"。[3] 金日成、金正日的朝鲜半岛无核化的"遗训"如何转化成"核和卫星"的遗产？这让人费解，但似乎可以由此判断朝鲜在核问题上的

① "Chronology of U. S. – North Korean Nuclear and Missile Diplomacy," Arms Control Associataion Fact Sheets and Briefs, https：//www. armscontrol. org/factsheets/dprkchron.

② Glenn Kessler, The Confidante：Condoleezza Rice and the Creation of the Bush Legacy, St. Martin's Press, 2007.

③ 《朝鲜：拥核系金正日最大遗产》，《联合早报》2011 年 12 月 29 日，http：//www. zaobao. com. sg/wencui/politic/story20111229 – 165186。

态度转变。[1]

1991 年 12 月，朝鲜与韩国签署了《朝鲜半岛无核化共同宣言》。根据该宣言，朝鲜和韩国承诺不试验、制造、生产、接受、拥有、存储、部署或使用核武器；核能仅用于和平目的；双方不得拥有后处理和铀浓缩设施；朝韩各自对对方进行核查。宣言签署后，双方成立了南北核控制联合委员会以讨论如何履行宣言，但经过了十多轮谈判，双方仍然未能就核查达成协议，事实上双方从来没有对对方的设施进行过任何核查。[2] 2013 年 1 月 23 日，朝鲜外务省声明宣布朝鲜半岛无核化终结，并于 1 月 25 日通过朝鲜祖国和平统一委员会的声明宣布共同宣言彻底无效。[3] 美朝于 1994 年 10 月签署了《美朝框架协议》，协议存续期间朝鲜核项目处于冻结状态，2003 年 1 月，朝鲜宣布退出《不扩散核武器条约》，协议宣告终结。至此，支撑朝鲜半岛无核化的两个关键文件丧失效力。

《不扩散核武器条约》是朝鲜签署的国际法律文书。朝鲜于 1985 年 12 月加入该条约。加入条约意味着放弃制造或以其他方式取得核武器或者核爆炸装置的权利，也不寻求或接受在制造核武器或其他核爆炸装置方面的任何协助，有权和平利用核能，但需要接受国际原子能机构的保障监督。[4] 朝鲜加入条约六年后与国际原子能机构签署保障监督协定，将其核项目置于国际原子能机构的保障监督之下。1993 年 3 月，朝鲜因为核项目的核查问题与国际原子能机构产生纷争，援引条约第 10 款宣布退出条约。1993 年 6 月，随着美朝谈判推进，朝鲜中止了退出条约的决定。第二次朝核危机发生后，朝鲜重演第一次朝核危机初起时的政策，于 2003 年 1 月宣布退出条约。迄今，朝鲜是唯一一个签署该条约却两度宣

① Han Jong-woo and Jung Tae-hern eds. , *Understanding North Korea: Indigenous Perspectives*, Lexington Books, 2013, pp. 214 – 230.

② "Joint Declaration of South and North Korea on the Denuclearization of the Korean Peninsula," https://www.nti.org/learn/treaties-and-regimes/joint-declaration-south-and-north-korea-denuclearization-korean-peninsula/.

③《韩国呼吁朝鲜履行〈朝鲜半岛无核化共同宣言〉》，中国新闻网，2013 年 2 月 19 日，http://www.chinanews.com/gj/2013/02 – 19/4577789.shtml。

④ "Treaty on the Non-Proliferation of Nuclear Weapons," *IAEA Information Circular*, April 22, 1970, https://www.iaea.org/sites/default/files/publications/documents/infcircs/1970/infcirc140.pdf.

布退出条约的国家。

朝鲜签署的其他多边国际协议主要是六方会谈持续期间达成的成果，这包括"9·19共同声明""2·13共同文件""10·3共同文件"等。朝鲜在"9·19共同声明"中明确表达了弃核意愿；"2·13共同文件"和"10·3共同文件"则是落实"9·19共同声明"的重要协议。2013年1月，联合国安理会通过制裁朝鲜发射卫星的第2087号决议后，朝鲜宣布"9·19共同声明"将不复存在，朝鲜不再讨论半岛无核化问题。即使六方会谈存续期间，谈判达成的各项协议也未能有效约束朝鲜大规模杀伤性武器的研发活动。

1993年迄今，联合国安理会曾经通过了七项涉及朝鲜大规模杀伤性武器研发的决议，这些效力相当于国际法的决议并未能对朝鲜形成约束。1993年3月，朝鲜宣布退出《不扩散核武器条约》，联合国安理会通过第825号决议，敦促朝鲜不要退出条约并信守防扩散义务。2006年7月，联合国安理会通过第1695号决议，要求朝鲜停止所有与弹道导弹计划相关的活动。此后，联合国安理会相继通过了第1718、1874、2087、2094、2270号决议，除了联合国安理会第2087号决议针对朝鲜的卫星发射外，其他四个决议均针对朝鲜的四次核试验进行制裁。朝鲜不仅不接受、不遵守这些联合国安理会决议，而且以对抗性的姿态不断提升核能力。

第四，既往防扩散案例让朝鲜获得了不同寻常的经验和教训。冷战结束后已经出现过多个防扩散案例，既包括白俄罗斯、乌克兰、哈萨克斯坦三个苏联加盟共和国放弃核武器的案例，也包括南非研发并制造核武器但最后放弃核武器的案例，还包括利比亚通过谈判放弃发展大规模杀伤性武器能力的案例，以及伊拉克经过战争完全消除核扩散的案例。印度和巴基斯坦属于多年致力于研发核武器，随后进行核试验，经受国际社会制裁，但始终没有放弃核武器的案例。

朝核谈判的第一阶段，朝鲜似乎更愿意效仿白俄罗斯、乌克兰、哈萨克斯坦，通过外交谈判获得安全保证、解除经济制裁或获得经济援助而放弃核武器；或者效仿南非，在内外安全环境改善之后，通过放弃核武器融入国际社会。1998年进行核试验的印度和巴基斯坦似乎不是模仿的榜样，当时两国因为核试验承受了巨大的国际压力和严厉的经济制裁。朝核谈判的第二阶段，朝鲜似乎对于效仿哪个国家并无明确选择。2003

年之后，美国以涉嫌发展大规模杀伤性武器并且"支持恐怖组织"为由攻打伊拉克，推翻萨达姆政权。2003 年 12 月，利比亚通过与美英的秘密谈判宣布放弃大规模杀伤性武器计划，并接受国际社会的核查。2006 年，美国与印度签署民用核能合作协议，并于 2008 年 9 月推动核供应国集团对与印度的民用核能合作网开一面。伊拉克的经验表明从事核扩散很危险，利比亚的案例说明妥协有好处，印度的个案暗示不弃核也可能有未来。在朝核谈判的第三阶段，中东"阿拉伯之春"诱发利比亚内战，美国和其他北约成员国承认利比亚的反政府力量，而卡扎菲则在内战中被俘身亡。乌克兰发生"克里米亚事件"，乌克兰东部并入俄罗斯。同期，美印两国开始发展战略合作关系。从这些案例中，朝鲜似乎能够看到弃核的恶果和拥核的好处，[①] 朝鲜更愿意选择印、巴的拥核之路。

从朝核谈判三个阶段的起伏跌宕、朝鲜核能力发展渐次历程、朝鲜在核问题上的外交表态变化以及既往防扩散案例给朝鲜提供的经验或者教训来看，朝核问题发展的二十余年也是朝鲜弃核意愿不断下降，拥核意愿、动力和能力不断提升的过程。朝鲜对核武器的认识非常清楚，"全球各地发生大大小小的战争，但惟有持核国家未受军事侵略"。[②]

朝鲜近年来的内政外交战略也能佐证这种变化。朝鲜进行第二次核试验后开始自称"拥核国家"，金正恩在朝鲜劳动党第七次代表大会上所作的工作总结报告则称，四次试验把朝鲜提升到"世界一流核强国的前列"[③]。朝鲜还向中方表达了拥核的重要性。2009 年 9 月，胡锦涛主席特使、国务委员戴秉国访朝期间，朝鲜外务省第一副相姜锡柱明确表示，朝美关系持续紧张的情况下，拥核是唯一有效的途径，朝鲜不会在美国完全销毁核武器之前弃核。朝鲜外务省副相金永日也表示，朝鲜不搞核

①　Nadège Rolland, "What the Ukraine Crisis Means for Asia," *The Diplomat*, January 19, 2015, http: //thediplomat. com/2015/01/what-the-ukraine-crisis-means-for-asia/.

②　《朝中社评论: 对挑战主权行径最有效的回应》，朝中社平壤 2016 年 5 月 26 日电，朝中社官网，http: //www. kcna. kp/kcna. user. article. retrieveNewsViewInfoList. kcmsf。朝中社有多语言版本的官方网页，可在网页上查阅重要新闻、社论、文件，但所有文献对应的链接皆为主页，难以回溯检索。

③　参见《金正恩在朝鲜劳动党第七次代表大会上所作的中央委员会工作总结报告（全文）》，朝中社官网，http: //www. kcna. kp/kcna. user. article. retrieveNewsViewInfoList. kcmsf。

武器就无法消除美国的军事威胁，也无法集中精力发展经济。① 2012 年 5 月，朝鲜在修订的宪法中首次明确朝鲜为"核武拥有国"。② 2013 年 3 月 31 日，朝鲜劳动党中央委员会举行全体会议，认定朝鲜"核武器"不是用作换取美元的商品，也不是旨在迫使朝鲜解除武装的对话场合和谈判桌上的政治筹码和交易品，"只要地球上存在帝国主义和核威胁，朝鲜决不会放弃……核武力"。③ 朝鲜还宣示是"负责任的拥核国"，并且"只要侵略性的敌对势力不用核武器侵害我们的主权，就像已经阐明的那样不会首先使用核武器"。④

朝鲜开始谈论国际核裁军，而不是朝鲜弃核。2009 年年底，美国和朝鲜曾经尝试进行双边会谈，但随后发生的"天安舰事件"让这种谈判无果而终。此后，朝鲜更愿意谈论"核裁军"而不是"弃核"。朝鲜在 2010 年 4 月 21 日发表的《朝鲜半岛核问题》备忘录中，明确表示"以自己的核武器来遏制美国的核武器"，朝鲜将在与其他有核国家平等的立场上参与国际核裁军。⑤ 金正恩在劳动党第七次大会报告中俨然以有核国家自居，宣称朝鲜将"诚实地履行对国际社会所负的不扩散核武器义务，为实现世界的无核化而做出努力"。⑥

朝鲜提出经济建设和核武力建设的"并举路线"，并持续贯彻落实这一路线。2013 年 3 月 31 日，朝鲜劳动党中央委员会全体会议期间提出实行并举路线，即一方面在质和量两方面加强核武力，另一方面推进农业、轻工业以及建设经济强国所需的关键领域建设。⑦ 2016 年 5 月，朝鲜劳动党举行第七次代表大会，朝鲜再度申明奉行并举路线，并制订了五年经

---

① 戴秉国：《战略对话：戴秉国回忆录》，人民出版社 2016 年版，第 241—243 页。

② 《朝鲜首次将"有核武"写入宪法》，《新京报》2012 年 6 月 1 日第 A22 版。

③ 《朝鲜新路线：经济与核武并举》，《钱江晚报》2013 年 4 月 1 日。

④ 《金正恩在朝鲜劳动党第七次代表大会上所作的中央委员会工作总结报告（全文）》，朝中社官网。

⑤ 高浩荣、赵展：《朝鲜表示将为实现半岛和世界无核武器化而努力》，新华网，2010 年 4 月 21 日，http://news.xinhuanet.com/world/201004/21/c_1247990.htm。

⑥ 《金正恩在朝鲜劳动党第七次代表大会上所作的中央委员会工作总结报告（全文）》，朝中社官网。

⑦ 《朝鲜新路线：经济与核武并举》，《钱江晚报》2013 年 4 月 1 日。

济发展计划。① 朝鲜称并举路线"不是对付剧变的形势的暂时的对应措施……是旨在铜墙铁壁般地巩固以核武力为中枢的国防力量，同时进一步促进经济建设，早日建设繁荣的社会主义强国的最正确的革命的路线"。② 至此，朝鲜已经明确拥有可信的核能力之后，将发展经济，改善外部环境，并寻求国际社会认可其拥核国地位，弃核已经在朝鲜的内政和外交语境中消失了。

朝鲜开始将核武器视为威慑手段。朝鲜一向将发展核武器归因于美国对朝鲜的"敌对政策"，因此要"以核制核"。金正恩在劳动党第七次代表大会上称："我们党在科学地分析在亚太地区造成的形势的基础上打造了以核遏制力为中枢的自卫军事力量。"朝鲜似乎已将核武器列为重要的战争手段。检索过去几个月朝中社的社论可以发现，朝鲜还威胁首先使用核武器。4月11日，朝中社的社论称"以无情的核先发制人打击来应对"军事挑衅，"彻底摧毁敌人老巢"。4月30日，朝鲜政府政党团体联合声明称朝鲜"具备了最高水平的核攻击能力"。6月19日，朝鲜国防委员会发言人发表谈话宣称："朝鲜军队早已把包括B-52H战略轰炸机起飞的关岛安德森空军基地和核潜艇停泊的海上侵略基地在内的美国对朝侵略及后勤基地，锁定在精密打击圈内。"③ 从1993年朝核危机初起迄今，朝鲜的核能力已经完成了从谈判筹码到威慑手段的转换。

第三节 奥巴马政府的对朝政策：后果管理

朝核危机另一个至关重要的当事方是美国。朝鲜只想与美国谈判核

① 郭一娜、陆睿：《朝鲜"七大"巩固金正恩执政根基》，《新民晚报》2016年5月12日。有关朝鲜劳动党第七次代表大会的分析，参见张琏瑰《朝鲜劳动党的"七大"信号》，澎湃网，2016年6月3日，http://www.thepaper.cn/newsDetail_forward_1478622。

② 《金正恩在朝鲜劳动党第七次代表大会上所作的中央委员会工作总结报告（全文）》，朝中社官网。

③ 《朝中社评论：以无情的核先发制人打击来应对》，朝中社平壤2016年4月11日电。《朝鲜政府政党团体联合声明：先军朝鲜将续写百胜神话》，朝中社平壤2016年4月30日电。《朝鲜国防委员会发言人：美国变本加厉的核威胁恐吓会引发正义的核报复》，朝中社平壤2016年6月19日电。参见朝中社官网。

问题，对多边会谈兴趣不大；① 美国经历《美朝框架协议》后，丧失了与朝鲜进行双边谈判的意愿，只希望通过多边谈判处理朝核问题。美朝处理核问题的方式、方法错位是朝核危机延宕迄今的重要原因，奥巴马总统的两个任期让此种悖论越发显著，这也导致过去七年多的时间内朝鲜核能力快速提升，其弃核意愿显著下降。

奥巴马总统曾经有过与朝鲜加强双边外交接触的想法，但其就任之初朝鲜相继进行卫星发射和第二次核试验，导致奥巴马政府在双边谈判问题上比布什政府更趋谨慎。2011 年下半年到 2012 年 2 月，美朝曾经进行过数次秘密谈判，并达成了闰日协议，但这个协议未及执行就因朝鲜发射卫星而终结。过去七年间，美国和朝鲜也曾经通过纽约、柏林等渠道进行秘密接触，但这些接触对朝核危机的解决并无实质意义。

奥巴马政府的对朝政策被称为"战略忍耐"（Strategic Patience）。美国对朝所谓的"战略忍耐"，是为外交谈判设定前提条件，待朝展示"弃核意愿"后再进行外交谈判，否则不与朝进行任何接触。② 战略忍耐政策基于一套可疑的逻辑假定：六方会谈无法解决朝核问题，只会让朝鲜利用各方分歧赢得发展核武器的时间；中国是解决朝核问题的关键，而中国未必与美国全心合作对朝鲜施压；朝鲜领导人是非理性的，无法与其进行谈判；即使通过谈判与朝达成协议，朝方也不会认真遵守；朝在内外压力之下迟早会发生崩溃，如朝崩溃，核问题自然解决，因此更没必要与之谈判。

奥巴马政府对朝政策虽然基于可疑的假设，但并非消极被动等待的

---

① 作者在过去十多年中曾经数次访谈多位美国政府官员、专家学者，包括参与第一次朝核危机处理的罗伯特·卡林（Robert Carlin）、乔尔·维特（Joel Wit）；参与第二次朝核危机处理的朝鲜政策特别代表博斯沃思（Stephen Bosworth）及其继任者戴维斯（Glyn Davies），国务院主管国际安全与防扩散事务的助理国务卿康特里曼（Thomas M. Countryman），曾任白宫军控与大规模杀伤性武器协调官的萨摩尔（Gary Samore）；曾经多次访问朝鲜的斯坦福大学教授刘易斯（John Lewis）、前洛斯阿拉莫斯国家实验室主任海克教授等。这些官员和学者称，他们与朝鲜官员的正式和非正式接触中都感受到朝鲜希望与美国举行双边谈判的强烈意愿。另可参见戴秉国《战略对话：戴秉国回忆录》，人民出版社 2016 年版，第 205—266 页。

② 2010 年 9 月 15 日，美国的朝鲜政策特别代表博斯沃思对记者称，恢复六方会谈将是一个漫长的过程，只有朝鲜采取了"特定而具体"（specific and concrete）的行动才可能进行会谈。"Chronology of U. S. – North Korean Nuclear and Missile Diplomacy," Arms Control Associatation Fact Sheets and Briefs, https：//www. armscontrol. org/factsheets/dprkchron.

政策。美国认定朝鲜短期内很难弃核，因而需要为朝鲜拥核不可逆或者因为朝鲜发展核武器可能产生的各种后果做好准备。奥巴马政府的战略忍耐政策实际上是希望将应对朝核各种形势发展的主动权掌握在美国及其盟友手中，是要"管理"朝核发展的"后果"，因而可以称为"后果管理"。

奥巴马政府对朝的"后果管理"政策包含一系列政治、经济、外交和军事举措，这些举措致力于解决或者缓解美国在朝核问题上的核心关切。第一，阻滞朝核、导能力的发展。过去二十多年中，朝仅仅中断却从未终止其核、导项目的研发，如何最大限度地阻止或迟滞朝鲜核、导技术的发展成为奥巴马政府优先考虑的问题。因为朝鲜的核武器研发曾获外部经济、技术、材料和设备支持，美国在朝鲜每次核试验或者卫星发射后都全力推动联合国安理会通过"有牙齿的"对朝制裁决议，并在决议通过后单独或者协同其他国家实施额外的制裁措施，通过外交和政治手段敦促各国严格执行对朝制裁决议，以切断朝鲜从外部获得核导技术、材料及经济支援的渠道，遏制朝鲜进一步提升核、导能力的空间。

第二，通过多种方式加强应对"非常事态"的准备。这些方式包括但不限于：美韩每年举行数次针对朝鲜半岛不测事态的联合军事演习，增进美韩军事行动的协调与协作能力；在阿拉斯加增加拦截导弹的部署数量，为拦截朝鲜未来为数不多的远程打击能力做好准备；在日本增加部署 X 波段雷达，与日本联合研发拦截弹，增进美日之间的导弹防御合作；提前在关岛部署"萨德"导弹防御系统（Terminal High Altitude Area Defense，简称 THAAD 或萨德）；加强美日韩三边的联合演训、情报共享、政治协调；推动韩国部署萨德导弹防御系统；同意韩国延长短程导弹射程至 800 公里，使之具备打击朝鲜全境的军事能力；帮助韩国和日本提升军事能力；等等。此外，2010 年"天安舰事件"后，美国增加了战略轰炸机和航空母舰等战略资产在东北亚"亮相"的机会。这些手段试图释放两个信号：一是安抚韩国，避免韩国对美国安全承诺产生怀疑，防止美韩同盟裂解；二是警告朝鲜，显示美国及其盟友已做好、做足应对朝鲜挑衅的军事准备，制止朝鲜进一步制造事端。美国在 2011 年 2 月发布的《美国国家军事战略 2011：重新界定美国的军事领导》曾提出，美军发挥领导作用的方式包括：协调者——协调美国政府各部门和机构以促进美国国家利益；赋能者——帮助其他国家提升能力；召集者——为其他国家提供深化安全合作的平台；保证者——美国通过单独或者协同盟友共同行动威慑并击败侵略行动。① 美国的此种军事战略理念在美国、韩国和日本应对朝核危机的行动中得到了充分体现。

第三，防范和阻止朝鲜核导技术、材料的扩散。朝鲜曾经向个别中东国家销售其短程导弹及其他常规武器，并试图扩散核材料、核技术，以"鸡蛋换盐"，反哺朝鲜核、导项目的资金缺口。为了防范和阻止朝鲜核与导弹技术、材料的扩散，美国致力于通过"扩散安全倡议"（PSI）对朝鲜可能的扩散行为进行海上拦截。近年来，美国已经推动很多国家加入了"扩散安全倡议"，也曾经跟踪朝鲜船只，使之被迫返回朝鲜。此外，美国还采取了"釜底抽薪"的办法，一方面大幅改善与朝扩散行为"老客户"的关系，另一方面对朝潜在的扩散对象进行外交说服或者政治施压，阻断或减少朝继续扩散的可能。② 还有部分朝鲜的"老客户"因国内问题自顾不暇，失去了向朝采购的意愿和能力。

对朝鲜的"后果管理"政策貌似让奥巴马政府掌握了朝核问题的主动权，既为朝提供了两种可能——一是展示弃核意愿，然后重返谈判，二是朝鲜在内外重压之下发生内乱甚至崩溃——又能管控朝发展核武、地区挑衅以及对外扩散的后果，同时美国借助久拖不决的朝核问题增加在东北亚的军事部署，强化美韩、美日同盟，将处理朝核问题的主要责任转嫁给中国。然而，朝核问题的发展显然超出了美国掌控。奥巴马执政前，朝鲜的核设施尚有国际原子能机构工作人员监控，现在则无人知晓朝鲜核项目的进展；此前朝鲜的5MW反应堆处于"去功能化"阶段，现在则已恢复运行，并有能力每年生产足以制造一枚核弹的钚材料；朝浓缩铀项目曾长时间潜在水下，现已浮出水面并且不断扩大；朝鲜开始并接近完成轻水反应堆的建设；朝鲜进行了数次卫星发射，并试验了中程导弹和潜射导弹等。朝鲜正在效仿印度和巴基斯坦在核力量发展方面

---

① The Joint Chiefs of Staff, "The National Military Strategy of the United States of American 2011: Redefining America's Military Leadership," February 2011, p. 1.

② 作者曾分别于2014年8月和2016年1月在中国社科院美国研究所和中国军备控制与裁军协会两次参加与美国国务院主管国际安全与防扩散事务的助理国务卿康特里曼的座谈，康特里曼在座谈中表达了此种政策主张。

的做法，先获得可信的核能力，然后迫使国际社会接受朝鲜拥核这个现实。

奥巴马政府对朝政策的基本逻辑是错误的，因而导致了当前这种不利于朝核任何一个相关方的结果。美国处理朝核问题并没有找到朝鲜发展核武器的根源。东北亚多年来不曾终结的冷战架构催生了朝鲜发展核能力的冲动。朝鲜战争并没有在朝鲜半岛缔造和平，迄今朝鲜半岛仍然处于停战状态，而韩国经济快速发展并日益强大、美国维持在东北亚的军事同盟、美国与盟友频繁在本地区进行联合军事演习，这被日益羸弱的朝鲜视为生存威胁。美国不与朝鲜谈判和平条约、外交上不承认朝鲜、动用强大的政治经济与外交影响挤压朝鲜的生存空间，① 朝鲜只有通过发展核能力对抗美国及其盟友的超强常规军事力量优势，并通过拥有核武器防范对朝鲜的侵略。在面临生存威胁（至少朝鲜如此认为）的时候，不难理解为什么朝鲜一直要求美韩停止军事演习、美朝双边谈判并缔结和平条约、美国提供安全保证，并且拒绝先放弃核项目。过去几年中，美国并不响应中国恢复六方会谈的呼吁，然而，恰恰是六方会谈停止期间朝鲜核能力获得了长足的发展。六方会谈未必是解决朝核问题的唯一平台，但历经多年艰苦谈判后，六方已经达成了多项成果，放弃六方会谈意味着推倒一切从头再来，这只能增加解决朝核问题的难度。美国希望通过单边制裁、多边制裁和外围施压，迫使朝鲜回归谈判，但并没有充分考虑朝鲜在极为困难环境下的生存能力，恰如朝鲜外务省发言人在2016 年 3 月 4 日发表的谈话中所言："如果以为有些制裁能对朝鲜行得通，那可是大错特错。"②

制裁曾在伊核问题上起到了一定作用，但朝鲜不像伊朗，它与其他国家既没有频繁的交流也没有很多的贸易，因此朝鲜通常不容易受到制裁影响。更重要的是，朝鲜已经学会了如何充分利用制裁措施的漏洞，

① "DPRK Terms U. S. Hostile Policy Main Obstacle in Resolving Nuclear Issue," *Korean Central News Agency of DPRK*, August 31, 2012, http://www.globalsecurity.org/wmd/library/news/dprk/2012/dprk – 120831 – kcna01. htm.

② 《朝鲜外务省发言人：反朝"制裁决议"是用什么东西都不能正当化的强盗行径产物》，朝中社，2016 年 3 月 4 日，http://www. kcna. kp/kcna. user. article. retrieveNewsViewInfoList. kcmsf #this。

并设法从严厉的制裁打击中生存下来。根据联合国安理会第1874号决议
成立的联合国专家小组两年前发布的报告对此做了明确的论述。即使朝
鲜面临非常严厉的制裁，朝鲜仍可以将稀缺资源的分配向军队及核导研
发部门倾斜，因而不会直接影响其核开发。另外，制裁应该是推动朝鲜
弃核的手段，而不应该以推动朝鲜崩溃为目的。如果美国试图通过制裁
等手段促使朝鲜崩溃，这不符合周边国家的利益，不可能得到周边各国
的充分合作。

美国的对朝政策曾经有过成功，但现在是美国检讨其对朝政策失败
原因的时候了。美国对朝政策的多个侧面是朝核问题陷入长期僵局迄今
无解的原因之一，这些侧面包括拒绝双边谈判、不愿意谈判和平条约、
为谈判设定僵硬的前提条件、应对朝鲜挑衅的政策选择无视他国合理的
利益关切等。如果美国不调整当前的政策，朝核问题将陷入无解的境地。

第四节　朝核僵局：后果与影响

历经二十余年断断续续的发展和跌宕起伏的外交，朝鲜的核、导能
力已经取得了长足的进步，与此同时，朝鲜弃核意愿显著下降，而美国
短期内并无意愿做出妥协退让。因此，朝核问题的僵局在可见的一段时
间内仍将持续，即朝鲜坚定同步推进核武发展与经济发展，美国协同韩
国和日本重在应对朝鲜拥核无法逆转的后果。

朝核僵局显然不可能是恒定的状态，因为朝鲜未必接受当前的僵局，
美韩未必持续容忍朝鲜核、导能力提升或者制造新的地区危机，大国在
东北亚的地缘安全博弈也可能加剧。对朝鲜而言，为了确保获得可信、
可靠的核能力，它或许仍有进行核试验或者运载工具试验的必要，每次
核试验或者运载工具试验都可能促使国际社会对其进行更为严厉的制裁，
这将进一步恶化朝鲜执行并举路线的外部环境。即使不会进行新的试验，
朝鲜也不可能长期承受当前这种外交孤立、经济封锁、美日韩之间增进
军事合作以威慑朝鲜的状态。如果朝鲜试图打破这种僵局，寻求外交突
破，朝鲜半岛出现次生危机的可能性将随之上升。在六方会谈停滞的七
年中，朝鲜进行了多次卫星发射和核试验，朝鲜半岛曾经出现过天安舰
事件、延坪岛炮击和木盒地雷事件。对美韩而言，即使朝鲜不会进行新

的核、导试验，美国也会推动各国严厉执行对朝制裁决议，进一步封堵、挤压朝鲜的生存空间，迫使朝鲜在发展经济和发展核武之间做出选择，展示弃核意愿和行动后回归谈判。美国的对朝政策未必是推动朝鲜崩溃，但客观上具有催生这种结果的可能。如果朝鲜进行新的核、导试验，并且证明已经获得了远程打击能力，或者朝鲜半岛再出现类似天安舰事件、延坪岛炮击的次生危机，美国和韩国单独或者协同采取军事行动的可能性将增加。除了美国及其盟友与朝鲜之间的未来互动可能催生朝鲜或回归谈判，或走向崩溃的这种场景，朝鲜也有可能在外部重压之下，不但获取了可信、可靠的核能力，而且维持了一定程度的经济发展，其并举路线虽然不能达到理想状态，但足以让朝鲜效仿印巴模式，迫使国际社会默认一个拥核朝鲜的存在。朝核问题无论朝哪个方向发展，都不会是当前僵局的长期延续，而朝鲜半岛的任何变化都将牵动东北亚地缘政治环境的显著变化。

第一，朝核问题可能进一步强化中美之间的战略互疑而不是培育双方的战略互信。中美均反对朝鲜发展核武器，均希望实现朝鲜半岛无核化、维持朝鲜半岛的稳定并通过和平手段解决朝核危机，但双方对于采取何种方式解决朝核问题、如何应对朝鲜半岛出现的危机或僵局、如何建构东北亚地区安全机制存在较为明显的分歧。[①] 在朝核谈判的第一阶段，中国以自己独特的方式做朝鲜的工作，推动美朝通过双边谈判解决问题。在朝核谈判的第二阶段，中国的作用更是不可或缺，投入了巨大的外交资源"劝和""促谈"，推动六方会谈达成了诸如"9·19共同声明""2·13共同文件""10·3共同文件"等成果。[②] 朝核问题虽然未能在这两个阶段获得解决，但中国对朝核危机的管控做出了重要贡献，中美在朝核问题上的合作成为双边防扩散合作的亮点之一。在朝核谈判的第三阶段，中美在联合国安理会就如何应对朝鲜核试验或者卫星发射进行合作，同时中国努力推动恢复六方会谈，但美朝均反应消极，朝核危机也恰恰在这一时期逐步恶化。

---

① 樊吉社：《朝核问题与中美战略共识》，《美国研究》2014年第2期。

② 中国在朝核谈判第二阶段的外交努力，参见戴秉国《战略对话：戴秉国回忆录》，人民出版社2016年版，第205—266页。

随着中国迅速崛起并在亚太地区发挥更大作用，中美在西太平洋地区的互动更具有地缘政治博弈的特征。在此背景下，朝核问题对中美关系的影响变得比以前更趋复杂。2013 年 6 月，中美首脑在加州庄园会晤期间同意构建中美新型大国关系，王毅外长曾在布鲁金斯学会的演讲中以朝核为例指出："中美应共同努力，争取在亚太热点问题的合作上取得实质性成果。这样既可以为在全球范围内开展战略合作积累经验，又能对外展示中美共同维护地区和平稳定的能力和决心。"[1] 美国总统、副总统以及国务卿、国防部长等重要官员在中美高层交流中亦期待中美能合作解决朝核危机，以具体的合作行动展示中美合作共赢的内涵。然而，美国高度重视朝鲜发展核武器的行为，却不愿意解决朝鲜从事核扩散的根源，即消除朝鲜半岛的冷战状态；美国希望将朝核问题"外包"给中国，冀望中国动用所有杠杆手段，施压朝鲜，却不愿意照顾中国的合理安全关切；朝核问题的持续恶化美国对此负有很大责任，美国却指责中国"庇护"朝鲜。

过去几年中，六方会谈未能恢复，但朝鲜核武研发从未停止，美国将更大精力用于管控朝鲜拥核的后果，包括展示武力行动、协助韩日加强军事能力的举动以及美国与韩、日的反导合作等。美国航空母舰进入黄海、战略轰炸机飞临东北亚、启动在韩国部署萨德导弹防御系统的磋商等举措，虽以防范朝鲜挑衅为名，但客观上损害了中国的安全利益。美国认识到这些行动对中国的影响，愿意做出一些澄清，但拒绝照顾中国的关切。过去几年中，中美处理朝核问题的分歧似乎正转化为中美之间的分歧，而随着朝鲜核能力增强，中美在应对朝鲜半岛局势问题上的分歧有可能越来越大，中美之间的战略互信不但无法培育，中美之间的战略互疑可能进一步增强。

第二，东北亚的冷战安全架构可能因为朝核问题的未来发展而固化、强化，地缘安全竞争可能日益突出。1950 年 6 月，朝鲜战争爆发后，冷战格局在东亚正式形成。冷战期间，东亚的地区安全结构以美国为主导，以美国与韩、日等国的军事同盟为主要支撑。20 世纪 90 年代，冷战虽然

---

[1] 王毅：《如何构建中美新型大国关系：王毅外长在布鲁金斯学会的演讲》，2013 年 9 月 20 日，参见中华人民共和国外交部网页。

在全球范围内宣告结束，但朝鲜半岛南北对抗的格局和东亚地区美国主导的"辐辏"型安全结构并没有实质性改变。美国曾经在1990年代初裁撤在亚太地区的驻军和基地，享受"冷战红利"，但1993年3月爆发的朝核危机导致美国搁置亚太安全战略调整。1997年美国和日本修订防卫合作指针，将美日军事合作扩大到与朝鲜半岛局势等相关的"周边事态"。① 同期，中美关系经历冷战结束时期短暂的震荡后趋稳，中美政治、经济合作增强，中美在朝核问题上开展有限合作。20世纪的第一个十年，美国将主要精力投放到反恐战争中，其国内有关调整亚洲政策的呼声并没有得到重视，中美关系稳步发展，中美在朝核问题上的合作深化，东亚冷战地区结构维持在原来状态。

自2010年以来，中国崛起和诸如朝核危机之类的其他地缘安全事态，成为美国固化和强化东亚地区安全架构的新动力。美国最初宣示要"重返亚太"，然后调整为亚太再平衡战略。美国的亚太再平衡战略包含了政治、经济和军事多个层面：政治上，强化亚太地区原有多边框架，并创设新的地区安全机制，更加重视东盟作为地区多边架构的重要作用；经济上，力推跨太平洋伙伴计划（Trans-Pacific Partnership，简称TPP），搭建独立于世界贸易组织的地区经济合作机制；军事上，强化美日、美韩、美菲、美澳等双边军事同盟，与部分东南亚国家建立新型军事合作关系，增加美军在亚太地区的部署等。

过去几年中，美日、美韩军事合作得到大幅提升，美日韩三边合作也稳步推进，东亚已经存在某种程度的军备竞赛，朝核成为美国固化、强化东亚冷战地区安全结构的方便借口。韩国和日本均以应对朝鲜为由加强了自身军事力量的建设，并增进了相互合作；美国则增加在本地区的防务合作和战略军事资产的部署。朝核问题已经成了维系和强化地区冷战安全结构之"锚"。未来朝鲜半岛安全形势的任何消极变化，只会进一步强化而非削弱这种发展趋势和格局。本地区各主要大国在朝鲜半岛恢复冷战对抗态势的可能性无法排除，更有人认为，朝核问题正在考验中美关系的发展方向。

第三，朝核问题将考验现存国际防扩散、核裁军、核安全体系。其

---

① 陶文钊主编：《冷战后的美国对华政策》，重庆出版社2006年版，第57—62页。

一，朝鲜是唯一加入又退出《不扩散核武器条约》的国家，朝核问题能否解决很大程度上会考验现存国际防扩散体系的有效性和普遍性。如果朝鲜拥核不可逆转，朝鲜将是继印度、巴基斯坦、以色列之后第四个事实上拥有核武器的国家。根据国际原子能机构的报告，朝鲜曾经协助叙利亚建造核反应堆，但该反应堆已被以色列摧毁；朝鲜还曾向利比亚提供过六氟化铀。[①] 国际防扩散体系是否仍能阻止横向和纵向核扩散将是重要疑问，朝核的前景还将影响新一轮《不扩散核武器条约》审议大会的成败。

除了朝鲜的横向和纵向核扩散，朝鲜拥核将影响日本和韩国在核问题上的政策。日本当前主要依赖美国的延伸核威慑应对可能面临的核威胁，同时与美国开展广泛的导弹防御合作。日本是无核武器国家中拥有完整核燃料循环设施和能力的国家，并且已经累积了大量的钚材料；日本还积极发展使用固体燃料的火箭，其中一些火箭非常适合改装为弹道导弹。[②] 不仅如此，日本国内在过去十多年中已经逐步突破了有关核武器的话语禁忌，不再回避核武器问题的讨论。[③] 未来日本以朝鲜拥核为借口，或者以所谓"中国威胁"为借口决定制造核武器并非不可想象之事。韩国与日本一样依赖美国的延伸核威慑，并与美国磋商萨德导弹防御系统在韩国部署的事宜。由于朝鲜被认为是韩国最重要的威胁，自从朝鲜进行首次核试，韩国国内部分政客开始质疑美韩军事同盟的效用和议论韩国发展核武器的可能性。[④] 朝鲜的第四次核试验再次刺激韩国国内有关核武器的争论，无论是朝鲜拥核还是日本走向核武装道路，韩国都可能是下一个发展核武的国家。

其二，朝核前景将影响未来的核裁军走势。如果朝鲜拥核不可逆转，日本和韩国将更迫切需要美国证明其延伸核威慑的可信性和可靠性，未

---

① 国际原子能机构总干事的报告：《在朝鲜民主主义人民共和国执行保障》，2011 年 9 月 2 日，国际原子能机构网页：https：//www. iaea. org/About/Policy/GC/GC55/GC55Documents/Chinese/gc55 – 24_ch. pdf。

② 孙向丽、伍钧、胡思得：《日本钚问题及其国际关切》，《现代国际关系》2006 年第 3 期。

③ 杨力、张炎：《日本已经不再回避核武器问题的讨论》，《国外核新闻》2004 年第 6 期。

④ Toby Dalton, Byun Sunggee, and Lee Sang Tae, "South Korea Debates Nuclear Options," April 27, 2016, http：//carnegieendowment. org/2016/04/27/south-korea-debates-nuclear-options/ixn3.

来核武器的作用有可能不降反升，而降低核武器作用是深度核裁军的关键。如果日本和韩国继朝鲜之后发展核武器，东北亚的核连锁反应将彻底冲击美俄深度核裁军的前景，更不用说多边核裁军的可能了。

其三，朝核不仅仅是核武器问题，还涉及广义的核安全问题。朝鲜目前正在建设轻水反应堆，而朝鲜并无建设轻水反应堆的经验。在朝核问题解决不了的情况下，国际社会不可能为朝鲜的民用核能开发提供合作与支持，因此，朝鲜在建的轻水反应堆存在潜在的核安全风险。2011年3月福岛核电站事故远远超出了福岛乃至日本的范围，其影响超越国界。不难想象，如果朝鲜的轻水反应堆出现安全事故，其影响同样不容低估。另外，朝鲜目前已经累积了一定数量的分离钚和高浓缩铀，如果朝鲜内部出现动荡或者受到外部入侵，朝鲜的核武器、核材料、核技术能否得到有效的保护、控制和衡算，将打上一个大大的问号。

朝鲜核问题从来不是一个简单的、朝鲜的核问题，它所牵涉的地缘政治、地缘安全、大国关系和国际核不扩散体制影响值得进一步探究。

第 四 章

特朗普政府对朝政策与
朝核问题前景*

继 2016 年两次核试验、二十余次导弹试验之后，朝鲜在 2017 年并没有因为外部压力放缓导弹试验的步伐，其外交姿态依然保持强硬底色。特朗普总统上台后已经明确表示放弃前任总统在朝核问题上的"战略忍耐"政策，拟对朝采取"极限施压与接触"（Maximum Pressure and Engagement）政策。

当欠缺弃核意愿的朝鲜遭遇决意迫使朝鲜放弃核项目的特朗普政府，朝核问题将回归谈判轨道，或延续僵局状态，还是进入对抗时期？朝核问题的何种发展前景不仅取决于美朝两国的政策，同样也将受到各国对朝政策的深刻影响，各国围绕朝核问题的博弈似将进入一个新的阶段。本章尝试梳理特朗普执政以来在朝核问题上的言行，分析特朗普政府应对朝核问题的逻辑，探讨朝核问题的发展前景。

第一节　特朗普政府的对朝政策

特朗普在总统竞选期间的口号是"让美国再次伟大"（Make America Great Again），就职演说则将其政治议程简化为两个原则：购买美国货、

---

* 此文原题为《特朗普政府对朝政策逻辑与朝核问题前景》，原刊于《现代国际关系》2017年第 7 期。感谢《现代国际关系》授权，收入本书时作者对原文做了适当调整。

雇用美国人（Buy American and Hire American）。① 国内政治议程显然是特朗普政府的工作重心，但这并没有影响美国对朝核问题的高度重视。特朗普就任总统的半年内，美国在朝核问题上频繁表态并采取多项政策行动。具体而言，特朗普政府在朝核问题上的政策分为四类：特朗普本人及其外交安全政策团队的涉朝言论，美国自身的政策行动，美国采取的双边行动，美国采取的多边行动。

第一，特朗普本人及其外交安全政策团队频发涉朝言论，表达对朝核问题的高度关注。特朗普本人主要通过在推特上发推文讨论朝核问题。2009 年 3 月，特朗普建立推特账号"@ realDonaldTrump"，并在当年 5 月 4 日发出第一条推文。截至 2017 年 6 月 22 日，特朗普的原创和转发推文已经达到 35100 余条，其中涉及朝（韩）推文有 48 条。② 特朗普涉朝（韩）的 48 条推文内容可以简单概括为：抱怨韩国没有为美国提供的安全保障支付"保护费"；指责朝鲜、指责中国、指责奥巴马总统、表达解决朝核问题的意愿等。2013 年朝鲜进行第三次核试验后，特朗普开始关注朝核问题。第一条涉朝推文于美国东部时间 2013 年 3 月 3 日晚上发出的，其内容是"丹尼斯·罗德曼一定在惦记朝鲜"。③ 该条推文的基本背景是，前篮球明星罗德曼于 2013 年 2 月应邀访问朝鲜，并见到了金正恩本人。特朗普在 2013 年发了二十多条涉朝推文。

2017 年 1 月 1 日至 6 月 22 日，特朗普发送涉朝推文 15 条。其中美国东部时间 2017 年 6 月 20 日下午发出的推文内容是："我非常感激习主席和中国帮助处理朝核问题的努力，虽然没有奏效。至少我知道中国尝试了。"当天上午有关朝鲜的另一条推文内容是："在我们哀悼最新的受害者时，美国再次谴责朝鲜政权的暴虐行为。"④ 这两条推文的基本背景是，2016 年 1 月在朝鲜旅行期间被扣押并判刑的美国大学生奥托·瓦姆比尔

---

① President Trump, "The Inaugural Address," January 20, 2017, https：//www. whitehouse. gov/briefings-statements/the-inaugural-address/.

② 特朗普推特账号相关信息，参见 https：//twitter. com/realDonaldTrump。

③ 2013 年 3 月 3 日的推文，参见 https：//twitter. com/realdonaldtrump/status/3084043190 30489088。

④ 2017 年 6 月 20 日的两条推文，参见 https：//twitter. com/realdonaldtrump/status/8772341404 83121152, https：//twitter. com/realdonaldtrump/status/877204691851108353。

在被关押 17 个月后，经美国国务院朝鲜政策特别代表尹汝尚（Joseph Yun）与朝鲜进行磋商后获释，但返回美国不足一周后死亡。

当选总统后，特朗普发出近千条推文，提及次数最多的国家是俄罗斯，但主要内容是就所谓"通俄门"事件进行反击，提及次数紧跟俄罗斯的国家是中国和朝鲜，其中涉及中国的推文多与朝核关联，由此足见他对朝核问题的重视程度。

特朗普的外交安全政策团队同样高度重视朝核问题构成的安全挑战。国家安全事务顾问麦克马斯特认为朝核问题已经到了"紧要关头"；① 国防部长马蒂斯在香格里拉对话上的演讲中称朝鲜是"明确而现实的危险"；② 国务卿蒂勒森在中美外交安全对话结束后的记者招待会上称，朝鲜是美国的"最高安全威胁"（top security threat）。③

第二，特朗普就任总统后立即采取了多项应对朝核问题的政策行动。新总统就任后通常会对各项政策进行评估，评估结果是新政府内外政策的重要参考和依据。特朗普就任总统后立即启动了对朝政策评估，④ 该项工作由国家安全委员会牵头完成。特朗普政府为了在 2017 年 4 月上旬中美首脑峰会中讨论朝核问题，加速了政策评估进程，于 3 月底完成了该项评估。⑤ 据美国国家广播公司报道，该项评估除了分析通过中国施压朝鲜弃核之外，还考虑另外三个军事选项：一是将美国的核武器重新部署到韩国，为战争做好准备；二是对朝鲜领导人金正恩和其他负责核与导弹项目以及参与决策的高官实施"斩首行动"，推动政权更迭；三是美国和韩国的特种部队渗透进朝鲜挟持或者摧毁诸如桥梁等关键基础设施，

① Kevin Bohn, "McMaster: North Korea 'Coming to a Head'," *CNN*, April 17, 2017, http: //www. cnn. com/2017/04/16/politics/hrmcmasternorthkorea/index. html.

② Secretary of Defense Jim Mattis, "Remarks by Secretary Mattis at Shangri-La Dialogue," U. S. Department of Defense, June 3, 2017, https: //www. defense. gov/News/Transcripts/Transcript-View/Article/1201780/remarks-by-secretary-mattis-at-shangri-la-dialogue/.

③ Rex W. Tillerson, "Secretary of State Rex Tillerson and Secretary of Defense Jim Mattis at a Joint Press Availability," U. S. Department of State, June 21, 2017, https: //www. state. gov/secretary/re-marks/2017/06/272103. htm.

④ Demetri Sevastopulo and Robin Harding, "James Mattis Reaffirms US's Asia Policy," *The Financial Times*, February 4, 2017, https: //www. ft. com/content/908fa7e0eabb11e6ba01119a44939bb6? mhq5j = e1.

⑤ Matt Spetalnick, "Trump National Security Aides Complete North Korea Policy Review: Official," *The Reuters*, April 2, 2017, http: //www. reuters. com/article/usnorthkoreanuclearreviewidUSKBN1740UY.

以阻止陆基机动导弹移动。① 4 月 26 日，特朗普总统召集百名参议员前往白宫，国务卿蒂勒森、国防部长马蒂斯、国家情报总监科茨和参谋长联席会议主席邓福德就朝核问题进行吹风。据称，此次吹风聚焦三个关键议题：关于朝鲜的能力、美国的应对之策，以及如何敦促中国和其他国家强化对朝制裁等。② 此外，特朗普政府在 2017 年上半年围绕朝鲜半岛展开频繁军事力量调动，包括战略轰炸机飞临朝鲜半岛，"卡尔·文森"号、"罗纳德·里根"号双航母同时在朝鲜半岛附近水域参加军事演习等。特朗普政府的对朝政策评估，对国会参议员罕见的政策吹风和在朝鲜半岛附近展示军事力量等行动，一方面表明美国对朝核问题的高度关注，另一方面也对朝鲜可能的核导试验进行威慑。

第三，特朗普政府频繁就朝核问题开展双边外交，以寻求与韩、日等盟国的政策协调，以及与其他国家的共同磋商。特朗普当选总统后立即与时任韩国总统朴槿惠通电话，重申美韩同盟的重要性以及对朝核问题的重视。此后，特朗普还与日本首相安倍晋三两度会见，协调在朝核问题上的政策立场。2 月初，国防部长马蒂斯访问日本和韩国；2 月中旬，在二十国集团外长会议期间，美日韩三国外长发表联合声明，谴责朝鲜的导弹试验。3 月中旬，国务卿蒂勒森访问中日韩三国，朝核问题是亚洲之行的工作重心。4 月中旬，副总统彭斯访问韩国和日本，并前往韩朝之间的非军事区。

除了外交行动，美国与日韩的军事演习规模继续扩大、复杂程度持续增加。仅 2017 年前四个月，美国与日韩相继举行了"关键决断""鹞鹰"联合军事演习、反潜军事演习（"安静的鲨鱼"）和多国导弹防御同步试验（"灵活巨人"）。3 月，美国陆军宣布将武装无人机"灰鹰"长期部署在韩国。尽管中国强烈反对，美国在韩国部署萨德导弹防御系统的步伐并没有因为两国首脑更替而放缓。

---

① William M. Arkin, Cynthia McFadden, Kevin Monahan, and Robert Windrem, "Trump's Options for North Korea Include Placing Nukes in South Korea," *NBC News*, April 7, 2017, http：//www. nbcnews. com/news/usnews/trumpsoptionsnorthkoreaincludeplacingnukessouthkorean743571.

② Matthew Pennington and Vivian Salama, "US Senate Briefed by White House on North Korea Threat," *The Boston Globe*, April 26, 2017, https：//www. bostonglobe. com/news/politics/2017/04/26/senateheadswhitehousefornorthkoreabriefing/h3AklJ4D29Iw2M5B2iXfgN/story. html.

特朗普政府在朝核问题上采取的最重要外交行动是与中国的互动。除了国务卿蒂勒森与杨洁篪国务委员通话、杨洁篪访美、蒂勒森与王毅外长在波恩的会见、蒂勒森访华等重要外交行动，中美围绕朝核问题的两次重要互动分别是习近平主席与特朗普总统于4月初在海湖庄园的峰会和6月下旬在华盛顿举行的首轮中美外交安全对话。朝核问题是中美首脑海湖庄园峰会和首轮中美外交安全对话的核心议题。①

第四，美国同步开展了多边外交行动。4月24日，特朗普总统邀请联合国安理会15个理事国的代表前往白宫共进工作午餐，敦促安理会对朝鲜采取更加严厉的制裁措施。4月28日，国务卿蒂勒森作为联合国安理会轮值主席国代表主持了联合国安理会朝鲜问题部长级会议，呼吁各国严格执行联合国安理会制裁决议、降低与朝鲜的外交关系、对朝实施金融孤立等措施。② 在特朗普政府的强力推动下，联合国安理会6月初通过第2356号决议，谴责朝鲜的核导活动，要求朝鲜以完全、可核查和不可逆转的方式放弃核导计划，将14名个人和4个实体列入制裁名单。③ 虽然这些行动均非特例，但三个行动均聚焦朝核问题并在极短时间内完成，充分显示了特朗普政府对朝核问题关注程度高、行动能力强。

特朗普本人及其安全政策团队通过涉朝言论释放强硬信息、美国单边军事行动摆出威胁姿态、双边和多边外交行动营造紧张气氛，与前任政府在朝核问题上的"战略忍耐"政策相比，尽管特朗普总统执政不足半年，但已经充分展示了被戏称为"战略不忍耐"的对朝政策。④ 国务卿

---

① "Briefing by Secretary Tillerson, Secretary Mnuchin, and Secretary Ross on President Trump's Meeting with President Xi of China," The White House, April 7, 2017, https://www.whitehouse.gov/thepressoffice/2017/04/07/briefingsecretarytillersonsecretarymnuchinandsecretaryross; Rex W. Tillerson, "Secretary of State Rex Tillerson and Secretary of Defense Jim Mattis at a Joint Press Availability," U.S. Department of State, June 21, 2017, https://www.state.gov/secretary/remarks/2017/06/272103.htm.

② Rex W. Tillerson, "Remarks at the United Nations Security Council Ministerial Session on D.P.R.K.," U.S. Department of State, April 28, 2017, https://www.state.gov/secretary/remarks/2017/04/270544.htm.

③ "The United Nations Security Council Resolution 2356 (2017)," The United Nations, June 2, 2017, http://www.un.org/en/ga/search/view_doc.asp?symbol=S/RES/2356 (2017).

④ Ishaan Tharoor, "The Dangers of Trump's Strategic Impatience with North Korea," Washington Post, April 18, 2017, https://www.washingtonpost.com/news/worldviews/wp/2017/04/18/the-dangers-of-trumps-strategic-impatience-with-north-korea.

蒂勒森 3 月中旬访问韩国期间宣布："战略忍耐政策已经终结。我们正在探索一系列新的安全和外交措施。所有选项都在桌面上。"① 副总统彭斯在 4 月中旬访韩期间再次宣告美国在朝鲜核导项目上的"战略忍耐时代终结了"。② 这些都与奥巴马政府时期美国对朝政策形成鲜明对比。经过两个多月的评估与权衡，特朗普政府最终选择"极限施压与接触"的政策应对朝核挑战。③ 奥巴马政府对朝战略忍耐政策终结，特朗普政府对朝"极限施压与接触"政策诞生了。

第二节 特朗普政府对朝政策的内在逻辑

特朗普政府为什么在执政之初即投入大量精力处理朝核问题？为什么在外交安全政策团队远没有到位的情况下急于完成对朝政策评估，并提出新的对朝政策？特朗普政府的"极限施压与接触"政策背后的逻辑何在？回答这些问题有助于理解特朗普政府的对朝政策，并对朝核问题的发展方向做出初步判断。

第一，特朗普政府对朝核问题的紧迫程度有了新的认知。奥巴马政府对朝"战略忍耐"政策的最核心假设是，朝鲜的核导能力短期内仍不足以对美国本土安全构成现实挑战，美国还有时间与朝鲜周旋，并期待朝鲜出现重要转变。④ 奥巴马执政最后一年，朝鲜进行了第四次和第五次核试验。朝鲜宣称第四次核试验为氢弹试验，在第五次核试验后则宣称"实现了核弹头的标准化、规格化，朝鲜完全掌握多种裂变材料的生产及其应用技术，将任意按需制造小型化、轻量化和多种化的、打击力更大

---

① "US Policy of 'Strategic Patience' with North Korea over: Tillerson," *CNBC*, March 17, 2017, http://www.cnbc.com/2017/03/17/uspolicyofstrategicpatiencewithnorthkoreaovertillerson.html.

② Ken Thomas, "Pence Warns NKorea 'Era of Strategic Patience Is over'," *The Washington Times*, April 16, 2017, http://www.washingtontimes.com/news/2017/apr/16/pence-lands-in-south-korea-after-norths-failed-lau/.

③ Matthew Pennington, "Trump Strategy on NKorea: 'Maximum Pressure and Engagement'," *AP News*, April 14, 2017, https://apnews.com/86626d21ea2b45c79457a873a747c452.

④ 樊吉社：《朝核问题重估：僵局的根源与影响》，《外交评论》2016 年第 4 期。

的各种核弹头"。① 朝鲜在同一年还进行了二十余次导弹试验，其陆基机动导弹、陆基中远程导弹、潜射导弹的研发试验等项目取得显著进展。朝核问题的发展演变引发了美国的焦虑，朝鲜核导能力发展似乎越来越接近美国的"红线"。② 美国对朝鲜核导能力认知的转变并非始于特朗普，而是奥巴马及其外交安全政策团队成功地将此种认知传导给特朗普政府。③

各国专家学者对朝鲜核导能力的评估多种多样，以前似乎低估了朝鲜的能力及其技术进步的速度。2016 年朝鲜密集的导弹试验表明，朝鲜距离获得可靠、可信的洲际弹道导弹能力已经为期不远。有不少专家认为，如果当前僵局持续，朝鲜很可能在特朗普第一任期内获得攻击美国本土的远程打击能力。④ 2017 年 1 月 1 日，朝鲜领导人金正恩在新年贺词中声称"洲际弹道火箭试射准备工作进入收尾阶段"，⑤ 特朗普立即在推特中反击"不会让它发生"，似乎为朝鲜核导能力的发展划定了明确的"红线"。⑥ 朝核问题的紧迫性推动特朗普就任总统后立即采取多项涉朝外交行动，朝核问题成为其最重要的外交议题之一。

第二，加大施压力度，以压促谈是美国应对朝核问题的可行政策选项。冷战结束以来的防扩散个案中，朝核问题的复杂程度远远超过任何

---

① 《朝鲜成功举行核弹头爆炸试验》，朝中社，2016 年 9 月 9 日，参见朝中社官方网页：http：//www. kcna. kp/kcna. user. article. retrieveNewsViewInfoList. kcmsf#this。

② 朝鲜进行第一次核试验后，小布什总统暗示朝鲜对外扩散核武器或者核材料将是一条"红线"。当朝鲜核导能力不断提升，并曾经向其他国家扩散核材料后，奥巴马政府似乎将朝鲜获得打击美国本土的洲际弹道导弹能力视为"红线"。"President Bush's Statement on North Korea Nuclear Test," The White House, October 9, 2006, https：//georgewbushwhitehouse. archives. gov/news/releases/2006/10/print/20061009. html; David E. Sanger, Choe Sanghun, "As North Korea's Nuclear Program Advances, U. S. Strategy Is Tested," The New York Times, May 7, 2016.

③ Gerald F. Seib, Jay Solomon, and Carol E. Lee, "Barack Obama Warns Donald Trump on North Korea Threat," The Wall Street Journal, November 22, 2016, https：//www. wsj. com/articles/trump-faces-north-korean-challenge – 1479855286. 作者在 2016 年总统大选结束后曾两次前往华盛顿等地调研，美国国务院和国防部负责亚太事务的官员在朝核问题上的焦虑感非常明显。

④ Ryan Pickrell, "U. S. Military Shows North Korea What a Real Nuclear-Capable ICBM Looks Like," The National Interest, April 26, 2017, http：//nationalinterest. org/blog/thebuzz/usmilitaryshowsnorthkoreawhatrealnuclearcapableicbm20360.

⑤ 《金正恩总结 2016 年朝鲜取得的成就》，朝中社，2017 年 1 月 1 日电，参见朝中社官方网页：http：//www. kcna. kp/kcna. user. home. retrieveHomeInfoList. kcmsf。

⑥ 2017 年 1 月 2 日的推文，参见 https：//twitter. com/realdonaldtrump/status/81605792022384 6400。

其他个案。朝核问题延宕多年未能得到妥善解决，这足以说明朝核问题的复杂性。

迄今为止，各种政策选项都已经在朝核问题上有过尝试。政治上，美朝之间早在 1988 年就有过直接接触和谈判，克林顿执政末期美朝实现高层官员互访。小布什执政时期，美朝也有比较有限的双边接触。奥巴马执政时期，美朝进行过秘密谈判。然而，美朝双边政治互动并未消除朝鲜获取核武的政治决心。外交上，除了美朝双边谈判，两国还参与了三方会谈、四方会谈和六方会谈，也达成过一些协议，但协议执行过程不断被中断、延宕。经济上，美国对朝实施单边制裁，推动其他国家参与制裁，推动联合国安理会通过制裁决议，[①] 试图通过制裁迫使朝鲜就范，但成效有限。军事上，美国曾在 1994 年威胁对朝动武，此后虽然美国经常会有为朝鲜划定"红线"的讨论，也有对朝进行"外科手术式打击"的设想，但军事手段解决朝核问题的代价越来越大。

特朗普总统及其外交安全政策团队非常清楚朝核问题的紧迫程度，虽然一再强调"所有选项都在桌面上"，但实际上只有强化原有对朝政策是可行的。特朗普政府的确从政治、外交、经济和军事各个层面全面加强了应对朝核挑战的力度。

在政治上，特朗普总统在接受布隆伯格新闻采访时表示，愿意在适当的时候与朝鲜领导人金正恩会见。[②] 国务卿蒂勒森接受访谈时指出，美国不寻求政权更迭、不寻求政权崩溃、不寻求加速推进半岛统一的"三不"政策。他的"三不"政策随后拓展成也不寻找借口跨越"三八线"的对朝"四不"政策。[③] 美国在朝核问题上的此种表态似乎意在回应朝鲜反复要求的安全保证，展示美国有解决朝核问题的政治意愿。当然，美

---

① 2006 年 7 月至特朗普就任总统，联合国安理会已经通过了第 1695、1718、1874、2087、2094、2270、2321 号七个涉及朝鲜核导发展的制裁决议。

② Margaret Talev and Jennifer Jacobs, "Trump Says He'd Meet with Kim Jong UN under Right Circumstances," *Bloomberg*, May 2, 2017, https://www.bloomberg.com/news/articles/2017 – 05 – 01/trump-says-he-d-meet-with-north-korea-s-kim-if-situation-s-right.

③ Rex W. Tillerson, "Interview With Steve Inskeep of NPR," U. S. Department of State, April 27, 2017, https://www.state.gov/secretary/remarks/2017/04/270531.htm; Rex W. Tillerson, "Remarks to U. S. Department of State Employees," U. S. Department of State, May 3, 2017, https://www.state.gov/secretary/remarks/2017/05/270620.htm.

国大学生奥托·瓦姆比尔死亡之后，美朝领导人短期内会晤的可能性已经很小了。美朝官方的秘密接触和"一轨半"接触目前似乎也没有可能显著改变美朝相互敌视的政治关系。① 在外交上，特朗普政府高官频访东北亚地区，敦促各国对朝施压。

在经济上，美国显著加大了制裁朝鲜的力度，包括在 3 月 31 日、6 月 1 日和 6 月 29 日对朝鲜实体和个人的制裁，以及对参与对朝贸易的第三国实体和个人的制裁等。② 美国同时与其盟友协调制裁行动，推动欧盟和日本加强对朝制裁；推动联合国安理会通过新的制裁决议，加大对朝鲜的制裁力度；敦促各国严厉执行涉朝制裁决议；动员与朝鲜有贸易往来的国家收紧对朝贸易。更重要的是，环球银行金融电信协会（Society for the Worldwide Interbank Financial Telecommunication，简称 SWIFT）也于 2017 年 3 月宣布切断朝鲜与全球金融体系的联系。③ 特朗普政府在军事上的各项措施亦旨在警告朝鲜不要进行新的核试验或者远程导弹试验。这些"绞杀"朝鲜的经济制裁和军事施压措施，充分诠释了美国对朝"极限施压"政策的内涵。

第三，中国是解决朝核问题的核心角色，"诱""压"并用争取中国在朝核问题上支持美国，这是特朗普政府对朝政策的核心逻辑。综观特朗普 2013 年 3 月 3 日至 2017 年 6 月 22 日所有涉朝的 48 条推文，其中有 18 条出现了"中国"字样，这些与中国有关的涉朝推文展示了特朗普本人在朝核问题上的粗浅认知。其一，特朗普认为朝鲜"依赖"中国，中国是朝鲜的经济生命线，没有中国的帮助朝鲜无法生存。④ 其二，特朗普

① Bruce Klingner and Sue Mi Terry, "We Participated in Talks with North Korean Representatives. This Is What We Learned," *The Washington Post*, June 22, 2017, https：//www. washingtonpost. com/o-pinions/we-participated-in-talks-with-north-korean-representatives-this-is-what-we-learned/2017/ 06/22/ 8c838284 - 577b - 11e7 - ba90 - f5875b7d1876.

② "2017 OFAC Recent Actions," U. S. Department of the Treasury, https：//www. treasury. gov/resource-center/sanctions/OFAC-Enforcement/Pages/OFAC-Recent-Actions. aspx.

③ 唐·温兰：《Swift 切断朝鲜与全球银行系统所有联系》，《金融时报》2017 年 3 月 17 日，参见 http：//www. ftchinese. com/story/001071819。

④ 2013 年 3 月 30 日、4 月 5 日以及 2017 年 4 月 21 日的推文参见 https：//twitter. com/real-donaldtrump/status/317962835974053888， https：//twitter. com/realdonaldtrump/status/3201610907 32433409， https：//twitter. com/realdonaldtrump/status/855406847200768000。

认为中国"控制"朝鲜、"利用"朝鲜对付美国。① 其三，特朗普认为中国"一通电话"就能够解决朝核问题，但中国不肯帮助美国。② 4月6—7日中美首脑海湖庄园峰会后，特朗普对朝核问题的认识开始出现变化，他承认中朝关系并非他想象的那样简单。③ 通过推特，特朗普总统释放出双重信息：一方面，希望借重中国解决朝核问题，并将中美之间诸如经贸关系和人民币汇率相关的议题与朝核问题挂钩；④ 另一方面，威胁采取单边行动。⑤ 特朗普对中国作用的认知不仅仅反映在他的推文中，也表现在他接受诸如福克斯新闻等媒体的采访中。

　　视中国为解决朝核问题的关键角色，甚至希望将朝核问题"外包"给中国，这不仅是特朗普政府的对朝政策逻辑，也是奥巴马执政时期的基本构想。奥巴马执政期间，美国通过威胁制裁和实施制裁协调了美、俄、中和欧盟三国在伊朗核问题上的政策立场，推动伊核谈判取得成功。美国希望将伊核问题的成功经验移植到朝核问题上，⑥ 并进行了多次尝试。然而，奥巴马执政时期，美国总体希望维持中美关系稳定，在对中国企业、个人和金融机构进行制裁的问题上采取了比较谨慎的政策。特朗普政府对朝政策评估结束后，开始加大对中国的压力，希望通过"诱""压"并举的策略，争取中国协助美国解决朝核问题。

　　国务卿蒂勒森5月3日的讲话中也暗示，"极限施压"政策不仅是针对朝鲜，还包含针对中国的内容。他认为美国需要检验朝核问题上的两

① 2013年4月2日、4月12日的推文参见 https：//twitter. com/realdonaldtrump/status/3191744114229289896，https：//twitter. com/realdonaldtrump/status/322792909780963328。

② 2013年4月5日以及2017年1月2日、3月17日、4月21日的推文参见 https：//twitter. com/realdonaldtrump/status/320161090732433409，https：//twitter. com/realdonaldtrump/status/816068355555815424，https：//twitter. com/realdonaldtrump/status/842724011234791424，https：//twitter. com/realdonaldtrump/status/855406847200768000。

③ 2017年4月28日、5月29日的推文参见 https：//twitter. com/realdonaldtrump/status/858100088253669376，https：//twitter. com/realdonaldtrump/status/869166145894535169。

④ 2017年4月11日、16日的推文参见 https：//twitter. com/realdonaldtrump/status/851766546825347076，https：//twitter. com/realdonaldtrump/status/853583417916755968。

⑤ 2017年4月11日、13日的推文参见 https：//twitter. com/realdonaldtrump/status/851767718248361986，https：//twitter. com/realdonaldtrump/status/852508752142114816。

⑥ 作者与奥巴马执政时期美国国务院负责防扩散事务高级官员的交流，2014年8月和2016年1月，中国社会科学院美国研究所。

个假设，即中国对朝鲜的影响是有限的、中国对朝施压的意愿是有限的。如果中国不能或者不愿意采取行动，美国将实施二级制裁。[1] 美国大学生奥托·瓦姆比尔死亡后，特朗普开始批评中国，[2] 并对中国的丹东银行、大连宁联船务有限公司和两位中国公民进行制裁。[3] 美国对中国银行、企业和个人高调制裁的背后是所谓伊核经验的延续，美国相信中国的银行、企业和个人在制裁压力之下会切断与朝鲜的商贸往来，从而完善美国对朝"极限施压"最关键的环节。

第三节　朝核问题的前景：拥核还是战争？

朝核问题的发展态势似乎表明，朝核问题已经进入新的阶段。[4] 特朗普政府的对朝政策能否解决朝核问题？朝核问题将朝着什么方向发展？回顾朝核问题的发展历程、朝鲜核政策的变迁、围绕朝核问题展开的外交谈判历史，大致可以将朝核问题的发展前景归为三种：一是朝鲜在各国压力之下回归谈判，朝鲜最终能否弃核仍不确定，但朝鲜核导能力发展进入阶段性停摆状态；二是朝核僵局延续，朝鲜效仿印度和巴基斯坦拥核模式，在重压之下成功拥核；三是朝鲜半岛出现危机事态或者军事冲突。

第一种可能，朝鲜在重压之下回归谈判。目前朝核问题已经尝试过多重谈判形态，任何形态的会谈理论上都有恢复的可能。特朗普在美朝双边会谈问题上持有开放姿态。选举期间，他曾表示，只要能够说服朝

---

① Rex W. Tillerson, "Remarks to U. S. Department of State Employees," U. S. Department of State, May 3, 2017, https：//www. state. gov/secretary/remarks/2017/05/270620. htm.

② 2017 年 6 月 20 日的推文参见 https：//twitter. com/realdonaldtrump/status/877234140483 121152。

③ The White House Office of the Press Secretary, "Press Briefing by Principal Deputy Press Secretary Sarah Sanders and Treasury Secretary Mnuchin," The White House, June 29, 2017, https：// www. whitehouse. gov/the-press-office/2017/06/29/press-briefing-principal-deputy-press-secretary-sarah-sanders-and.

④ 2017 年 7 月 4 日，朝鲜宣称"完成国家核力量的最后一关——'火星 - 14'型洲际弹道火箭试射一举取得成功"，"现在朝鲜不仅拥有核武器，还拥有能够打击世界任何地区的最强有力的洲际弹道火箭"。《朝鲜国防科学院公报》，朝中社，2017 年 7 月 4 日，参见朝中社官方网页：http：//www. kcna. kp/kcna. user. special. getArticlePage. kcmsf。

鲜弃核，他愿意启动对话，并邀请金正恩在白宫进餐。① 当选后，特朗普表示愿意在适当的时候与朝鲜领导人金正恩会见。② 特朗普执政后，美国在对朝政策上动作频频，但其核心目标仍然是施压促谈。国务卿蒂勒森提出的对朝"四不"政策同样具有对朝退让以"诱使"朝鲜回归谈判的意味。③ 中国始终主张通过对话协商和平解决朝核问题，并相继提出了应对朝核危机的"双暂停""双轨并进"和"双加强"的倡议，敦促各方回归谈判轨道。④ 韩国新任总统文正寅在朝核问题上希望回归金大中、卢武铉时代对朝和解的"阳光政策"，并承诺愿为降低朝鲜半岛紧张局势而与金正恩会见。⑤ 如果双边会谈能够重启，其他形态的会谈可以成为双边会谈的有益辅助和支撑，因此双边会谈对于朝核问题至关重要。

　　能否恢复双边会谈，很大程度上取决于朝鲜的选择。以前通常是美国为恢复谈判设定前提，现在美朝角色易位，朝鲜开始为复谈设定其他相关国家难以接受的前提，即朝鲜的核武器不可谈判，希望其他国家接受朝鲜的核地位。⑥ 7月5日，朝鲜表示只有"清算"了"美国的敌朝政策与核威胁"，才可能讨论朝鲜核导问题。⑦ 朝鲜主动回归谈判的条件尚不具备，但朝鲜被动或者被迫回归谈判的可能性仍然存在。"重压"是朝鲜被动回归谈判的条件之一。由于朝鲜频繁进行核导试验，联合国安理

---

① Tim Mak and Patricia Murphy, "Trump Says He'd Host Kim Jong Un at White House: 'Who the Hell Cares?'," *The Daily Beast*, June 16, 2016, http://www.thedailybeast.com/trump-says-hed-host-kim-jong-un-at-white-house-who-the-hell-cares.

② Margaret Talev and Jennifer Jacobs, "Trump Says He'd Meet with Kim Jong UN under Right Circumstances," *Bloomberg*, May 2, 2017, https://www.bloomberg.com/news/articles/2017 - 05 - 01/trump-says-he-d-meet-with-north-korea-s-kim-if-situation-s-right.

③ Rex W. Tillerson, "Interview with Steve Inskeep of NPR," U. S. Department of State, April 27, 2017, https://www.state.gov/secretary/remarks/2017/04/270531.htm; Rex W. Tillerson, "Remarks to U. S. Department of State Employees," U. S. Department of State, May 3, 2017, https://www.state.gov/secretary/remarks/2017/05/270620.htm.

④ 王毅:《通过"双加强"，推动朝鲜半岛核问题尽快走上和平解决道路》，中华人民共和国外交部网站，2017年4月28日。

⑤ Choe Sang-hun, "South Korea Elects Voice of Outreach to North," *The New York Times*, May 10, 2017.

⑥ 樊吉社:《朝核问题重估：僵局的根源与影响》，《外交评论》2016年第4期。

⑦ 《金正恩现场指导"火星 - 14"型洲际弹道火箭试射》，朝中社，2017年7月5日，参见朝中社官方网页: http://www.kcna.kp/kcna.user.special.getArticlePage.kcmsf.

会陆续通过了多项愈加严厉的对朝制裁决议，各国执行制裁决议的力度同步加大。美国还在推动更多的单边制裁，并动员其他国家完全切断与朝鲜的经贸往来。如果朝鲜在各种经济制裁压力之下难以支撑，并可能面临来自美国的军事打击压力，可能会选择回归谈判。特朗普、文正寅愿意在合适条件下会见金正恩，美国表态不会进行政权更迭，这是朝鲜可能回归谈判的外部条件。与此同时，朝鲜核导能力已经获得长足发展，回归谈判本身并不能剥夺朝鲜已经拥有的核导能力，重压之下回归谈判并不会让朝鲜有太多损失，反而是朝鲜缓解外部压力的策略选项，这是朝鲜回归谈判的内部条件。① 最后，如果双方都有复谈意愿，美朝乃至朝韩可以通过秘密谈判促成朝鲜释放仍然在押的三名美国人，为恢复谈判创造条件。②

在朝核问题上，冲突或者战争等军事选项代价沉重，如非面临严重的国家安全威胁或者挑衅，美国很难选择军事手段解决朝核问题。当然，美国同样很难容忍朝鲜继续提升核导能力，因而，僵局延续也非美国能够接受的选择。朝核问题上已经没有最优选项，复谈或许是各方能够容忍的"次优选择"。二十多年的朝核谈判史表明，谈判并不一定能解决朝核问题，但的确是在朝核问题上能够"止损"的有效方式，能够在一定程度上管控朝核问题的发展方向。

第二种可能，朝核问题僵局延续，朝鲜最终成功拥核。虽然恢复朝核谈判是各方"止损"的次优选择，但是施压促谈这个过程本身可能导致僵局延续。按照特朗普政府的对朝政策逻辑，美国希望在朝核问题上

---

① 曾经多次访问朝鲜并披露朝鲜浓缩铀项目的前洛斯阿拉莫斯国家实验室主任、斯坦福大学海克教授曾在 2010 年年底呼吁谈判冻结朝鲜核能力，然后再讨论弃核问题，他的观点在奥巴马执政末期得到更多美国专家学者的支持。Siegfried S. Hecker, "What I found in North Korea: Pyongyang's Plutonium Is No Longer the Only Problem," *Foreign Affairs*, December 9, 2010, http://www. foreignaffairs. com/articles/67023/siegfried-s-hecker/what-i-found-in-north-korea; Ryan Pickrell, "Big Name North Korea Experts Beg Trump To Talk To Kim Jong Un To Avoid 'Nuclear Catastrophe'," *The Daily Caller*, June 29, 2017, http://dailycaller. com/2017/06/29/big-name-north-korea-experts-beg-trump-to-talk-to-kim-jong-un-to-avoid-nuclear-catastrophe/.

② Josh Rogin, "American Hostages Could Be Key to Talks with North Korea," *Washington Post*, July 5, 2017, https://www. washingtonpost. com/news/josh-rogin/wp/2017/07/05/american-hostages-could-be-key-to-talks-with-north-korea.

移植应对伊核问题的成功经验，即协同所有国家共同施压朝鲜。此种政策选项潜含的假设是：制裁能够改变朝鲜在核问题上的立场；美国能够协调各国立场共同施压朝鲜。

制裁能够改变朝鲜在核问题上的立场，这是一个存在疑问的假定。朝鲜一直承受美国及其盟友的严厉制裁，但过去二十多年的无数制裁均未能实质性迟滞朝鲜核导研发进程。制裁对伊朗回归谈判起了作用，但对朝鲜不一定管用。朝鲜被称为"与世隔绝的国家"，它与其他国家既没有频繁的交流也没有很多的贸易，其开放程度以及对国际经贸的依赖程度远远低于伊朗，因此朝鲜通常不容易受到制裁影响。更重要的是，朝鲜在多年的制裁压力之下，早已学会了如何充分利用制裁措施的漏洞规避制裁，[①]并设法从严厉的制裁打击中生存下来。此外，所有对朝的制裁旨在影响朝鲜政府，但朝鲜的官员、军队和从事核导研发的人员未必会受到制裁的实质影响，因为朝鲜政府完全可以在分配其稀缺资源的时候向这些人员倾斜。更重要的是，美国一向固执地假定，美国的单边制裁或者美国推动的多边经济制裁能够助推朝鲜的社会动荡或者动摇朝鲜的政权稳定，但过去二十多年的对朝制裁表明，美国严重低估了朝鲜及其人民的承压能力。

美国能否协调各国立场共同制裁或者施压朝鲜也存在较大疑问。任何多边制裁决议都是妥协的产物，各国根据与朝鲜政治、经济和外交关系的状态，涉朝制裁对本国所产生的影响来确定对朝制裁决议出台前的谈判立场和制裁决议通过后对决议的狭义或广义解读、严厉或者宽泛执行。换言之，各国在执行涉朝制裁决议过程中都有一定的自由裁量空间。另外，对朝制裁措施通常是以"排除性"的方式呈现，即哪种物项、哪些实体或者个人属于制裁范围，哪种、哪类物项不受制裁影响等，这意味着除了制裁决议确定的、具有一定自由裁量空间的内容之外，还有更广泛的物项、实体和个人仍然有能力间接地为朝鲜的核导发展做出贡献。特朗普政府对朝所谓"极限施压"的努力方向即为解决这两个方面的问

---

① "Final Report of the Panel of Experts Submitted Pursuant to Resolution 2094（2013），" The U-nited Nations，March 6，2014，http：//www. un. org/ga/search/view_doc. asp? symbol = S/2014/147.

题：一方面压缩制裁决议的解读空间，另一方面压缩可能对朝鲜核导能力发展具有间接贡献的经贸、金融和人员往来空间。近年来的联合国安理会制裁决议已经显著限定了对协议的解读，目前美国的着力点在于敦促各国严格执行决议条款和精神。对于没有纳入制裁措施的项目，美国协调盟国和伙伴采取了一些单边制裁，但美国无法强制所有国家都单独采取针对朝鲜的制裁措施。更重要的是，美国采取的两类针对朝鲜的措施可能弱化而非强化各国在朝核问题上的协调与协作。第一类是美国为应对朝鲜半岛事态采取的所谓"防御性"措施，如航母、潜艇、战略轰炸机和导弹防御系统在东北亚地区的部署。这些措施虽以针对半岛局势为名，但间接损害了其他相关国家的安全利益，必然影响这些国家在朝核问题上的态度和政策。第二类是美国的二级制裁，这主要是针对第三方的制裁。二级制裁似乎被美国看成迫使伊朗回归谈判的"法宝"，美国希望在朝核问题上也采取二级制裁，直接针对那些与朝鲜有经贸、金融往来的第三国实体或者个体，这也将影响这些国家在朝核问题上的态度和政策。

如果制裁本身未必能够从根本上改变朝鲜在核问题上的计算，而协调其他国家对朝施压又存在较大变数，朝核问题将有可能在各国的分歧中延续僵局，而朝鲜核导能力的发展并不会因此止步。那么，就当前朝鲜的外交姿态、核导能力发展水平而言，朝鲜很有可能在重压下发展出可靠、可信的核能力，成为继印度、巴基斯坦和以色列之后第四个事实上的核国家。

第三种可能，朝鲜半岛出现危机事态或者军事冲突。如果朝核各方无法在短期内回归谈判，从而对朝核问题进行有意义的管控，那么，朝核僵局延续的下一步发展趋势将是具有很大升级可能的危机事态或者军事冲突。朝鲜半岛危机事态或者军事冲突的呈现形式可能是多种多样的。

首先，朝韩间可能出现危机事态。2010 年天安舰事件和延坪岛炮击事件之后，韩国已经不愿意克制其反应。2015 年木盒地雷事件后，韩国对朝鲜采取了强硬的对等回击。在朝核问题渐次升温的过程中，如果未来再次出现类似事态，很难想象韩国继续保持克制，因此，未来的危机极有可能快速升级，军事冲突的可能性随之上升。其次，美国与韩国有可能运用网络手段迟滞朝鲜的核导能力发展。《纽约时报》刊文称，奥巴马政府从 2014 年起开始尝试加强针对朝鲜的网络和电子打击能力，有人认为朝鲜最近一两年导弹试验的频发失败与此有关。[①] 由于网络攻击与战争的界限非常模糊，伊朗核危机期间，震网病毒曾经成功地迟滞了伊朗的铀浓缩进程，美韩有可能将此手段用于朝鲜。遭受网络攻击后，朝鲜的反应可能推升半岛的紧张状态。再次，过去几年中，美国在其本土以及亚太地区的导弹防御系统试验、部署都与朝鲜的导弹威胁事态密切相关；在朝核问题升温时期，美国也曾放言拦截朝鲜导弹。朝鲜远程弹道导弹能力的快速发展已经引发美国焦虑，如果朝鲜拒绝回归谈判，而其他方式亦无法阻止朝鲜导弹能力发展，美国可能对朝鲜的导弹进行拦截。无论美国自己还是美国协同日本、韩国对朝鲜的导弹进行拦截，不论拦截发生在韩国、日本的空域、海域或者公海，甚至在朝鲜导弹发射的助推段进行拦截，拦截本身可能触发朝鲜较为激烈的反应。最后，美国可能采取军事打击行动。迄今朝鲜并未进行新的核试验，但朝鲜技术上仍有进行试验的必要。如果朝鲜准备或者进行新的核试验，美国或者美国协同日本、韩国对朝鲜位于丰溪里的核试验场和宁边的核设施进行"外科手术式打击"的可能性无法排除。以"外科手术式打击"的方式摧毁或者迟滞朝鲜核导能力发展，是美国多年来一直有人主张的应对手段。鉴于朝鲜核导能力已经进入一个新的关键时期，对就任不足三个月即对叙利亚进行导弹打击的特朗普政府而言，对朝采取"外科手术式打击"以摧毁朝鲜关键核导设施的可能性无法排除。特朗普及其外交安全政策团队一直声称"所有选项都在桌面上"，通过战争的方式解决朝核问题似乎正成为美国新的选项。7 月 7 日，国务卿蒂勒森称美国对朝政策当前侧重于"和平压力"，这需要一些耐心，但如果和平压力失败，美国就剩不下多少好的政策选项了，[②] 警告和暗示军事选择的意味浓厚。

概言之，随着朝鲜宣称获得远程打击能力，朝核问题已进入新的阶段，特朗普政府将对朝鲜采取更为强硬的政策，并同步对所有国家施加

---

① David E. Sanger and William J. Broad, "Trump Inherits Secret Cyberwar on North Korea," *The New York Times*, March 5, 2017.

② Krishnadev Calamur, "Tillerson Backs Policy of 'Peaceful Pressure' on North Korea," *The Atlantic*, July 7, 2017, https://www.theatlantic.com/news/archive/2017/07/north-korea-tillerson/532989/.

压力，朝鲜半岛局势的紧张程度将有增无减，出现危机的概率大大增加。虽然所有人都认为军事打击不是恰当选项，但朝鲜半岛出现军事冲突的概率显著增大了。